Karl Udo Bromm

**BASIC-Programme aus der
Mathematik und Physik
auf dem Commodore 64**

AF063170

**Aus dem Programm
Vieweg Infoware**

BASIC — Wegweiser für den Commodore 64
von E. Kaier

**Logo — Programmierkurs für Commodore 64
Logo und Terrapin Logo (Apple II)**
von B. Schuppar

Dienstprogramme für VC-20, Commodore 64 und Executive SX 64
von E. F. Reinking

Soziogramm mit dem Commodore 64
hrsg. von H. Schumny

Börse — Aktienanalyse mit dem Commodore 64
hrsg. von H. Schumny

Problemorientiertes Programmieren mit dem Commodore 64
von K. U. Bromm

Commodore 64 Programmierbegleiter
von A. Dripke, A. Hoffmann und M. Krause

Problemorientiertes Programmieren mit dem Commodore 64
von K. U. Bromm

Textverarbeitung mit dem Commodore 64
von Arnim und Ingeborg Tölke

Vieweg

Karl Udo Bromm

BASIC-Programme aus der Mathematik und Physik auf dem Commodore 64

Mit 57 Programmen

Springer Fachmedien Wiesbaden GmbH

Das in diesem Buch enthaltene Programm-Material ist mit keiner Verpflichtung oder Garantie irgendeiner Art verbunden. Der Autor übernimmt infolgedessen keine Verantwortung und wird keine daraus folgende oder sonstige Haftung übernehmen, die auf irgendeine Art aus der Benutzung dieses Programm-Materials oder Teilen davon entsteht.

1986

Alle Rechte vorbehalten
© Springer Fachmedien Wiesbaden 1986
Ursprünglich erschienen bei Friedr. Vieweg & Sohn Verlagsgesellschaft mbH, Braunschweig 1986

Das Werk einschließlich aller seiner Teile ist urheberrechtlich geschützt. Jede Verwertung außerhalb der engen Grenzen des Urheberrechtsgesetzes ist ohne Zustimmung des Verlags unzulässig und strafbar. Das gilt inbesondere für Vervielfältigungen, Übersetzungen, Mikroverfilmungen und die Einspeicherung und Verarbeitung in elektronischen Systemen.

ISBN 978-3-528-04428-2   ISBN 978-3-322-93804-6 (eBook)
DOI 10.1007/978-3-322-93804-6

Vorwort

Das vorliegende Buch möchte aufzeigen, wie man als Benutzer eines C-64
— Probleme für den Computer aufbereiten,
— in BASIC formulieren und
— Spaß an Mathematik und Physik bekommen

kann!

Dieser Zielsetzung konnte eine reine Programmsammlung (im Sinne kommentierter Listings) nicht genügen; zu jedem Programm gehört vielmehr

— eine Erörterung des Problemhintergrunds,
— ein allgemeiner Ablaufplan (Struktogramm o.ä.),
— eine BASIC-Fassung (Commodore 64),
— genügend Testmaterial.

Die Aufgabenstellungen sind überwiegend der Schulmathematik und -physik entnommen. Die zugehörigen BASIC-Anweisungen sind in der Regel kurz gehalten, damit sie leicht verstanden und schnell eingegeben werden können. Der Leser wird sie ohnehin nach seinem Geschmack abändern und ergänzen!

Ausnahmen bilden die Versionen zur

— Meßreihenauswertung,
— Kurvendiskussion,
— Linearen Algebra und
— Analytischen Geometrie.

Sie gerieten etwas umfangreicher, aber das ist eben der Preis für ein wenig Komfort!

Im übrigen wurde auf gerätespezifisches Herumtricksen nach Möglichkeit verzichtet und ein Programmstil angestrebt, der dem potentiellen PASCAL-Umsteiger das strukturierte Vorgehen nicht verbaut. (So hat z.B. ein Unterprogramm nur *einen* Ausgang, d.h. nur *eine* RETURN-Marke, die ggfs. von mehreren Stellen des Unterprogramms aus angesprungen wird).

Spracherweiterungen sind an keiner Stelle des Buches erforderlich; eine *hochauflösende Graphik in Maschinensprache* wird zur Verfügung gestellt.

Die Listings wurden mit einem Epson FX-80+ (Görlitzinterface) erstellt.

Düsseldorf, im Januar 1986   *K.U. Bromm*

Inhaltsverzeichnis

1 Zum Gebrauch des C 64 1

   1.1   Algorithmen und ihre Darstellungsformen 1
   1.2   Übersetzung von Algorithmen in BASIC, Simon's-BASIC
          und Maschinensprache 4
          1.2.1 Zur Bildschirmsteuerung 5
          1.2.2 Warteschleifen 5
          1.2.3 Zu den Eingaben 6
          1.2.4 Zu den Ausgaben 6
          1.2.5 Balkengraphik 7
          1.2.6 Hochauflösende Graphik 8

2 Simulationen aus der Physik 12

   2.1   Elastischer und unelastischer Stoß 12
          2.1.1 Gerader Stoß 12
          2.1.2 Schiefer Stoß 15
   2.2   Bewegungen unter Berücksichtigung des Luftwiderstandes ... 17
          2.2.1 Senkrechter Wurf 18
          2.2.2 Schiefer Wurf 22
   2.3   Raumfahrt und Himmelsmechanik 25
          2.3.1 Satellitenbahnen 25
          2.3.2 Zweikörperproblem der Gravitation 30
   2.4   Schwingungen 36
          2.4.1 Gedämpfte Schwingungen 36
          2.4.2 Überlagerung von Schwingungen 39
          2.4.3 Lissajous-Figuren 42
   2.5   Elektrische Felder 44

3 Automatische Auswertung von Meßreihen 52

   3.1   Linearitätsprüfung einer Meßreihe 52
   3.2   Kurvenanpassung mit Potenz-, Exponential- und Logarithmusfunktionen ... 53
   3.3   Anwendungsbeispiele 62
          3.3.1 Hookesches Gesetz 63
          3.3.2 Gleichmäßig beschleunigte Bewegung 63
          3.3.3 Boyle-Mariottesches Gesetz 64
          3.3.4 Drittes Keplersches Gesetz 65
          3.3.5 Exponentieller Anstieg der Weltbevölkerung 65
          3.3.6 Entladung eines Kondensators 66
          3.3.7 Höhenmessung mit dem Barometer 66

Inhaltsverzeichnis

4 Aus dem Bereich der Zahlentheorie 67
- 4.1 Magische Quadrate 67
- 4.2 Pythagoräische Zahlentripel 70
- 4.3 Vermutung von McCarthy 73
- 4.4 Gelöste und ungelöste Probleme der Zahlentheorie 75

5 Zufall und Wahrscheinlichkeit 76
- 5.1 Theoretische Fahrprüfung: Ein Ratespiel? 76
- 5.2 Monte-Carlo-Methode 77
- 5.3 Galton-Brett 78
- 5.4 Irrfahrten 83

6 Approximationsverfahren 86
- 6.1 Elementare Verfahren zur Berechnung von Wurzeln, Logarithmen und Winkelfunktionen 86
  - 6.1.1 Höhere Wurzeln (Newtonverfahren) 86
  - 6.1.2 Bestimmung von Logarithmen 88
  - 6.1.3 Sinustabellierung 90
- 6.2 Allgemeines Iterationsverfahren 91
- 6.3 Iteration von Gleichungssystemen 95

7 Differentialrechnung 99
- 7.1 Folgen und Reihen 99
  - 7.1.1 Rekursive Folgen 99
  - 7.1.2 Experimentelle Epsilontik 100
  - 7.1.2 Der Reinfall mit der harmonischen Reihe 103
- 7.2 Numerische Differentiation 104
- 7.3 Lokale Extrema 105
- 7.4 Näherungsweise Bestimmung von Nullstellen 109
  - 7.4.1 Newtonverfahren 109
  - 7.4.2 Sekantenverfahren (regula falsi) 111
- 7.5 Kurvendiskussion 112

8 Integralrechnung und Differentialgleichungen 121
- 8.1 Integration ganzrationaler Funktionen 121
- 8.2 Numerische Integration 123
  - 8.2.1 Trapezverfahren 123
  - 8.2.2 Simpsonverfahren 125
- 8.3 Differentialgleichungen 128

9 Lineare Algebra und Analytische Geometrie 131
- 9.1 Vektoroperationen 131
- 9.2 Vektorielle Geometrie 135
- 9.3 Lineare Gleichungssysteme 140

10 Spiele 151

    10.1 Türme von Hanoi 151
    10.2 Wirtschaftsspiel 156
    10.3 Mastermind 161

Anhang 167

Sachwortverzeichnis 170

1 Zum Gebrauch des C64

1.1 Algorithmen und ihre Darstellungsformen

Ein Computer ist ein Werkzeug zur Lösung von Problemen, deshalb hat man ihn auch schon *Denkzeug* genannt.

Ähnlich wie beim gewöhnlichen Werkzeug gibt es auch für den Umgang mit Computern nützliche Regeln. Eine der wichtigsten: Man setze sich nie an den Rechner, ohne einen festen Plan zu haben. Wenn man ein Regal an der Wand befestigen will, greift man auch erst zur Bohrmaschine, nachdem man mit dem Filzstift die Löcher vorgezeichnet hat!

Als gedankliche Stütze zum planmäßigen Vorgehen ist die Sprache BASIC wenig geeignet. Zwar kann man kleinere Probleme direkt in BASIC formulieren. Bei umfangreicheren Fragestellungen sind Aufeinanderfolge und Art der durchzuführenden Schritte – der sog. Algorithmus – zunächst noch gar nicht bekannt; es stellt sich dann die doppelte Aufgabe:

1. zum vorgelegten Problem einen passenden Algorithmus zu finden und
2. den Algorithmus in die dem Rechner verständliche Sprache, hier also BASIC, zu übersetzen.

Zur Entwicklung und Übersetzung von Algorithmen gibt es organisatorische Hilfen. Dazu zählen das *Flußdiagramm (Programmablaufplan)*, *Struktogramm (Nassi-Shneiderman-Diagramm)* und die *Verbale Notation* (unter Verwendung genormter Sprachelemente). Wir erläutern sie anhand der Aufgabe, alle Teiler einer natürlichen Zahl z zu bestimmen (s. auch S. 2).

Allgemeine Erläuterungen

Der Computer soll die Teiler der Zahl z berechnen, indem er z nacheinander durch $t = 2, 3, 4, 5, \ldots$ teilt und im Falle, daß der Quotient ganzzahlig ist, die Werte für t und q ausgibt. In den Ablaufplänen stellen z, t und q *Speicher* dar. Zu Beginn wird der Speicher namens z vom Benutzer über die Tastatur des Rechners mit der zu untersuchenden Zahl belegt. Diese *Eingabe* ist streng zu unterscheiden von einer *Zuweisung* wie $t \leftarrow 1$ oder $t \leftarrow t + 1$. Eine Zuweisung ist erkennbar an dem nach links gerichteten kurzen Pfeil. Sie besagt, daß dem links stehenden Speicher die rechtsstehende Zahl bzw. der *Wert* des rechts stehenden mathematischen *Ausdrucks* zugewiesen werden soll. Im Falle $t \leftarrow t + 1$ schafft der Rechner beispielsweise zunächst ein Duplikat der im Speicher t befindlichen Zahl in das Rechenwerk, zählt dort 1 hinzu und überschreibt dann mit diesem Wert den Inhalt des Speichers t.

Indem außer t jedesmal q mit angezeigt wird, kann man aus dem *Wiederholungsblock* austreten (herausspringen), sobald die *Abfrage* $t > q$ zu bejahen ist, also der Divisor den Quotient übertrifft!

Die drei organisatorischen Hilfen werden wie folgt eingesetzt, um alle Teiler einer natürlichen Zahl zu bestimmen:

Flußdiagramm   *Struktogramm*

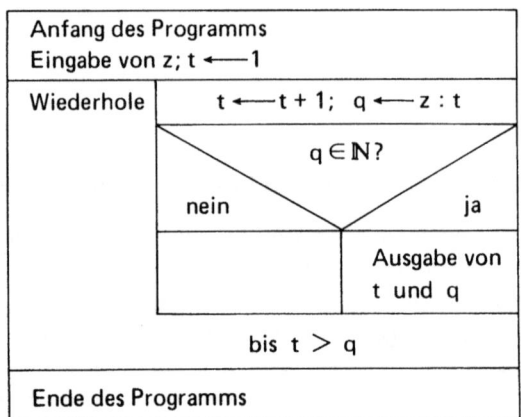

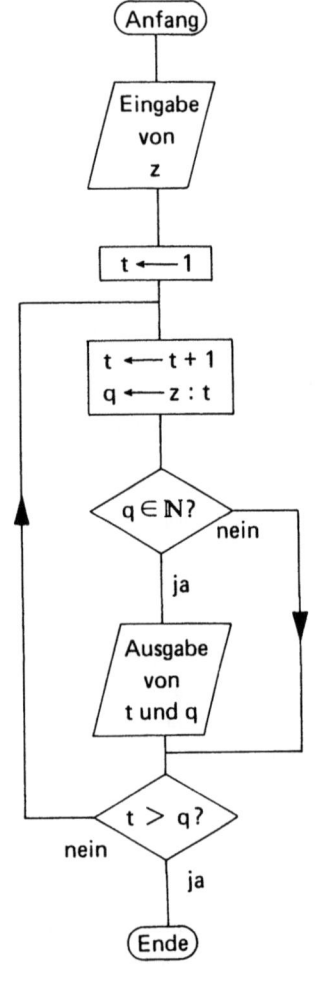

Verbale Notation

Anfang des Programms
Eingabe von z
t ← 1
Wiederhole $\begin{bmatrix} \text{t} \leftarrow \text{t}+1; \quad \text{q} \leftarrow \text{z}:\text{t} \\ \textit{Wenn } q \in \mathbb{N} \textit{ dann Ausgabe} \\ \textit{von t und q} \end{bmatrix}$
  bis t > q
Ende des Programms

Zu den Symbolen des Flußdiagramms

Grenzstelle

Ovale wie dieses werden zur Kennzeichnung von Anfang und Ende von Programmen und Programmteilen benutzt.

Eingabe/Ausgabe

Parallelogramme werden jedesmal dann verwandt, wenn der Benutzer den Dialog mit der Maschine braucht, z.B. um der Maschine Daten (Zahlen) mitzuteilen oder von der Maschine Ergebnisse zu erhalten.

1.1 Algorithmen und ihre Darstellungsformen

Verarbeitung

Rechteckige Symbole rahmen Operationen, die vom Programm her gesteuert werden; es sind also im Gegensatz zum Parallelogramm keine handgesteuerten Eingriffe möglich.

Verzweigung

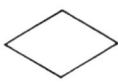

Eine Verzweigung macht eine *Abfrage* zur Überprüfung der gestellten Bedingung nötig; es wird auch gesagt, daß der Computer an der betreffenden Stelle eine *logische Entscheidung* zu treffen habe.

Zu beachten ist, daß die Raute im Flußdiagramm stets drei Anschlüsse aufweist; einen *Eingang* und zwei *Ausgänge*.

Wiederholung

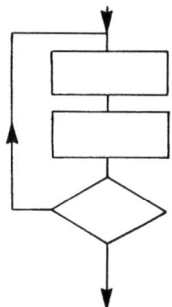

Die nach oben gebogene *Schleife* umfaßt den Block der zu wiederholenden Anweisungen. Damit man keine *Endlosschleife* erhält, muß jeder *Wiederholung* eine *Austrittsbedingung* beigefügt werden!

Diese Austrittsbedingung kann auch inmitten des Blocks stehen oder am Anfang, s.u.

Zur Symbolik des Struktogramms und der Verbalen Notation

Ein- und Ausgaben werden nicht von der Verarbeitung besonders abgehoben. *Verzweigung* und *Wiederholung* sehen isoliert betrachtet so aus: (Genormte Sprachelemente sind kursiv gesetzt)

Verzweigung

(Im Unterschied zur einfachen *Wenn-dann*-Abfrage des Demonstrationsbeispiels werden bei einer *Wenn-dann-sonst*-Abfrage auch im Nein-Fall Anweisungen erteilt)

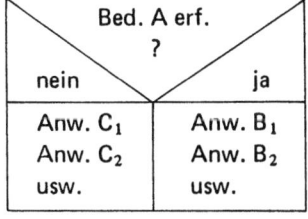

Programmschritte vor der Verzweigung ...
_ _
Wenn Bedingung A erfüllt ist
dann Anweisungen B_1, B_2 usw. ausführen
sonst Anweisungen C_1, C_2 usw. ausführen
_ _
Programmschritte nach der Verzweigung ...

Wiederholung

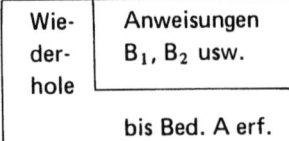

Wiederholung mit Abfrage am Ende
Programmschritte vor der Wiederholung ...

Wiederhole $\begin{bmatrix} \text{Anweisung B}_1 \\ \text{Anweisung B}_2 \\ \text{usw.} \end{bmatrix}$

bis Bedingung A erfüllt ist

Programmschritte nach der Wiederholung ...

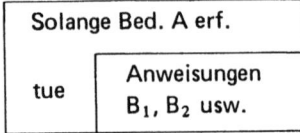

Wiederholung mit Abfrage am Anfang
Programmschritte vor der Wiederholung ...

Solange Bedingung A erfüllt ist, *tue* (folgendes)

$\begin{bmatrix} \text{Anweisung B}_1 \\ \text{Anweisung B}_2 \\ \text{usw.} \end{bmatrix}$

Programmschritte nach der Wiederholung ...

Man beachte auch den Umstand, daß man nur *vor* oder *nach* dem Block der zu wiederholenden Anweisungen aussteigen kann, wenn man sich der Hilfsmittel der verbalen Notation oder des Struktogramms bedient, während man mit dem Flußdiagramm auch Zwischenaustritte zu formulieren vermag. Der erstgenannte Nachteil wird aber bei umfangreicheren Programmen durch den Vorteil der besseren Verständlichkeit des Algorithmus ausgeglichen.

Das Flußdiagramm beansprucht gegenüber den anderen Darstellungsformen mehr Platz und wird deshalb in diesem Buch nicht so häufig verwandt. Andererseits gerät man bei Struktogrammen von einer gewissen *Schachtelungstiefe* ab in Platznot, vgl. 3.5. Die Verbale Notation weist diese Nachteile nicht auf, vermag aber Verzweigungen und Wiederholungen optisch nicht so gut hervorzuheben. Welchen der genannten Hilfsmittel der Vorzug zu geben ist, läßt sich schwer entscheiden. Ein allgemeiner Ablaufplan vor Zusammenstellung der BASIC-Befehle erleichtert jedoch in der Regel das Umsteigen von der problemorientierten Ebene auf die Sprachebene des Computers (Programmiersprache).

1.2 Übersetzung von Algorithmen in BASIC, Simon's-BASIC und Maschinensprache

Der Sprachumfang des C 64-BASIC ist im Vergleich zu andern Dialekten etwas mager, deshalb wird die Kodierung des allgemeinen Plans gelegentlich umständlich. Trotzdem werden an keiner Stelle dieses Buchs Spracherweiterungen vorausgesetzt, sondern bei passender Gelegenheit lediglich Vereinfachungen für Simon's-BASIC-Besitzer vorgeschlagen. Ferner wird ein Graphikprogramm in Maschinensprache bereitgestellt (vgl. 1.2.6).

Wir stellen nun die in diesem Buch öfter benutzten rechnerspezifischen Programmteile zusammen, um sie in den einzelnen Kapiteln nicht immer wieder näher erläutern zu müssen.

1.2 Übersetzung von Algorithmen in BASIC

1.2.1 Zur Bildschirmsteuerung

Bei kleineren Programmen verwenden wir die Möglichkeit, die entsprechende Anweisung innerhalb der Gänsefüßchen mittels Reverssymbol zu verschlüsseln (sog. Zitatmodus). Bei größeren Programmen und aus Gründen der besseren Verständlichkeit werden wir häufig über den ASCII-Code eine entsprechend benannte Variable belegen. Folgende Konventionen sollen gelten:

Anweisung	Verschlüsselungen		
Bildschirm löschen (mit 'cursor home')	print "S",	print bl$,	bl$=chr$(147)
Nur 'cursor home'	print "s",	print ch$,	ch$=chr$(19)
cursor zurück (links)	print "▥",	print cz$,	cz$=chr$(157)
cursor (nach) oben	print "Q",	print co$,	co$=chr$(145)
cursor (nach) unten	print "q",	print cu$,	cu$=chr$(17)

Man beachte, daß *in den Listings nicht immer Reverssymbole* gedruckt werden konnten!
Soll ein Farbwechsel vorgenommen werden, verwenden wir vorwiegend die zweite Methode:

    weiß: print fw$, fw$ = chr$ (5)
    schwarz: print fs$, fs$ = chr$ (144)
    usw.

Zur direkten Ansteuerung des 40 x 25 Bildschirmrasters setzen wir ein kleines Unterprogramm ein:

```
500 poke 214,z:poke 211,s:sys 58640:return
```

Bevor man in die Zeile 500 mit der Anweisung *gosub* verzweigt, sind die Speicher z und s für Zeile und Spalte des Rasterpunktes mit $0 < z < 24$ und $0 < s < 39$ zu belegen.

1.2.2 Warteschleifen

Wir verwenden die folgenden Unterprogramme:

```
500 rem *** allg. warteschleife ***
510 get g$:if g$="" then 510
520 return

500 rem *** allg. warteschleife ***
510 if peek(203)=64 then 510
520 return

500 rem *** allg. warteschleife ***
510 if peek(203)<>60 then 510
520 return
```

Anmerkung: Die ersten beiden Schleifen werden durch einen beliebigen Tastendruck unterbrochen, die dritte nur die die Betätigung der Leertaste.

```
500 rem ***     ja/nein-schleife    ***
510 get q$:if q$<>"j" and q$<>"n" then 510
520 return

500 rem ***       pausenschleife    ***
510 for i=1 to 2000:next i:return
```

Anmerkung: Die obere Grenze der Laufvariablen ist vorteilhaft auf 750/sec festzusetzen.

1.2.3 Zu den Eingaben

Da jede Anweisung *input* nur ein *prompt* (eine Aufforderung zur Eingabe) enthalten darf, ist öfter eine Konstruktion wie

```
10 input" a b c d";a,b,c,d

10 print" a b c d":input a,b,c,d
```

verwandt worden. Hierbei werden die durch Kommata getrennten Werte nacheinander eingegeben und erst zum Abschluß der Eingabe die RETURN-Taste betätigt. Dies hat neben der Zeitersparnis auch den Vorteil der Korrekturmöglichkeit der Eingaben.

Bei der GET-Eingabe bleibt der Cursor unsichtbar, außerdem entfällt das Signal zur Beendigung der Eingabe — also kein RETURN — da nur ein Zeichen eingelesen wird.

Bei Bedarf wird, z.B. im Zusammenhang mit Warteschleifen, der Tastaturpuffer vor und/oder nach der Eingabe durch ein Poke 198,0 geleert.

1.2.4 Zu den Ausgaben

Der C 64 rechnet nicht sonderlich genau. Für ihn ist bekanntlich 3^4 = 81.0000001. Zumindest unterdrückt er oft die Rundungsstellen in der Anzeige nicht. Wir sind daher öfter gezwungen, wenigstens die Ausgaben sinnvoll zu runden. Für das Runden einer im Speicher x befindlichen Zahl auf 2 Nachkommastellen benutzen wir das Unterprogramm:

```
500 rem ***   auf 2 dezimalen runden ***
510 x=int(x*1000)+5:x=int(x/10)/100
520 return
```

Der Leser mag sich die Wirkungsweise an einem Beispiel selbst verdeutlichen. Probieren Sie es mit x = 347.6751.

1.2 Übersetzung von Algorithmen in BASIC

Will man die Rundung allgemein auf n Dezimalen — etwa durch eine Eingabe von n — ermöglichen, kann man folgendes unternehmen:

```
500 rem ***   auf n dezimalen runden ***
510 z=int(10↑n+.1):x=x*z:if x-int(x)>=.5
                         then x=int(x)+1
520 x=int(x)/z:return
```

Die Korrektur von +.1' ist nötig, weil der Rechner nach Potenzierung und Integerbildung manchmal falsch dividiert.

Weiter ist zu beklagen, daß der Rechner Zahlen *linksbündig* untereinandersetzt. Zur korrekten, also *rechtsbündigen*, Tabellierung ganzer Zahlen dient das folgende Programm:

```
500 rem ***  rechtsbuendige ausgabe ***
510 print right$("         "+str$(int(x)),8):return
```

(Die Zahl der *blanks* ist gleich der Ziffer hinter dem Komma und kann auch kleiner gewählt werden (zu *right$* vgl. 2.1.1))

1.2.5 Balkengraphik

Balkendiagramme verwendet man gern zum Vergleich von Prozentsätzen u.ä. Das folgende Programm zeichnet sie mit der Genauigkeit der Feingraphik (200 Abstufungen senkrecht) im normalen Textmodus.

```
900 rem ***  balkengraphik  ***
   :
905 s=bp:if oo=0 then 995
910 gm=int(zw/gw*20):fm=int((zw/gw*160-8
    *gm)+.5):if gm=0 then z=21:goto 920
915 for z=21 to 22-gm step -1:gosub 990:
    print bm$(8):next
920 gosub 990:print bm$(fm):
    z=23:s=s-1:gosub 990:print zw
925 return
   :
990 poke214,z:poke211,s:sys58640:return
995 bm$(1)="_":bm$(2)="_":bm$(3)="_":
    bm$(4)="■":bm$(5)="⌐"
999 bm$(6)="⌐":bm$(7)="⌐":bm$(8)="⌐ ":
    oo=1:goto 910
```

Erläuterungen: Vor Aufruf dieses Unterprogramms müssen die Variablen bp, zw und gw belegt werden. 'bp' legt für den Balken die Positionen (Spalte) fest. 'zw' enthält den Wert, der als Balken dargestellt werden soll. Der Abbildungsmaßstab wird durch einen Grundwert 'gw' so vorgegeben, so daß zw/gw < 1 für alle zw ist.

Die Balken reichen maximal von der 2. bis zur 21. Zeile. Die Feinabstimmung von einem Achtel des Zeilenabstands (einer *Pixel*-Zeile) wird durch die Verwendung entsprechender Graphiksymbole erreicht. Folgende 8 Tastenkombinationen bewirken die Abspeicherung der entsprechenden 'Schichtbreiten' von 1 bis 8 *Pixel* auf die Zellen 1 bis 8 des String-Feldes bm$, vgl. Z. 995, 999:

Speicherindex	zu betätigende Tasten	Graphik-Symbol auf dem Bildschirm
1	c= @	
2	c= P	
3	c= O	
4	c= I	
	einmal ctrl RVS ON , dann	
5	c= u	
6	c= y	
7	c= T	
8	c= Leertaste	

1.2.6 Hochauflösende Graphik

Im Rahmen dieses Buches wird auch mit Feingraphik oder hochauflösender Graphik gearbeitet (engl.: *hgr-modus, high-graphic-resolution-modus*). Weil das C 64-BASIC so gut wie keine Anweisungen hierfür zur Verfügung stellt und die mit *peek* und *poke* durchsetzten Ersatzkonstruktionen entschieden zu langsam ablaufen, wurde ein eigenes Maschinenprogramm entwickelt. Hier der zugehörige BASIC-Lader:

```
100 rem *** graphik e000, vic 4 ***           :
110 for i=49205 to 49378
120 read x:pokei,x
130 next i                                    :

140 rem * graphik loeschen:gl=49205
150 data 169,224,133,250,169,0,133,249,
        162,32,168,145,249,200,208,251,230
160 data 250,202,208,245,96                   :

170 rem * farbe pkt/hgr setzen:ph=49227
180 data 32,115,0,32,158,183,134,251
190 data 169,196,133,250,169,0,133,249,
        162,4,165,251,160,0,145,249,200,208
200 data 251,230,250,202,208,244,96           :
```

1.2 Übersetzung von Algorithmen in BASIC 9

```
210 rem * Punkt setzen:ps=49260
220 data 32,115,0,32,235,183,134,35,120,
    169,52,133,1,165,20,41,7,170,69,20
230 data133,20,169,0,133,34,56,106,202,1
    6,252,170,165,35,41,7,168,69,35,133
240 data 35,74,74,101,35,74,74,102,34,74
    ,102,34,133,35,165,20,101,34,133,34
250 data 165,21,101,35,9,224,133,35,138,
    17,34, 145,34, 162, 55,134,1,88,96 :

260 rem * graphik einschalten:ge=49339
270 data 173,0,221,41,252,141,0,221,169,
    24,141,24,208,169,59,141,17,208,96 :

280 rem * graphik ausschalten:ga=49358
290 data169,27,141,17,208,173,0,221,41,
    252,9,0,141,0,221,169,18,141,24,208
300 data 96
```

Hinweise zur Benutzung

Die fünf wichtigsten Graphikanweisungen sind hier zusammengestellt. Sie werden folgendermaßen aktiviert, sofern den Variablen gl, ph, ps, ge und ga vorher ihre Werte zugewiesen wurden.

1. sys gl

Dieser Befehl wird meist noch vor den Befehl sys ge gestellt und bereitet die 'Graphikseite' vor, indem der Speicherbereich von alten Bitmustern befreit wird. Er wird auch benutzt, wenn eine schon erstellte Graphik durch die nächste ersetzt werden soll.

2. sys ge

Mit dem Befehl wird die Graphikseite 'aufgeschlagen'. Sie benutzt den RAM ab Speicherplatz E000 und schränkt somit den verfügbaren BASIC-Bereich nicht ein.

3. sys ph, 16*f1+f2

Hierbei bedeutet f1 die gewünschte Farbnummer für den Hintergrund und f2 entsprechend die Farbnummer für die noch zu setzenden Punkte. Eine erprobte Kombination ist sys ph, 22 (weiße Punkte vor blauem Hintergrund)

4. sys ps, x, y

Dies erzeugt einen Punkt im Abstand x vom linken bzw. y vom oberen Bildschirmrand. Hierbei gilt für die Koordinatenangaben: $0 < x < 319$ und $0 < y < 199$.

5. sys ga

Mit sys ga wird eine Rückschaltung in den Textmodus erzeugt, die oft zweckmäßig von einem 'print bl$' begleitet (siehe 1.2.1) wird.

Um alle genannten Anweisungen in einem beliebigen Programm ausführen zu können, braucht man lediglich das oben angeführte Hilfsprogramm von der Diskette zu laden und zu starten. Dann wird das Maschinenprogramm in einen von BASIC aus nicht benutzten Teil des RAM (hinter C000) abgelegt und bleibt dort, bis der Rechner mit dem Kippschalter ausgeschaltet wird (Man kann also zwischendurch beliebig viele Programme neu laden oder mit NEW löschen!).

Um in die hochauflösende Graphik Text einbringen zu können, wird zuvor durch ein zweites Maschinenprogramm der (halbe) Zeichensatz in den vierten RAM-Abschnitt verlegt (C800-CFFF). Dort kann er auch verändert werden (DATA-Zeilen 20 bis 24 zeigen beispielhaft die Ersetzung von Graphiksymbolen durch Umlaute u.ä.)

```
1 rem ***   zeichensatz verlegen   ***
2 for i=49152 to 49204:read x:poke i,x:
  next i
3 sys 49152:poke 56576,peek(56576)and252
  :poke 648,196:print chr$(147)
4 data 120,165,1,72,41,251,133,1,169,
  216,133,3,169,200,133,5,160,0,132,2
5 data 132,4,162,8,177,2,145,4,200,208
  ,249,230,3,230,5,202,208,242,104
6 data 133,1,173,24,208,41,241,9,2
7 data 141,24,208,88,96                 :

10 rem ***   zeichensatz veraendern   ***
11 dim f(5):ad=51200
12 for k=1 to 5:read f(k):next k
13 data 112,121,120,110,94
14 for k=1 to 5: for i=0 to 7
15 h=8*f(k)+i:read x:poke ad+h,x
16 next i: next k
20 data 0,36,0,60,68,68,62,0
21 data 0,36,0,56,68,68,56,0
22 data 0,36,0,68,68,68,62,0
23 data 56,36,56,36,36,56,32,32
24 data 0,0,3,62,118,54,54,0
```

Nach Ablauf des zweiten Maschinenprogramms kann ein in tt$ befindlicher Text durch das folgende BASIC-Programm in die Graphik plaziert werden, wenn z(eile) und s(palte) vorher gemäß $0 < z < 24, 0 < s < 39$ belegt wurden.

```
800 rem ***   text in graphik   ***
805 ll=len(tt$):ad=57344+z*320+s*8
810 for kk=1 to ll
815 hh=asc(mid$(tt$,kk,1))
820 if hh<64  then 845
825 if hh<96  then hh=hh-64:goto845
830 if hh<128 then hh=hh-32:goto845
835 if hh<192 then hh=hh-64:goto845
840 if hh<255 then hh=hh-128
845 for ii=0 to 7
850 uu=peek(51200+8*hh+ii):pokead+ii,uu
855 next ii
860 ad=ad+8
865 next kk
870 return
```

1.2 Übersetzung von Algorithmen in BASIC

Gelegentlich können Probleme beim Einsatz der hier angeführten Graphik- und Zeichensatzverlegung auftreten, z.B. nach der Betätigung von RUNSTOP RESTORE. Vorsichtshalber ruft man das folgende Unterprogramm zu Beginn des entsprechenden Programmes auf:

```
200 REM ***  RE-INITIALISIERUNG VON GRAPHIK/ZEICHENSATZ  ***
205 POKE 53272,18:POKE 56576,196:POKE 648,196:RETURN
READY.
```

Sollte es trotzdem vorkommen, daß sich nichts mehr tun läßt, hängt das Programm fest, dann hilft nur der Befehl POKE 648,4.

2 Simulationen aus der Physik

2.1 Elastischer und unelastischer Stoß

2.1.1 Gerader Stoß

a) Physikalischer Hintergrund

Wir betrachten zwei Körper mit den Massen m_1 und m_2 sowie den Geschwindigkeiten u_1 bzw. u_2, die sich reibungsfrei längs einer Geraden bewegen wie z.B. die Gleiter einer Luftkissenfahrbahn oder wie Stahlkugeln auf glatter Oberfläche:

$m_1, u_1 \qquad m_2, u_2$

Kommt es zu einem Zusammenstoß, so lassen sich die neuen Geschwindigkeiten v_1 und v_2 aus den genannten Daten wie folgt ermitteln:

I Elastischer Zusammenstoß

$$v_1 = \frac{2m_2 u_2 + (m_1 - m_2) u_1}{m_1 + m_2},$$

$$v_2 = \frac{2m_1 u_1 + (m_2 - m_1) u_2}{m_2 + m_1}$$

(Herleitung mit Hilfe des Impuls- und Energieerhaltungssatzes)

II Unelastischer Zusammenstoß

$$v = \frac{m_1 u_1 + m_2 u_2}{m_1 + m_2}$$

(Herleitung aus dem Impulssatz unter Beachtung von $v_1 = v_2 = v$)

Wir entwerfen nun ein Programm, das nach Eingabe von m_1, m_2, u_1 und u_2 später v_1 und v_2 bzw. v ausgibt.
Ferner kann der Stoßvorgang durch zwei *Sprite*-Kugeln bildhaft dargestellt werden.
Hierzu vereinbaren wir noch, daß linksgerichtete Geschwindigkeiten ein Minuszeichen erhalten. Im Falle des unelastischen Stoßes wird auch der Verlust an kinetischer Energie in Prozenten angegeben. (Es handelt sich um die Differenz der Bewegungsenergien vor und nach dem Stoß, die in Wärme verwandelt wird.)

b) BASIC-Programm

```
10 rem ***    gerader stoss     ***

15 rem ***   vorbereitungen    ***
20 def fnrd(x)=int((x+0.05)*10)/10
25 for i=0 to 62:read x:poke 832+i,x:next
30 ad=53248:poke 2040,13:poke 2041,13:
   poke ad+39,15:poke ad+40,5

35 rem ***     eingabe         ***
40 input"Sq m1 in kg ";m1:input" m2 in kg ";m2
45 input" u1 in m/s";u1:input" u2 in m/s";u2
50 print:print" e)lastischer oder u)nelastischer Stoss?"
55 get aw$:if aw$<>"e"and aw$<>"u"then55

60 rem ***   verarbeitung    ***
65 if aw$="u" then 80
70 v1=(2*m2*u2+(m1-m2)*u1)/(m1+m2):
   v2=(2*m1*u1+(m2-m1)*u2)/(m2+m1)
75 goto 100
80 v=(m1*u1+m2*u2)/(m1+m2)
85 rem >>> energieverlust
90 eu=.5*(m1*u1*u1+m2*u2*u2):ev=.5*(m1+m2)*v*v:
   ep=(eu-ev)/eu*100:ep=int(ep+.5)  :

95 rem ***   ausgabe    ***
100 if aw$="u" then 110
105 print" v1 =";fnrd(v1);"m/s":
    print" v2 =";fnrd(v2);"m/s":goto120
110 print" v =";fnrd(v);"m/s":print
115 print" Verlust an kinetischer energie:"ep"%"
120 print:print" Stossablauf vorfuehren?"
125 get g$:if g$="" then 125
130 if g$="j" then gosub 140:goto 125
135 poke ad+21,0:poke ad+30,0:goto 40

140 rem *** spritebewegungen  ***
145 is=u1/4:ks=u2/4:i=18:k=255:if u1*u2>=0 then k=120
150 poke ad+21,0:poke ad+30,0:gosub 175:poke ad+21,3
155 gosub 175:if peek(ad+30)=0 then 155
160 gosub 200:i=i-is:k=k-ks:is=v1/4:ks=v2/4:
    if aw$="u" then is=v/4:ks=v/4
165 gosub 175:if i>18 and i<255 and k>18 and k<255 then 165
170 return
175 poke ad,i:poke ad+1,180:poke ad+2,k:poke ad+3,180:
    i=i+is:k=k+ks:return
200 rem ***   klangeffekte   ***
205 si=54272:fl=si:fh=si+1:tl=si+2:th=si+3:
    w=si+4:a=si+5:h=si+6:l=si+24
210 forx=1 to 10
215 poke l,x:poke a,15:poke h,0:
    poke fh,40:poke fl,200:poke w,17
220 next
225 poke w,0:poke a,0:poke ad+30,0:return
230 rem ***   sprite-daten    ***
235 data 0,  0,  0,  0, 126,  0,  0, 255
240 data 0,  1, 255, 128,  3, 255, 192
245 data 3, 255, 192,  3, 255, 192
250 data 3, 255, 192,  1, 255, 128
255 data 0, 255,  0,  0, 126,  0,  0
260 data 0,  0,  0,  0,  0,  0,  0,  0,  0
265 data 0,  0,  0,  0,  0,  0,  0,  0,  0
270 data 0,  0,  0,  0,  0,  0,  0,  0,  0,0,0
```

Erläuterungen:
In Z.20 wird eine auf zwei Dezimalen gerundete Ausgabe definiert. Z.25 bewirkt die Ladung der Sprite-Daten aus Z.230-270 in den Kassettenpufferbereich. In Z.30 wird der Rechner darüber informiert und die Farben für die beiden Sprites festgelegt (passend zum schwarzen Hintergrund eines grünen Monitors).
Der Ablauf der Sprite-Kugeln wird in Z.140-175 organisiert. Die Schrittweiten *is* und *ks* sorgen für eine sinnvolle Untersetzung der tatsächlichen Geschwindigkeiten in die Bildgeschwindigkeiten.
Zum weiteren Verständnis genügt, was ab S. 69 im Bedienungshandbuch (verbesserte Auflage) über Sprites steht. Auch das Geräusch beim Zusammenstoßen der Kugeln (Z.200-225) versteht sich nach Abändern einiger Parameter aus der ‚Gewehrschuss'-Demonstration von S.91 (a.a.O).

c) Testergebnisse

1) ```
   m1 in kg ? 4
   m2 in kg ? 10
   u1 in m/s? 6
   u2 in m/s? 1.8
   
   e)lastischer oder u)nelastischer Stoss? e
   
   v1 = 0 m/s
   v2 = 4.2 m/s
   
   Stossablauf vorfuehren? j
   ```

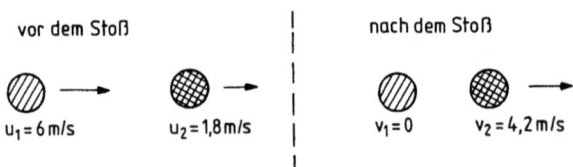

vor dem Stoß | nach dem Stoß

$u_1 = 6\,\text{m/s}$ $u_2 = 1{,}8\,\text{m/s}$ | $v_1 = 0$ $v_2 = 4{,}2\,\text{m/s}$

Anmerkungen zur Sprite-Darstellung:
Die Bewegung der Kugeln auf dem Bildschirm erscheint mit Bezug auf die Streckenlänge in der Größenordnung 1:100 verkleinert.
Um den Programmieraufwand zu reduzieren, nehmen wir die Einschränkung in Kauf, gegenläufige Bewegungen nur durch Eingabe eines negativen u_2 demonstrieren zu können!

2) ```
   m1 in kg ? 4
   m2 in kg ? 10
   u1 in m/s? 3
   u2 in m/s? -1
   
   e)lastischer oder u)nelastischer stoss? e
   
   v1 =-2.7 m/s
   v2 = 1.3 m/s
   ```

2.1 Elastischer und unelastischer Stoß

3) m1 in kg ? 1
    m2 in kg ? 2
    u1 in m/s? 4
    u2 in m/s? -5

    e)lastischer oder u.)nelastischer stoss? u

    v = -2 m/s

    verlust an kinetischer energie: 82 %

2.1.2 Schiefer Stoß

a) Physikalischer Hintergrund

Wir beschränken uns auf einen wichtigen Sonderfall, den *schiefen elastischen Stoß* mit $u_2 = 0$:

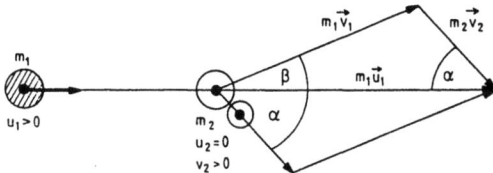

Neben den Massen m_1 und m_2 und der Geschwindigkeit $\vec{u}_1$ ist noch der Winkel α vorzugeben, der zwischen dem Vektor $\vec{u}_1$ und der Verbindungsgeraden durch die Kugelmittelpunkte im Moment des Zusammenstoßes besteht. (Es gelte $0 < \alpha < 90$). Nach dem Stoß bewegt sich zweite Kugel auf der genannten Geraden, so das $\vec{v}_2$ mit $\vec{u}_1$ ebenfalls den Winkel α einschließt. Die erste Kugel hat ihre Geschwindigkeit inzwischen nach Betrag und Richtung geändert, die Abweichung von der alten Richtung — also den Winkel zwischen den Vektoren $\vec{u}_1$ und $\vec{v}_1$ — kennzeichnen wir durch β.
Ersetzt man in der 2. Formel aus 2.1.1 u_1 durch $u_1 \cdot \cos\alpha$, so erhält man ($u_2 = 0$)

$$v_2 = \frac{2 m_1 \cdot u_1 \cdot \cos\alpha}{m_2 + m_1}$$

Den Betrag von $\vec{v}_1$ erhält man über den Kosinussatz, wenn man das den Impulserhalt darstellende Dreieck betrachtet:

$$(m_1 v_1)^2 = (m_1 u_1)^2 + (m_2 v_2)^2 - 2 \cdot m_1 u_1 \cdot m_2 v_2 \cdot \cos\alpha$$

$$\Rightarrow v_1 = \frac{1}{m_1} \cdot \sqrt{m_1^2 u_1^2 + m_2^2 v_2^2 - 2 m_1 u_1 \, m_2 v_2 \cos\alpha}$$

Es fehlt noch der Winkel β, den man mit Hilfe des Sinussatzes berechnen könnte. Wegen der anstehenden Programmierung bedienen wir uns lieber noch einmal des Kosinussatzes, um Fallunterscheidungen zu vermeiden (cos ist über $[0, \pi]$ umkehrbar eindeutig!)

$$\cos\beta = \frac{m_1^2 v_1^2 + m_1^2 u_1^2 - m_2^2 v_2^2}{2 m_1 v_1 m_1 u_1}$$

Das folgende Programm gibt v_1, v_2 und den Winkel zwischen $\vec{v}_1$ und $\vec{v}_2$ aus. Auf Wunsch wird der Vorgang wieder durch *Sprites* veranschaulicht.

b) BASIC-Programm

```
10 REM ***   SCHIEFER STOSS   ***

15 REM ***   VORBEREITUNGEN   ***
20 FOR I=0 TO 62:READ X:POKE 832+I,X:NEXT I
25 AD=53248:POKE2040,13:POKE2041,13:POKEAD+39,15:POKEAD+40,5
30 DEF FNBM(W)=π/180*W
35 DEF FNGM(X)=180/π*X
40 DEF FNAC(X)=-ATN(X/SQR(1-X*X))+π/2
45 DEF FNRD(X)=INT((X+0.005)*100)/100

50 REM ***       EINGABE      ***
55 INPUT"    M1 IN KG  = ";M1:INPUT" M2 IN KG  = ";M2
60 INPUT" U1 IN M/S = ";U1:INPUT" WINKEL(GRAD)";WA:XA=FNBM(WA)

65 REM ***    VERARBEITUNG    ***
70 V2=2*M1/(M1+M2)*U1*COS(XA)
75 V1=1/M1*SQR(M1*M1*U1*U1+M2*M2*V2*V2-2*M1*U1*M2*V2*COS(XA))
80 CB=(M1*M1*V1*V1+M1*M1*U1*U1-M2*M2*V2*V2)/(2*M1*V1*M1*U1)

85 REM ***       AUSGABE      ***
90 PRINT:PRINT" V1 =";FNRD(V1);TAB(11)"M/S"
95 PRINT" V2 =";FNRD(V2);TAB(11)"M/S":XB=FNAC(CB):PRINT
100 PRINT" WINKEL ZWISCHEN V1 UND V2 ";FNRD(WA+FNGM(XB));"GRAD"
105 PRINT:PRINT" STOSSABLAUF VORFUEHREN?"
110 GET G$:IF G$="" THEN 110
115 IF G$="J" THEN GOSUB 125::GOTO 110
120 POKE AD+21,0:POKE AD+30,0:GOTO 50

125 REM *** SPRITEBEWEGUNGEN ***
130 PRINT"     +"TAB(11)"+"
135 I1=18:I2=176:K1=120:K2=176+SIN(XA)*10:IW=U1/4:IV=0:KW=0
140 KV=0:POKE AD+21,0:POKE AD+30,0:GOSUB 175:POKE AD+21,3
145 GOSUB 175:IF PEEK(AD+30)=0 THEN 145
150 GOSUB 200:I=V1/4:K=V2/4
155 IW=I*COS(XB):IV=-I*SIN(XB):KW=K*COS(XA):KV=K*SIN(XA)
160 GOSUB 175:IF I1<9 OR K1<9 OR I1>245 OR K1>245 THEN RETURN
165 IF I2<9 OR K2<9 OR I2>199 OR K2>199 THEN RETURN
170 GOTO 160
175 POKE AD,I1:POKE AD+1,I2:POKE AD+2,K1:POKE AD+3,K2
180 I1=I1+IW:I2=I2+IV:K1=K1+KW:K2=K2+KV:RETURN
```

Erläuterungen:

‚Klangeffekte' und ‚Spritedaten' entnehme man 2.1.1.

Neu hinzugekommen sind drei DEF FN für Umwandlungen vom Gradmaß ins Bogenmaß und umgekehrt sowie die Umkehrung des Kosinus via Arcustangens (Z.40).

Die Vektoren $\vec{v}_1$ und $\vec{v}_2$ wurden jeweils in zwei Komponenten zerlegt, um die Sprites nach dem Zusammenstoß weiterdirigieren zu können (Z.130). Um bei der Bewegung der Sprites die Winkel besser abschätzen zu können, werden durch Z.130 zwei Pluszeichen als Markierungen gesetzt, s. Testbeispiel. (Das Rücksetzen des Cursors ist für die Wiederholung der Bewegung gedacht!).

c) Testergebnisse

1)  ```
    m1 in kg  = ? 1
    m2 in kg  = ? 1
    u1 in m/s = ? 5
    Winkel(grad)? 20

    v1 = 1.71 m/s
    v2 = 4.7  m/s

    Winkel zwischen v1 und v2  90 Grad

    Stossablauf vorfuehren?
    ```

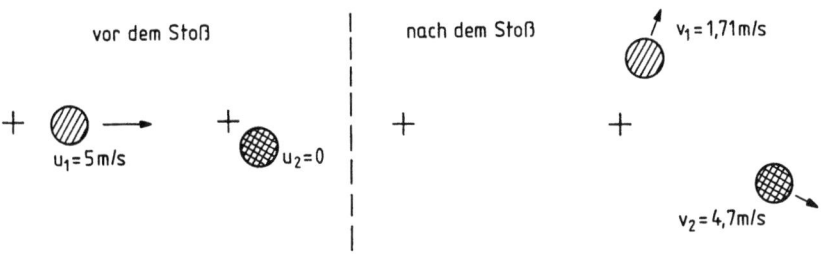

Man kann zeigen, daß im Falle von $m_1 = m_2$ stets $\alpha + \beta = 90°$ (Bestätigung u.a. durch Proton-Proton-Streuung)

```
m1 in kg  = ? 2
m2 in kg  = ? 5
u1 in m/s = ? 8
Winkel(grad)? 60

v1 = 7.14 m/s
v2 = 2.29 m/s

Winkel zwischen v1 und v2 = 103.9 Grad
```

2.2 Bewegungen unter Berücksichtigung des Luftwiderstandes

Wenn man die Aufprallgeschwindigkeit eines Fallschirmspringers oder die Beschleunigungsdauer bis zur Höchstgeschwindigkeit eines Autos berechnen will, kann man Formeln wie $s = a/2 \cdot t^2$, $v = at$ oder $v = \sqrt{2as}$ nicht anwenden.

Es gilt nämlich: Wenn ein Körper mit dem wirksamen Querschnitt A und der Geschwindigkeit v sich im lufterfüllten Raum bewegt, so erfährt er eine hindernde Reibungskraft vom Betrag

$$R = c_w \cdot \frac{\rho}{2} \cdot A \cdot v^2$$

Hierbei muß man *kohärente* Maße achten, also z.B. A in m^2, v in m/s, und ρ, die Dichte der Luft, in kg/m^3 angeben, um die Kraft R in N (Newton) zu erhalten. Die Formel gilt nur für Geschwindigkeiten erheblich unter der des Schalls (340 m/s), (siehe Anhang).
```

Der sogenannte *Widerstandsbeiwert* c_w stellt einen Faktor dar, der weitgehend von der Form des Körpers abhängt und daher starken Schwankungen unterliegt, wie man den folgenden Skizzen entnehmen kann.

Körper	c_w
)	1,5
▯	0,75
◯	0,3
⬭	0,1
⬗	0,05

Bei Tempo 130 km/Std. würde z. B. ein PKW mit $A = 2\,m^2$ und einem Beiwert von 0.3 einen Großteil seiner Antriebskraft zur Überwindung des Luftwiderstandes $R = 508\,N$ benötigen!

2.2.1 Senkrechter Wurf

a) Vorüberlegungen

Beim aufsteigenden Körper wird die Bewegung sowohl durch sein Gewicht G bzw. die Erdbeschleunigung g (man beachte G = mg) als auch durch die Reibung R bzw. der ihr zuzuordnenden Verzögerung $\frac{R}{m}$ gehemmt (Grundgleichung der Mechanik); beim fallenden Körper hingegen wirkt nur noch R verzögernd, G hingegen beschleunigend. Im letzten Fall wird die resultierende Beschleunigung immer geringer, um schließlich Null zu werden, wenn R betragsmäßig G erreicht hat; von da ab verläuft die Bewegung *stationär*, die konstante Geschwindigkeit v_{st} kann man aus der Gleich G = R bzw. $mg = c_w \cdot \frac{\rho}{2} \cdot A \cdot v_{st}^2$ vorhersagen (s. Anhang).

Die resultierende Beschleunigung ist also eine zeit- und richtungsabhängige Größe; wenn man sie zum Zeitpunkt t durch

$$a(t) = g + \frac{R(t)}{m}$$

darstellt, muß man für die Größen der rechten Seite noch Vorzeichenvereinbarungen treffen. Wir wollen vereinbaren, daß die nach oben gerichtete Geschwindigkeit oder Beschleunigung ein positives Vorzeichen erhält und die nach unten gerichtete Größe ein negatives. Bei dieser Gelegenheit vereinbaren wir für die Wege ebenfalls, daß die Erdoberfläche den Nullpunkt einer auf ihr senkrecht stehenden Geraden kennzeichnen solll mit negativem Bereich im Erdinnern.

2.2 Bewegungen unter Berücksichtigung des Luftwiderstandes

Das hat zur Folge, daß wir g stets mit $-9{,}81$ belegen müssen und $R(t)$ immer ein der augenblicklichen Geschwindigkeit $v(t)$ entgegengesetztes Vorzeichen beinhalten muß, was durch eine leichte Abänderung der ursprünglichen Formel erreicht werden kann:

$$R(t) = -c_w \cdot \frac{\rho}{2} \cdot A \cdot v(t) \cdot |v(t)|$$

Wir kennzeichnen nun die Position des Körpers zum Zeitpunkt t mit $y(t)$; seine Momentangeschwindigkeit an dieser Stelle sei $v(t)$ und die augenblickliche Beschleunigung $a(t)$. Unser Ziel ist es, die genannten Größen auch zu einem späteren Zeitpunkt $t + \Delta t$ zu kennen.
Für hinreichend kleine Δt ergibt sich zunächst die Möglichkeit

I $\quad y(t + \Delta t) \approx y(t) + v(t) \cdot \Delta t,$ $\hspace{4cm} y(t + \Delta t)$

weil aber $v(t)$ zu groß (oder zu klein) ist, verglichen mit der Durchschnittsgeschwindigkeit längs Δt, und $v(t + \Delta t)$ zu klein (zu groß), nimmt man besser eine Geschwindigkeit nahe der *Zeitmitte* des Intervalls $(t, t + \Delta t)$, symbolisch

II $\quad y(t + \Delta t) \approx y(t) + v\left(t + \frac{\Delta t}{2}\right) \cdot \Delta t,$

damit der Fehler minimal wird; hierbei gewinnen wir $v\left(t + \frac{\Delta t}{2}\right)$ gemäß

III $\quad v\left(t + \frac{\Delta t}{2}\right) \approx v(t) + a(t) \cdot \frac{\Delta t}{2}.$

Wenn wir auf diese Weise $y(t + \Delta t)$ erhalten haben, wiederholen wir den Vorgang, wobei wir die Geschwindigkeit in der neuen Zeitmitte wieder nach III, aber mit Δt statt $\frac{\Delta t}{2}$ berechnen und anschließend mit I den neuen Wegpunkt. Von jetzt ab kann alles unverändert weiterlaufen, man muß lediglich bei der Ausgabe von y und v daran denken, daß Wege und Geschwindigkeiten zeitlich um $\frac{\Delta t}{2}$ versetzt sind; dies ist in dem folgenden Ablaufplan berücksichtigt.

b) Allgemeiner Ablaufplan

Anfang des Programms

Eingabe von m, A, c_w, Δt und den Anfangswerten für v und y
$g = -9{,}81$; $\rho = 1{,}3$

Wiederhole
$\quad R \leftarrow -c_w \cdot \frac{\rho}{2} A \cdot v \cdot |v|$
$\quad a \leftarrow g + R/m$
$\quad v \leftarrow v + a \cdot \Delta t \quad \left(\text{beim ersten Durchlauf } v \leftarrow v + a \cdot \frac{\Delta t}{2}\right)$
$\quad y \leftarrow y + v \cdot \Delta t$
$\quad$ *Ausgabe* von $v + a \frac{\Delta t}{2}$ und y

$\quad\quad$ bis Abbruchbedingung erfüllt

Ende des Programms

c) BASIC-Übersetzung

```
10 rem *** senkrechter wurf ***
11 :
15 print"■ m,A,cw,dt,vo,yo"
20 input    m,a,cw,dt,v ,y
25 g=-9.81:h=0.65:i=0:print
26 :
30 r=-cw*h*a*v*abs(v):i=i+1
35 b=g+r/m:if i=1 then v=v+b*.5*dt:goto45
40 v=v+b*dt
45 y=y+v*dt:w=v+.5*b*dt:if y<0 then end
46 :
50 print"  t =":s=i*dt:n=10:gosub 70:print"▒"tab(8-l)s
55 print"▒"tab(15)"y =":s=y:n=100:gosub 70:print"▒"tab(22-l)s
60 print"▒"tab(30)"v=":s=v:n=10:gosub70:print"▒"tab(36-l)s
65 goto 30
70 s=int(n*s+.5)/n
75 l=len(str$(int(abs(s)))):if int(s)=-1 or int(s)=0 thenl=1
80 return
ready.
```

Erläuterungen zum BASIC-Programm:

$\rho/2$ ist in h untergebracht; i zählt die Zeitabschnitte dt und bewirkt außerdem die Halbierung von dt im ersten Durchlauf (Zeile 35). B enthält die Beschleunigung. Ab Z.50 geht es nur noch um eine sachgerechte Formatierung der Ausgabe.

2.2 Bewegungen unter Berücksichtigung des Luftwiderstandes

d) Testbeispiele in graphischer Auswertung

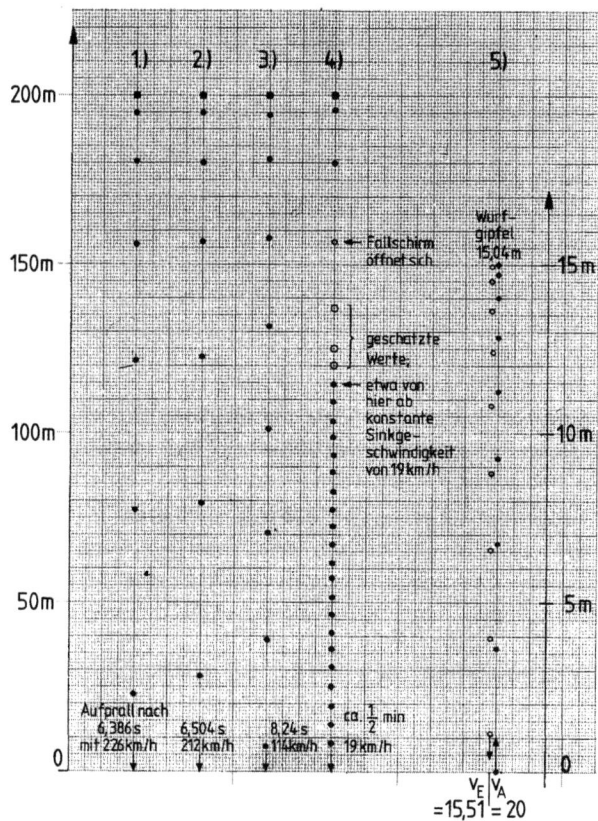

Erläuterungen:

1. Freier Fall aus 200 m Höhe ohne Luftwiderstand; man setze m ≠ 0 (wegen der Division in Programmabschnitt 2.); $c_w = 0$; $\Delta t = 1$; $v = 0$; $y = 200$.

   Vielleicht erstaunt es Sie, daß die angezeigten Werte trotz der relativ großen Zeitspanne exakt sind (siehe Anhang)!

2. Fall aus 200 m Höhe mit Luftwiderstand; man setze z. B. m = 100; A = 0,2; $c_w = 0,6$; $\Delta t = 1$; $v = 0$; $y = 200$.

   Dies wäre die Situation eines Menschen, dessen Fallschirm sich nicht öffnet, wobei c_w noch günstig abgeschätzt wurde.

3. Fall aus 200 m Höhe mit (besonders stabilem!) Regenschirm; man setze m = 100, A = 1; $c_w = 1,6$; $\Delta t = 1$; $v = 0$; $y = 200$. Die Bewegung ist fast stationär.

4. Absprung aus 200 m Höhe mit einem Fallschirm; hierbei ist zu bedenken, daß dieser sich erst bei einer gewissen Geschwindigkeit – etwa mit einem Hilfsschirm – öffnet; wir wollen hierfür 3 s ansetzen. Eingabe: m = 100; A = 30; $c_w = 1,8$; t = 0,01 (!); y = 156; v = – 29,43.

Wegen der hohen Anfangsgeschwindigkeit muß man zunächst mit kleinem Δt arbeiten; später kann man zu $\Delta t = 0{,}1$ und dann zu $\Delta t = 1$ übergehen. Die stationäre Geschwindigkeit, die u.U. auch etwas später einsetzen könnte, beträgt 19 km/Std. entsprechend 5,29 m/s.

5. Ein Ball von 6,5 cm Durchmesser und 40 g Masse wird mit 20 m/s senkrecht nach oben geworfen. Eingaben: m = 0,04; A = 0,003318; c_w = 0,3; t = 0,2; v = 20; y = 0. Interessant ist u. a., daß die Aufschlaggeschwindigkeit mit $v_E = 15{,}51$ m/s deutlich unter der Abwurfgeschwindigkeit $v_A = 20$ m/s liegt; die Differenz an kinetischer Energie hat sich offenbar in Wärmeenergie verwandt (theoretischer Wurfgipfel: $H = v_0^2/2g = 400 : 19{,}62 = 20{,}39$ (m)).

2.2.2 Schiefer Wurf

a) Vorüberlegung

Die Startbedingungen sind durch die Ortskoordinaten x_0, y_0 und die Anfangsgeschwindigkeit $\vec{v}_0$ gegeben; letztere ist durch ihren Betrag v_0 und den Winkel α_0, den sie mit der positiven Richtung der x-Achse bildet, festgelegt.

Der Grundgedanke des folgenden Programmablaufs ist der, daß alle beteiligten Größen in zwei Komponenten bezüglich der x- und y-Richtung zerlegt werden und jede Komponente so behandelt wird wie es im vorigen Programm erläutert wurde; die physikalische Rechtfertigung dieses Vorgehens ist das *Prinzip der ungestörten Überlagerung von Bewegungen*

b) Allgemeiner Ablaufplan

Anfang des Programms

Eingabe von x_0, y_0, v_0, α_0, m, A, c_w, Δt
$g = -9.81$; $\rho = 1.3$

$v_x \leftarrow v_0 \cdot \cos\alpha_0$; $v_y \leftarrow v_0 \cdot \sin\alpha_0$; $K \leftarrow -c_w \cdot \dfrac{\rho}{2} \cdot A/m$

Wiederhole
$\quad a_x \leftarrow K \cdot v_x \cdot |v_x|$; $a_y \leftarrow g + K \cdot v_y \cdot |v_y|$
$\quad v_x \leftarrow v_x + a_x \cdot \Delta t$; $v_y \leftarrow v_y + a_y \cdot \Delta t$
$\quad$ (beim ersten Durchgang mit $\Delta t/2$ arbeiten)
$\quad x \leftarrow x + v_x \cdot \Delta t$; $y \leftarrow y + v_y \cdot \Delta t$; *Ausgabe* x, y
$\quad v_1 \leftarrow v_x + a_x \cdot \Delta t/2$; $v_2 \leftarrow v_y + a_y \cdot \Delta t/2$
$\quad (v_1, v_2)$ in die Polarform (v, α) überführen; v, α *ausgeben*
bis Abbruchbedingung erfüllt

Ende des Programms

v_1, v_2 bedeuten die korrigierten, d.h. zu den Bahnpunkten x, y passenden Geschwindigkeitskomponenten; wenn man nur die Bahnkurve haben will, könnte man die letzten beiden Zeilen des Wiederholungsblocks weglassen.

2.2 Bewegungen unter Berücksichtigung des Luftwiderstandes

c) BASIC-Übersetzungen

```
10 REM ***    SCHIEFER WURF    ***
15 DEF FNRD(Z)=INT((Z+0.005)*100)/100
20 PRINT"◻ X0,Y0,V0,A0,M,A,CW,DT":INPUTX,Y,V0,W,M,A,CW,DT
25 G=-9.81:R=1.3:K=-CW*R/2*A/M:W=W*π/180:VX=V0*COS(W):VY=V0*SIN(W)
30 AX=K*VX*ABS(VX):AY=G+K*VY*ABS(VY)
35 IF FLAG=0 THEN VX=VX+AX*DT/2:VY=VY+AY*DT/2:FLAG=1:GOTO 45
40 VX=VX+AX*DT:VY=VY+AY*DT
45 X=X+VX*DT:Y=Y+VY*DT
50 PRINT:V1=VX+AX*DT/2:V2=VY +AY*DT/2:V=SQR(V1*V1+V2*V2):W=ATN(V2/V1)*180/π
55 PRINT" X ="FNRD(X)"M"TAB(24)"V ="FNRD(V)"M/S"
60 PRINT" Y ="FNRD(Y)"M"TAB(20)"ALPHA ="FNRD(W)"GRAD":IF Y>0 THEN 30
READY.
```

Erläuterungen:

In Z.15 wird auf zwei Dezimalen gerundet.

Der Speicher FLAG (Signal) enthält nach dem Start eine Null und sorgt dafür, daß die ersten beiden Geschwindigkeiten mittels dt/2 errechnet werden.

Man beachte, daß der Aufruf von SIN und COS das Bogenmaß voraussetzt, deshalb erfolgt in Z.25 die entsprechende Umrechnung der in W befindlichen Gradzahl.

Wir zeigen noch ein Programm mit *graphischer Ausgabe der Wurfbahn*; zu Z.21, 50, 80–95 vgl. Kap. 1.2.6, vor dem eigentlichen Programm sind die dort vorgestellten Maschinenprogramme auszuführen. kx und ky (Z.20, 80, 85) setzen den Bildmaßstab und müssen zur STEP-Weite von Z.120, 125 passen.

```
10 REM ***       ALLGEMEINE WURFBAHN     ***

15 REM ***    SPEICHERINITIALISIERUNG ***
20 G=-9.81:R=1.3:KX=6:KY=5
21 GL=49205:GE=49339:PH=49227:PS=49260:
   GA=49358

25 REM ***           EINGABEN           ***
30 PRINT"◻ X0,Y0,V0,A0,M ,A ,CW,DT"
35 INPUT    X ,Y ,V0, W,M ,A ,CW,DT

40 REM ***    AKTUELLE ZUWEISUNGEN      ***
45 K=-CW*R/2*A/M:W=W*π/180:VX=V0*COS(W):
   VY=V0*SIN(W)
50 SYS PH,16:SYS GE:IF S1=0 THEN SYS GL:
   GOSUB 100
55 REM ***    WIEDERHOLUNGSBLOCK        ***
60 AX=K*VX*ABS(VX):AY=G+K*VY*ABS(VY)
65 IF S2=0 THEN VX=VX+AX*DT/2:
   VY=VY+AY*DT/2:S2=1:GOTO 75
70 VX=VX+AX*DT:VY=VY+AY*DT
75 X=X+VX*DT:Y=Y+VY*DT
80 I=10+KX*X: IF I>319 THEN 95
85 J=190-KY*Y:IF J<0     THEN 55
90 SYS PS,I,J:IF J>190 THEN 55
95 GOSUB 170:SYS GA:S2=0:GOTO 30
```

```
100 REM ***       UNTERPROGRAMME        ***

105 REM ** ACHSEN ZEICHNEN/MARKIEREN **
110 FOR I=0 TO 319:SYS PS, I,190:NEXT
115 FOR I=0 TO 199:SYS PS,10, I:NEXT
120 FOR I=10TO 319 STEP 30:SYS PS,I,191:
    SYS PS,I,189:NEXT
125 FOR I=190 TO 0 STEP -25:SYS PS,11,I:
    SYS PS,9,I:NEXT

130 REM ***      ACHSEN BESCHRIFTEN      ***
135 Z=20:S=2:TT$="5":GOSUB 145:
    Z=8:TT$="25":GOSUB 145
140 Z=22:S=19:GOSUB 145:S1=1:RETURN
145 LL=LEN(TT$):AD=57344+Z*320+S*8
150 FORKK=1TO LL:HH=ASC(MID$(TT$,KK,1))
155 FORII=0TO7:UU=PEEK(51200+8*HH+II):
    POKE AD+II,UU:NEXTII
160 AD=AD+8:NEXT KK
165 RETURN
170 REM ***       WARTESCHLEIFE        ***
175 IF PEEK(203)<>60 THEN 175
180 RETURN
```

Änderungen bei Verwendung von Simons-BASIC:

Z.21 entfällt
Z.50 lautet jetzt: IF S1 = 0 then HIRES 1,0: gosub 100
Z.51 kommt hinzu: CSET2
Z.90 bis zum Doppelpunkt: PLOT I, J, 1
Z.95 lautet jetzt: GOSUB 175: CSET1: S2 = 0: GOTO 30

Z.100–Z.165 vereinfachen sich zu

```
100 REM ***       UNTERPROGRAMME        ***

105 REM ** ACHSEN ZEICHNEN/MARKIEREN **
110 LINE 0,190,319,190,1
115 LINE 10,0,10,199,1
120 FOR I=10TO 319 STEP 30:PLOT I,191,1:
    PLOT I,189,1:NEXT
125 FOR I=190 TO 0 STEP -25:PLOT 11,I,1:
    PLOT 9,I,1:NEXT

130 REM ***     ACHSEN BESCHRIFTEN       ***
135 TEXT 32,192,"B5M",1,0,7
140 TEXT 20,64,"B25M",1,0,7
145 TEXT 150,192,"B25M",1,0,7
150 S1=1:RETURN

170 REM ***       WARTESCHLEIFE         ***
175 IF PEEK(203)<>60 THEN 175
180 RETURN
```

2.3 Raumfahrt und Himmelsmechanik

d) Testbeispiel (Ausdruck einer Bildschirmfeingraphik)

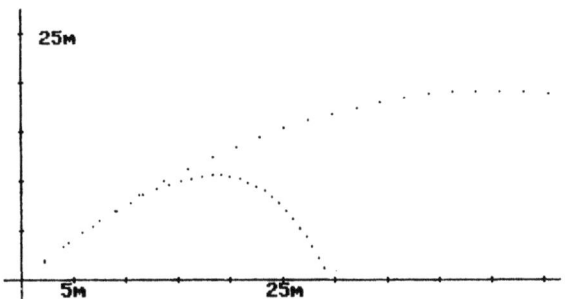

Das Bild zeigt einen mit $v_0 = 30$ m/s unter einem Erhebungswinkel von 40° abgeschlossenen Fußball. Seine Masse wurde mit 250 g angenommen, der Querschnitt mit 5 dm² und c_w mit 0,35; Δt wurde 0,1 gewählt. Die Vergleichskurve für den luftleeren Raum erhält man durch Nullsetzen von c_w; sie stimmt exakt mit den Werten aus der bekannten Bahngleichung

$$y = x \cdot \tan\alpha_0 + \frac{g}{2 \cdot v_0^2 \cdot \cos^2\alpha_0} \cdot x^2$$

überein! Man vergleiche auch mit $H = \dfrac{v_0^2 \sin 2\alpha}{2g} = \dfrac{30^2 \cdot 0{,}643^2}{19{,}62} = 18{,}95$ (theoretische Wurfgipfel) und $W = \dfrac{v_0^2 \sin 2\alpha}{g} = \dfrac{30^2 \cdot 0{,}985}{9{,}81} = 90{,}35$ (theoretische Wurfweite).

2.3 Raumfahrt und Himmelsmechanik

2.3.1 Satellitenbahnen

a) Physikalische Grundlagen

Wenn zwei Körper mit den Massen M und m den Abstand r voneinander haben, so ziehen sie sich gegenseitig mit einer Kraft des Betrags

$F = \gamma \cdot \dfrac{m \cdot M}{r^2}$ an, wobei $\gamma = 6{,}67 \cdot 10^{-11}$ m³ kg⁻¹ s⁻²;

falls m, M in kg und r in m vorgegeben werden, erhält man F in N.

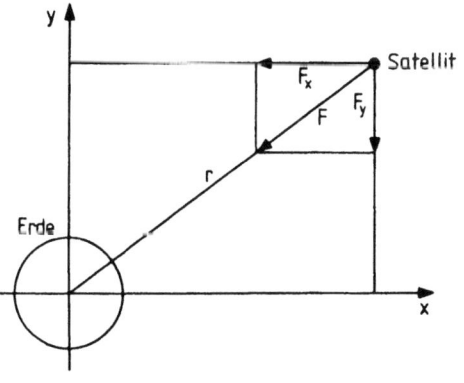

Wir betrachten zunächst den Fall, daß die Erde die Masse M und ein von ihrem Mittelpunkt im Abstand r befindlicher Satellit die Masse m verkörpern. Bezüglich eines rechtwinkligen Koordinatensystems habe der Satellit im Zeitpunkt t die Position x(t), y(t) und die momentanen Geschwindigkeitskomponenten $v_x(t)$, $v_y(t)$ (Richtungsvereinbarung wie in 2.2.2). Die weitere Bewegung des Körpers ist dann wie folgt vorhersehbar: Wir zerlegen die zum Erdmittelpunkt gerichtete Anziehungskraft $\vec{F}$ auch in zwei Komponenten $\vec{F}_x$, $\vec{F}_y$, für deren Beträge infolge ähnlicher Dreiecke der Zusammenhang

$$\frac{F_x}{F} = \frac{x}{r} \quad \text{bzw.} \quad \frac{F_y}{F} = \frac{y}{r}$$

gilt. Aus der Grundgleichung der Mechanik folgt dann für die zugeordneten Beschleunigungsbeträge

$$a_x(t) = \frac{F_x(t)}{m} \quad \text{und} \quad a_y(t) = \frac{F_y(t)}{m}$$

und mit der allgemeinen Gravitationsformel

$$a_x(t) = -\gamma \cdot M \cdot \frac{x(t)}{r(t)^3} \quad \text{bzw.} \quad a_y(t) = -\gamma \cdot M \cdot \frac{y(t)}{r(t)^3}$$

Man beachte, wie das Vorzeichen der beiden Beschleunigungskomponenten a_x und a_y von x und y beeinflußt wird!
Der weitere Verlauf ist aus Abschnitt b) ersichtlich, dessen letzterer Teil aus 2.2.2 leicht gekürzt übernommen werden konnte.

b) Allgemeiner Ablaufplan

Anfang des Programms „Satellitenbahn"
Eingabe von x, y, v_x, v_y, Δt, K = $-\gamma$ M
Wiederhole
$\quad$ S ← $(x^2 + y^2)^{3/2}$
$\quad v_x \leftarrow v_x + x \frac{K}{S} \Delta t; \; v_y \leftarrow v_y + y \frac{K}{S} \Delta t$
$\quad$ (Erster Durchgang mit $\Delta t/2$)
$\quad$ x ← x + $v_x \cdot \Delta t$; y ← y + $v_y \cdot \Delta t$
$\quad$ Ausgabe von x und y
bis Abbruchbedingung erfüllt
Ende des Programms

c) BASIC-Übersetzungen

```
10 rem ***   satellitenbahnen   ***

15 def fnrd(z)=int((z+0.05)*10)/10
20 input"Sq xo in Megameter        ";x:
   input  "  yo in Megameter       ";y
25 input  "  vx in km/s            ";vx:
   input  "  vy in km/s            ";vy
```

2.3 Raumfahrt und Himmelsmechanik

```
30 input   " Zeitabschnitt in sec ";dt:
   input   " Anzahl der Abschnitte";n
35 input   " Zentralmasse    in kg   ";m
40 vx=vx/1000:vy=vy/1000:k=-m*6.67e-29:
   print
45 for i=1 to n
50 r=sqr(x*x+y*y):s=r*r*r
55 if i=1 then vx=vx+x*k/s*dt/2:
   vy=vy+y*k/s*dt/2:goto 65
60 vx=vx+x*k/s*dt:vy=vy+y*k/s*dt
65 x=x+vx*dt:y=y+vy*dt:r=sqr(x*x+y*y)
70 print" x="fnrd(x)tab(9)"Mm";:
   print"        y="fnrd(y)tab(23)"Mm";:
75 print"         r="fnrd(r)tab(37)"Mm"
80 next i
```

Erläuterungen:

In Z.15 wird auf eine Nachkommastelle gerundet.

In Z.40 werden die Geschwindigkeiten und die Konstante $k = -\gamma_m$ dem Maß Mm/s angepaßt, s. Anhang.

Interessanter gestaltet sich die Ausgabe der Flugbahn in hochauflösender Graphik:

```
10 rem ***    satellitenbahnen    ***
:
15 gl=49205:ph=49227:ps=49260:ge=49339:
   ga=49358:kx=10:ky=8
20 input"Sq xo in Megameter      ";x:
   input   " yo in Megameter      ";y
25 input   " vx in km/s           ";vx:
   input   " vy in km/s           ";vy
30 input   " Zeitabschnitt in sec ";dt
35 input   " Zentralmasse    in kg   ";m
40 vx=vx/1000:vy=vy/1000:k=-m*6.67e-29:
   sys ge:sys ph,16:if s=0 then gosub100
45 rem ***    wiederholungsblock   ***
50 r=sqr(x*x+y*y):s=r*r*r
55 if flag=0 then vx=vx+x*k/s*dt/2:
   vy=vy+y*k/s*dt/2:flag=1:goto 65
60 vx=vx+x*k/s*dt:vy=vy+y*k/s*dt
65 x=x+vx*dt:y=y+vy*dt
70 i=100+kx*x:if i<0 or i>319  then 50
75 j=100-ky*y:if j<0 or j>199  then 50
80 sys ps,i,j:if peek(203)<>60 then 50
85 if peek(203)<>4 then 85
90 sys ga:flag=0:print chr$(147):goto 20
100 rem ***       unterprogramme      ***
105 rem ** achsen zeichnen/skalieren **
110 sys gl:s=1:for i=0 to 319:
    sys ps, i ,100:next
115 for i=0 to 199:sys ps,100, i :next
120 for i=0 to 319 step 10:sys ps,i,101:
    sys ps,i,99:next
```

```
125 i=200:j=102:sys ps,i,j:
    j=98:sys ps,i,j
130 for i=4 to 199 step 8:sys ps,101,i:
    sys ps, 99,i:next

135 rem ***    achsen beschriften    ***
140 z=13:s=24:tt$="10000km":gosub 145:
    z=7:s=13:tt$="5000":gosub145:return
145 ll=len(tt$):ad=57344+z*320+s*8
150 forkk=1to ll:hh=asc(mid$(tt$,kk,1))
155 forii=0to7:uu=peek(51200+8*hh+ii):
    poke ad+ii,uu:nextii
160 ad=ad+8:next kk
165 return
```

Erläuterungen:

Bevor Sie das Programm starten, müssen Sie die in Abschnitt 1.2.6 bereitgestellten Maschinenprogramme 'GRAPHIK E0 V4' und 'ZEICHENSATZ V4' laden und ablaufen lassen — es sei denn, Sie nutzen Simon's-BASIC.

Zu den die Graphik betreffenden Zeilen 15, 40, 70—80, 90, 100ff siehe ebenfalls Abschnitt 1.2.6, zu kx, ky vgl. 2.2.2.

Man beachte auch die veränderte Bedeutung der Variablen i. Mit der Leertaste kann die Erstellung des Graphen unterbrochen werden, mit der f1-Taste kommt man in den Spiegel zurück und kann der alten Kurve eine neue hinzufügen! ('60' bzw. '4' sind die zugeordneten Tastencodes in Zelle 203; wer mit RUN/STOP-RESTORE abbricht, muß u.U. Graphik und Zeichensatz re-initialisieren wie in Abschnitt 1.2.6 beschrieben).

Änderungen bei Verwendung von Simon's-BASIC:

Z.15	entfällt	('kx = 10: ky = 8' s.u.), Z.35 wird zu Z.30.
Z.35	jetzt:	vx = ...— 29: if s = 0 then hires 1,0: gosub 100
Z.40	jetzt	kx = 10: ky = 8: cset 2
Z.80	jetzt:	plot i, j, 1: ...
Z.90	jetzt:	cset 1: flag = 0: print chr$ (147): goto 15

Die Unterprogramme vereinfachen sich wie folgt:

```
100 rem ***      unterprogramme      ***

105 rem ** achsen zeichnen/skalieren **
110 line 0,100,319,100,1:
    line 100,0,100,199,1
115 for i=0 to 319 step 10:plot i,101,1:
    plot i,99,1:next
120 i=200:j=102:plot i,j,1:
         j= 98:plot i,j,1
125 for i=4 to 199 step 8:plot 101,i,1:
    plot 99,i,1:next

130 rem ***    achsen beschriften    ***
135 text 200,102,"b10000km",1,0,7
140 text 102,58,"b5000km",1,0,7
145 s=1:return
```

2.3 Raumfahrt und Himmelsmechanik

d) Testbeispiel (Ausdruck einer Bildschirmfeingraphik)

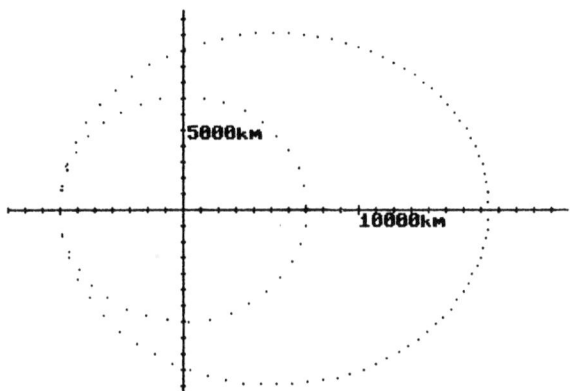

In Anwendung dieses Programms haben wir einen Satelliten in eine Erdumlaufbahn gebracht; damit er nicht sofort durch den Luftwiderstand gebremst wird, nehmen wir an, daß er nach dem senkrechten Start in 629 km Höhe entsprechend 7000 km vom Erdmittelpunkt entfernt in die waagerechte Richtung umschwenkt und daß dann *Brennschluß* ist. Seine weitere Bewegung hängt dann nur noch von der Brennschlußgeschwindigkeit ab; für die Fälle $v_0 = 7{,}54$ km/s und $v_0 = 9$ km/s ist die entsprechende Bahn dargestellt; hierbei wurde dt = 162 s gesetzt (Eingabe: $x_0 = -7$, $y_0 = 0$, $v_x = 0$, $v_y = 7.54$ bzw. $v_y = 9$).

Besonderes Interesse verdient jene Brennschlußgeschwindigkeit, die den Satelliten auf einem Kreis um die Erde laufen läßt; der benutzte Wert stimmt recht genau mit dem theoretisch zu erwartenden überein:

$$m \cdot \frac{2 \cdot \pi}{T} \cdot r = \gamma \frac{m \cdot M}{r^2} \quad \text{bzw.} \quad T = \sqrt{\frac{4 \cdot \pi^2 \cdot r^3}{\gamma M}}$$

liefert in der Besetzung $r = 7 \cdot 10^6$ m; $\gamma = 6{,}67 \cdot 10^{-11}$ m^3 kg^{-1} s^{-2}; $M = 5{,}974 \cdot 10^{24}$ kg neben der Umlaufzeit T = 5829,5 s nach $v = \frac{2 \cdot \pi}{T} \cdot r$ diesem Wert; die Umlaufzeit stimmt auch gut mit dem aus der Zeichnung ersichtlichen Wert von 36 mal 162 gleich 5832 s überein (97,2 min.). Das zweite Keplersche Gesetz (Verbindungsstrecke Erdmittelpunkt – Satellit überstreicht in gleiche Zeiten gleiche Flächen) wird ebenfalls überzeugend bestätigt: Perigäum: $0{,}5 \cdot 7 \cdot 20 = 70$; Apogäum: $0{,}5 \cdot 17{,}5 \cdot 8 = 70$ (Wir behandeln die Sektoren wie Dreiecke und erhalten 20 mm bzw. 8 mm für die Basen).

Erst beim dritten Keplerschen Gesetz werden die geringen Ungenauigkeiten von Weg und Zeit infolge der dritten bzw. zweiten Potenz etwas vergrößert:

$$\frac{T^2}{a^3} = \frac{(83 \cdot 162)^2}{(1{,}25 \cdot 10^7)^3} = 9{,}3 \cdot 10^{-14} \quad \text{und} \quad \frac{T^2}{a^3} = \frac{(36 \cdot 162)^2}{(7 \cdot 10^6)^3} = 10{,}1 \cdot 10^{-14}$$

beinhalten eine Abweichung von 6 bzw. 2 % zu der Keplerkonstanten der Erde ($9{,}9 \cdot 10^{-14}$). Die Umlaufzeit von 225 min. für die elliptische Bahn ist wieder auf etwa 1 % genau; wenn Sie übrigens die Kreisbahn als *Parkbahn* für eine Mondlandung benutzen wollen, müssen Sie nur die Geschwindigkeit im Perigäum schlagartig um etwa 3 km/s erhöhen (siehe Anhang 2).

Größere Genauigkeit erzielt man dadurch, daß man über einen Schleifenzähler nur jedes zweite oder zehnte Wertepaar (x, y) ausgeben läßt (bei klein gewähltem T).

2.3.2 Zweikörperproblem der Gravitation

a) Physikalische Grundlagen

Wir sagten, daß sich Erde und Satellit wechselseitig anzögen, konnten aber wegen des Massenverhältnisses von etwa $10^{21}:1$ davon ausgehen, daß der Satellit keinen Einfluß auf die Bewegung der Erde nehmen konnte. Das ändert sich schon bei dem Paar Erde-Mond, wo das Massenverhältnis von der Größenordnung 100:1 ist und eine Bewegung um den gemeinsamen Schwerpunkt stattfindet, der allerdings noch im Innern der Erde liegt; wenn die Massen der beteiligten Körper gar von derselben Größenordnung sind wie es z. B. bei Doppelsternen öfter vorkommt, können wir das obige Programm nicht mehr verwenden.

Das Prinzip der ungestörten Überlagerung von Bewegungen erlaubt uns jedoch, das Programm so zu erweitern, daß es — mit vertauschten Rollen für M und m — zweifach genutzt werden kann; im einzelnen ist damit folgendes gemeint:

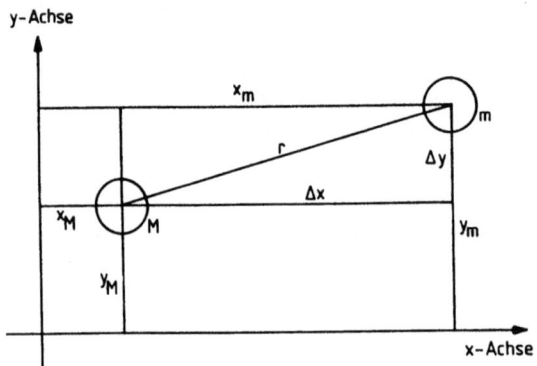

Zu einer bestimmten Zeit mögen die beiden Körper die skizzierte Lage einnehmen; ähnlich wie früher ist die Beschleunigung von m in Richtung der x-Achse durch den Ausdruck

$$a_{mx} = \frac{-\gamma \cdot M}{r^3} \cdot (x_m - x_M)$$

gegeben und für eine hinreichend kurze Zeitspanne als konstant anzusehen. Nun betrachten wir isoliert davon den Einfluß von m auf M und erhalten

$$a_{Mx} = \frac{-\gamma \cdot m}{r^3} \cdot (x_M - x_m)$$

Weil sich die Differenzen in den Klammern nur durch die Vorzeichen unterscheiden, belege ich einen Speicher namens Δx mit $x_M - x_m$ und analog Δy mit $y_M - y_m$ und schaffe $(\Delta x^2 + \Delta y^2)^{3/2}$ auf S und erhalte so

$$a_{mx} \leftarrow \frac{K}{S} \Delta x \qquad a_{my} \leftarrow \frac{K}{S} \Delta y$$

$$a_{Mx} \leftarrow \frac{k}{S} \Delta x \qquad a_{My} \leftarrow \frac{k}{S} \Delta y$$

wobei K mit γM und k mit $-\gamma m$ zu belegen ist.

2.3 Raumfahrt und Himmelsmechanik

Entsprechend erhält man insgesamt vier Komponenten für die Momentangeschwindigkeiten und vier Komponenten für die Ortskoordinaten der beiden Körper. Der vollständige Programmablauf sieht dann so aus:

b) Allgemeiner Ablaufplan

Anfang des Programms *Zweikörperbewegung*

Eingabe von $x_M, y_M, x_m, y_m, v_{xM}, v_{yM}, v_{xm}, v_{ym}, K = \gamma M, k = -\gamma m, \Delta t$

Wiederhole
$$\Delta x \leftarrow x_M - x_m; \Delta y \leftarrow y_M - y_m$$
$$S \leftarrow (\Delta x^2 + \Delta y^2)^{3/2}$$
$$v_{xm} \leftarrow v_{xm} + \frac{K}{S} \cdot \Delta x \cdot \Delta t; x_m \leftarrow x_m + v_{xm} \cdot \Delta t$$
$$v_{ym} \leftarrow v_{ym} + \frac{K}{S} \cdot \Delta y \cdot \Delta t; y_m \leftarrow y_m + v_{ym} \cdot \Delta t$$
$$v_{xM} \leftarrow v_{xM} + \frac{k}{S} \cdot \Delta x \cdot \Delta t; x_M \leftarrow x_M + v_{xM} \cdot \Delta t$$
$$v_{yM} \leftarrow v_{yM} + \frac{k}{S} \cdot \Delta y \cdot \Delta t; y_M \leftarrow y_M + v_{yM} \cdot \Delta t$$

Ausgabe von x_M, y_M, x_m, y_m

bis Abbruchbedingung erfüllt

Ende des Programms *Zweikörperbewegung*

Erläuterungen zum allgemeinen Ablaufplan:
Da ohnehin viel auszugeben ist, wurde auf die Erfassung der korrigierten Geschwindigkeiten verzichtet. In den unten folgenden graphischen Darstellungen gibt der Abstand zwischen zwei Wegpunktten einen Hinweis auf die mittlere resultierende Geschwindigkeit im Zeitabschnitt Δt. (Der linke Wiederholungsblock muß anfangs mit wieder mit $\Delta t/2$ durchlaufen werden!)

c) BASIC-Übersetzungen

```
10 rem ***   zweikoerperproblem   ***
:
15 def fnrd(z)=int((z+0.05)*10)/10
20 input"Sq xM in Megameter      ";x1:
   input  "  yM in Megameter     ";y1
25 input  "  xm in Megameter     ";x2:
   input  "  ym in Megameter     ";y2
30 input  "  vxM in km/s         ";u1:
   input  "  vyM in km/s         ";v1
35 input  "  vxm in km/s         ";u2:
   input. "  vym in km/s         ";v2
40 input  "  M in kg             ";m1:
   input  "  m in kg             ";m2
45 input  "  Zeitabschnitt in sec ";dt:
   input  "  Anzahl der Abschnitte";n
50 c=.001:u1=u1*c:v1=v1*c:u2=u2*c
55 v2=v2*c:f=6.67e-29:k1=m1*f:k2=-m2*f:
   dt=dt/2:gosub120:dt=dt*2            :
```

```
60 for i=1 to n
65 gosub 100:gosub 120
70 next i
75 end
:
100 x2=x2+u2*dt:y2=y2+v2*dt:
    x1=x1+u1*dt:y1=y1+v1*dt
105 print" x1="fnrd(x1)tab(11)"Mm";:
    print"      y1="fnrd(y1)tab(27)"Mm"
110 print" x2="fnrd(x2)tab(11)"Mm";:
    print"      y2="fnrd(y2)tab(27)"Mm"
115 return
:
120 dx=x1-x2:dy=y1-y2:r=sqr(dx*dx+dy*dy)
    :s=r*r*r
125 u1=u1+k2/s*dx*dt:v1=v1+k2/s*dy*dt:
    u2=u2+k1/s*dx*dt:v2=v2+k1/s*dy*dt
130 return
:
150 if peek(203)<>60 then 150
155 return
```

Anmerkungen zum BASIC-Programm:

Wie man aus Zeile 50 ersieht, sind die Maße Mm (Megameter) und s (Sekunde) vorausgesetzt. In Zeile 55 wird der einmalige Startlauf mit halber Zeit arrangiert.

(Zur Belegung von 'f' s. Anhang)

Ab Z.100 werden die Positionen und ab Z.120 die Geschwindigkeiten neu berechnet.

Wie schon in 2.3.1 lohnt sich auch hier wieder eine Programmversion mit graphischer Ausgabe:

```
10 rem ***   zweikoerperproblem   ***
:
15 gl=49205:ph=49227:ps=49260:ge=49339:
   ga=49358:kx=1:ky=.8:c=.001:f=6.67e-29
20 input"Sq xM in Megameter       ";x1:
   input  " yM in Megameter       ";y1
25 input  " xm in Megameter       ";x2:
   input  " ym in Megameter       ";y2
30 input  " vxM in km/s           ";u1:
   input  " vyM in km/s           ";v1
35 input  " vxm in km/s           ";u2:
   input  " vym in km/s           ";v2
40 input  " M in kg               ";m1:
   input  " m in kg               ";m2
45 input  " Zeitabschnitt in sec  ";dt
:
50 u1=u1*c:v1=v1*c:u2=u2*c:v2=v2*c:
   k1=m1*f:k2=-m2*f
55 dt=dt/2:gosub140:dt=dt*2
60 sys ge:sys ph,16:if flag=0
   then gosub 160:z=0
```

2.3 Raumfahrt und Himmelsmechanik

```
65 gosub 90:gosub 140:if peek(203)<>60
   then 65
70 if peek(203)<> 4 then 70
75 sys ga:print chr$(147):goto 20         :
80 rem ***       unterprogramme       *** :
85 rem **  neue positionen berechnen **
90 x2=x2+u2*dt:y2=y2+v2*dt:
   x1=x1+u1*dt:y1=y1+v1*dt
95 rem **  neue position einzeichnen **
100 i=100+kx*x1:if i<0 or i>319 then130
105 j=100-ky*y1:if j<0 or j>199 then130
110 if z/5=int(z/5) then sys ps,i,j
115 i=100+kx*x2:if i<0 or i>319 then130
120 j=100-ky*y2:if j<0 or j>199 then130
125 if z/5=int(z/5) then sys ps,i,j
130 z=z+1:return
:
135 rem **   neue geschwindigkeiten  **
140 dx=x1-x2:dy=y1-y2:r=sqr(dx*dx+dy*dy)
    :s=r*r*r
145 u1=u1+k2/s*dx*dt:v1=v1+k2/s*dy*dt:
    u2=u2+k1/s*dx*dt:v2=v2+k1/s*dy*dt
150 return
:
155 rem ** achsen zeichnen/skalieren **
160 sys gl:flag=1:for i=0 to 319:sys ps,
    i ,100:next
165 for i=0 to 199:sys ps,100, i :next
170 for i=0 to 319 step 10:sys ps,i,101:
    sys ps,i,99:next
175 i=200:j=102:sys ps,i,j:
    j=98:sys ps,i,j
180 for i=4 to 199 step 8:sys ps,101,i:
    sys ps, 99,i:next             :
185 rem **     achsen beschriften      **
190 z=13:s=22:tt$="100000":gosub195:z=7:
    s=7:tt$="50000":gosub195:return
195 ll=len(tt$):ad=57344+z*320+s*8
200 forkk=1to ll:hh=asc(mid$(tt$,kk,1))
205 forii=0to7:uu=peek(51200+8*hh+ii):
    poke ad+ii,uu:nextii
210 ad=ad+8:next kk
215 return
:
```

Erläuterungen:

Vor dem Start 'GRAPHIK E0 V4' und „ZEICHENSATZ V4" ablaufen lassen! Bei Simon's-BASIC sind stattdessen folgende Änderungen zu beachten:

Z.15:   kx = 1: ky = 0.8: c = 0.0001: f = 6.67 e−29
Z.50:   z = 0: hires 1,0 anfügen
Z.55:   gosub 160 anfügen
Z.60:   entfällt
Z.75:   cset 1: print chr$ (147): goto 20
Z.110, 125:   plot i, j, 1' anstelle von 'sys ps, i, j'
Ab Z.155:

```
155 rem ** achsen zeichnen/skalieren **
160 line 0,100,319,100,1:
    line 100,0,100,199,1
165 for i=0 to 319 step 10:
    plot i,101,1:plot i,99,1:next
170 i=200:j=102:plot i,j,1:
         j= 98:plot i,j,1
175 for i=4 to 199 step 8:
    plot 101,i,1:plot 99,i,1:next
180 rem **    achsen beschriften     **
185 text 179,104,"b100000km",1,0,7
190 text  38, 56,"b 50000km",1,0,7
195 return
```

d) Testbeispiele (Ausdrucke von Bildschirmfeingraphiken)

Beispiel I

```
xM in Megameter        ? -50
yM in Megameter        ?  0
xm in Megameter        ?  150
ym in Megameter        ?  0
vxM in km/s            ?  0
vyM in km/s            ? -0.2
vxm in km/s            ?  0
vym in km/s            ?  0.6
M in kg                ?  6e24
m in kg                ?  2e24
Zeitabschnitt in sec   ?  2000
```

Man beachte, daß infolge Z.125 nur alle 10^4 s die neuen Positionen ausgegeben werden! Für M wurde die Erdmasse gewählt und m = 1/3 M gesetzt.

Beispiel II

```
xM in Megameter        ?  0
yM in Megameter        ? -50
xm in Megameter        ?  0
ym in Megameter        ?  50
vxM in km/s            ?  .5
vyM in km/s            ?  0
vxm in km/s            ?  1.5
vym in km/s            ?  0
M in kg                ?  6e24
m in kg                ?  2e24
Zeitabschnitt in sec   ?  400
```

2.3 Raumfahrt und Himmelsmechanik

Die graphische Darstellung zeigt zwei typische Ellipsen mit dem Schwerpunkt der beiden Massen als gemeinsamen Brennpunkt. Weil der vektorielle Gesamtimpuls zu Beginn der Bewegung Null ist, bleibt die Lage des Schwerpunkts unverändert, was man äußerst exakt bestätigt findet, wenn man zu einer bestimmten Zeit die Positionen von M und m durch eine Strecke verbindet. Auch das zweite Keplersche Gesetz ist deutlich erkennbar, wie man mit der in Abschnitt 2.3.2 beschriebenen Methode feststellen kann.

Wenn man die Startwerte leicht variiert, indem man $v_{yM} = -0.4074446$ und $v_{ym} = 1.2223338$ setzt, erhält man zwei konzentrische Kreise!

Überlegung: Gravitationskraft gleich Fliehkraft, d.h. bei einer Kreisbahn

$$\gamma \cdot \frac{mM}{r^2} = m \cdot \frac{v^2}{r_1} \Rightarrow v = \sqrt{\frac{\gamma \cdot M \cdot r_1}{r^2}}\ ;\ r_1 \text{ meint den Abstand von m zum Schwerpunkt.}$$

Ähnlich erhält man die Bahnen von Erde und Mond um den gemeinsamen Schwerpunkt, wenn man $x_M = -4{,}945$; $x_m = 402{,}055$; $v_{vM} = 0{,}012$ und $v_{ym} = -0{,}977$ setzt (siehe Anhang).

Beispiel I

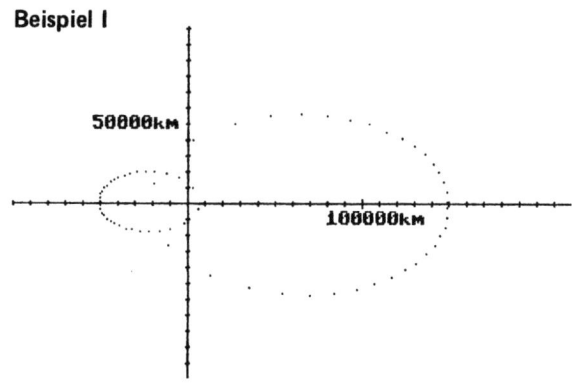

Beispiel II

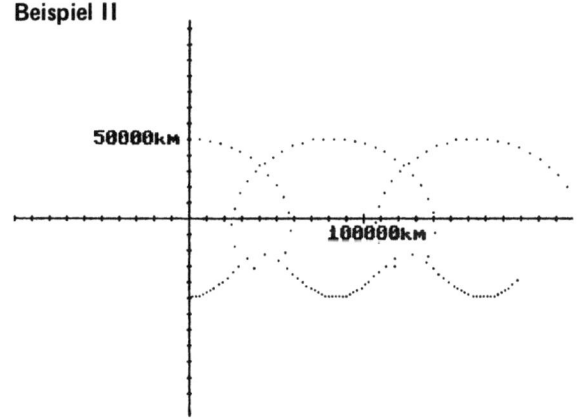

Zeile 125 wurde so abgeändert, daß nur jeder 10. Wert ausgedruckt wird.

Die Bahnkurve der kleineren Masse nennt man *Trochoide*.

Weil der Gesamtimpuls diesmal nicht Null ist, ändert sich die Lage des Schwerpunktes. Weil keine äußeren Kräfte vorhanden sind, bewegt sich der Schwerpunkt geradlinig mit konstanter Geschwindigkeit, was man mit großer Präzision bestätigt findet. Die Geschwindigkeit des Schwerpunktes erhält man auch theoretisch als Quotient von Gesamtimpuls und Gesamtmasse, etwa zur Zeit t = 0:

$$\frac{5{,}974 \cdot 10^{24} \text{ kg} \cdot 500 \text{ m/s} + 1/3 \cdot 5{,}974 \cdot 10^{24} \text{ kg} \cdot 1500 \text{ m/s}}{4/3 \cdot 5{,}974 \cdot 10^{24} \text{ kg}} = 750 \text{ m/s}.$$

2.4 Schwingungen

2.4.1 Gedämpfte Schwingungen

a) Zum allgemeinen Ablauf

Man kann das Programm vom senkrechten Wurf so abändern, daß es die Schwingung eines Körpers an einer Schraubenfeder simuliert. Weil die Geschwindigkeit in diesem Fall im Mittel wesentlich geringer ist, wird man für R statt der quadratischen Abhängigkeit von v die lineare, im Falle einer Kugel durch das *Stokesche Gesetz*

$$R = -6\pi\eta r \cdot v$$

gegebene, annehmen. Die entsprechende Abänderung von Zeile 1 der Wiederholung ist leicht vorzunehmen; in Zeile 2 ändert sich die Momentanbeschleunigung a durch die rücktreibende Kraft der Feder wie folgt:

a ← g + R/m + D/m · |y|

D ist die *Federkonstante* in N/m; die Betragsstriche sind nötig, weil y in der Regel negativ belegt ist; man beachte, daß die rücktreibende Kraft der Feder im Gegensatz zu g nach oben gerichtet ist!

b) BASIC-Programme

```
10 REM ***   GEDAEMPFTE SCHWINGUNG   ***
15 PRINT"♥♣ M,R,AETA,D,DT,VO,YO"
20 INPUT    M,R,AETA,D, T,V ,Y
25 G=-9.81:H=-6*π*AETA*R:I=0:PRINT
30 F=H*V:I=I+1
35 B=G+F/M+D/M*ABS(Y):
   IF I=1 THEN V=V+B*.5*T:GOTO45
40 V=V+B*T
45 Y=Y+V*T:W=V+.5*B*T
50 PRINT"  T =":S=I*T:N=10:
   GOSUB 65:PRINT"●"TAB(8-L)S
55 PRINT"●"TAB(15)"Y =":S=Y:N=100:
   GOSUB 65:PRINT"●"TAB(22-L)S
60 PRINT"●"TAB(30)"V=":S=V:N=10:
   GOSUB65:PRINT"●"TAB(36-L)S:GOTO 30  :

65 REM **   TABELLIERUNG DER AUSGABE   **
70 S=INT(N*S+.5)/N:L=LEN(STR$(INT(ABS(S)
   ))):IF INT(S)=-1 OR INT(S)=0 THENL=1
75 RETURN
```

2.4 Schwingungen

Erläuterungen:
Das Symbol zwischen den Gänsefüßchen (Z.50—60) bewirkt einen Zeilensprung nach oben. Infolge des als Nullpunkt der y-Achse angesetzten oberen Totpunkts der (ungedämpften) Schwingung gibt unser Programm alle y-Werte negativ aus; die Mittellage der Zeitachse ist — 0,49 m, siehe unten.
Wie in den vorangegangenen Abschnitten bringen wir wieder eine Version zur graphischen Darstellung des Vorgangs:

```
10 REM ***    GEDAEMPFTE SCHWINGUNG    ***
:
15 PRINT"♥Q M,R,AETA,  ,DT,VO,YO"
20 INPUT    M,R,AETA,D,DT,V ,Y
25 G=-9.81:H=-6*π*AETA*R:GOSUB 75:
   T=-DT:KX=24:KY=200:AK=100+M*G/D*KY   :

30 F=H*V:T=T+DT
35 B=G+F/M+D/M*ABS(Y):IF FLAG=0 THEN
   V=V+B*.5*DT:FLAG=1:GOTO 45
40 V=V+B*DT
45 Y=Y+V*DT
50 I=20+KX*T:IF I>319 THEN 65
55 J=-KY*Y+AK:IF J<0 OR J>199 THEN 30
60 SYS PS,I,J:IF PEEK(203)<>60 THEN 30
65 IF PEEK(203)<>4 THEN 65
70 SYS GA:PRINT CHR$(147):END
:
75 GL=49205:PH=49227:PS=49260:GE=49339:
   GA=49358:SYS GL:SYS GE:SYS PH,15
80 FOR I=0 TO 319:SYS PS, I,100:NEXT
85 FOR I=0 TO 199:SYS PS,20,  I:NEXT
90 FOR I=20TO 319 STEP 24:SYS PS,I,101:
   SYS PS,I,99:NEXT
95 FOR I=0 TO 199 STEP 20:SYS PS,21,I:
   SYS PS,19,I:NEXT
100 Z=13:S=17:HH=53:GOSUB 105:Z=0:S=1:
    HH=49:GOSUB 105:RETURN
105 AD=57344+Z*320+S*8:FOR I=0 TO 7:U=
    PEEK(51200+8*HH+I):POKE AD+I,U:NEXT
110 RETURN
```

Erläuterungen:
In Z.25 ist eine von der maximalen Amplitude abhängige Konstante 'ak' ermittelt worden, die in Z.55 dafür sorgt, daß die Zeitachse in gewohnter Mittellage erscheint.
Man denke an die Hilfsprogramme zur Graphik (1.2.6) bzw. die nötigen Änderungen bei Verwendung von Simon's-BASIC:

Z.60: PLOT I, J, 1 ...
Z.70: CSET 1   ...

Der Rest vereinfacht sich zu

```
75 HIRES 1,0:LINE   0,100,319,100,1:
              LINE 20,  0,20 ,199,1
90 FOR I=20 TO 319 STEP 24:PLOT I,101,1:
   PLOT I,99,1:NEXT
95 FOR I=0 TO 199 STEP 20:PLOT 21,I,1:
   PLOT 19,I,1:NEXT
100 TEXT 130,103,"B5S",1,0,7
105 TEXT 1,1,"B1M",1,0,7
110 RETURN
```

c) Testbeispiel (Ausdruck einer Bildschirmfeingraphik)

Weil die *Viskosität* für Luft sehr gering ist, simulieren wir den folgenden Fall im Medium „leichtes Maschinenöl"[1]) mit $\eta = 0{,}1$ kg/m · s, welches wir uns in einem 1 m hohen Standzylinder befindlich denken; als schwingenden Körper nehmen wir eine 3 cm dicke Eisenkugel der Dichte 7,6 g/cm^3, die dann die Masse 107 g hat; die Federkonstante sei 2,149 N/m. Wir starten den Programmablauf mit $y = 0$ und $v = 0$ und denken uns dabei die Feder gerade entspannt, das folgende Bild entstand mit $\Delta t = 0{,}05$s:

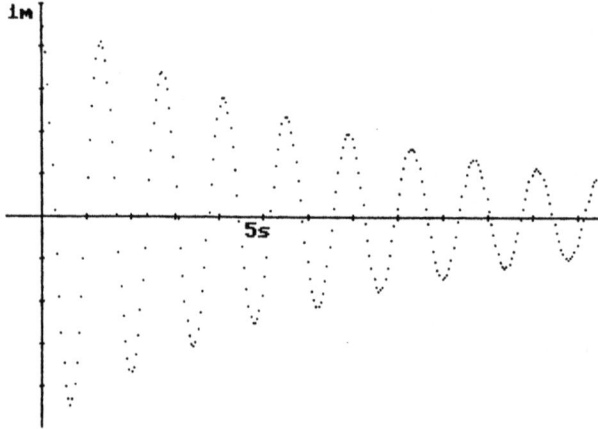

d) Auswertung des Graphen

Man kann eine Fülle von physikalischen Gesetzmäßigkeiten aus dieser Darstellung ablesen bzw. bestätigen:

1. Die *Amplitude* zu Beginn, y_0, beträgt 0,49 m; sie ließe sich mit unserem Computerprogramm mit $\eta = 0$ bei $\Delta t = 0{,}01$ über $h = 2y_0 = 0{,}98$ m gewinnen (wie man überhaupt auch die ungedämpfte Schwingung aufzeichnen könnte). Rechnerisch erhält man sie über die Energiebilanz $mgh = 1/2 \cdot D \cdot h^2$ zu

$$2y_0 = h = \frac{2mg}{D} = \frac{2 \cdot 0{,}107 \cdot 9{,}81}{2{,}145} = 0{,}98 \text{ (m)}.$$

---

[1]) Sonst wird die Auswertung der Meßergebnisse ermüdend, weil die Dämpfung so gering ist.

2.4 Schwingungen

2. Die maximale Geschwindigkeit beträgt

$v_{max} = 2{,}19$ m/s gemäß $v_{max} = \frac{h}{2} \cdot \sqrt{\frac{D}{m}}$

oder $v_{max} = 2{,}20$ m/s über den Rechner bei $\Delta t = 0{,}01$ s.

3. Die *Periode* (Schwingungsdauer) T beträgt 1,4 s, praktisch aus 10 Schwingungen der Zeichnung (1,375 s) und theoretisch aus $T = 2\pi \cdot \sqrt{\frac{m}{D}}$ (1,40 s).

4. Die *Halbwertzeit* (d. i. die Zeit, während der eine Amplitude auf die Hälfte ihres Anfangswertes sinkt:

aus der Zeichnung zu 5,5 s

theoretisch zu $\ln \frac{1}{2} : d = 5{,}3$ s, wobei $d = \frac{k}{2m}$ der sogenannte *Dämpfungsfaktor* ist mit $k = 6\pi\eta$, hier also $k = 0{,}028$ und $d = 0{,}132$.

5. Der Quotient von zwei aufeinanderfolgenden Amplituden ist 1,2 (theoretisch $e^{Td} = e^{1{,}4 \cdot 0{,}132} = 1{,}2$).

6. Bei $\Delta t = 0{,}01$ ist die Momentangeschwindigkeit z. B. im Wegpunkt $-0{,}30$ m zu $-2{,}02$ m/s meßbar; die theoretisch aus der Energiebilanz herleitbare Geschwindigkeit ist ebenfalls 2,02 m/s:

Potentielle Energie $\quad E_{pot} = mgh = 0{,}107 \cdot 9{,}81 \cdot 0{,}3 = 0{,}32$
Spannungsenergie der Feder $\quad E_s = 1/2 \cdot D \cdot h^2 = 1/2 \cdot 2{,}15 \cdot 0{,}3^2 = 0{,}1$
Kinetische Energie $\quad E_{kin} = E_{pot} - E_s = 0{,}22;\ m/2\ v^2 = 0{,}22$ (J)

$v = \sqrt{\frac{0{,}44}{0{,}107}} = 2{,}02$ (m/s).

7. Abschließend sei die *Parameterdarstellung* — bezogen auf die Zeitachse in Mittellage — angegeben:

$y(t) = y_0 \cdot e^{-dt} \cos\omega t$ oder $y(t) = 0{,}49 \cdot e^{-0{,}132 \cdot t} \cos \frac{2\pi}{1{,}4} t$.

Man beachte, daß man die Fehler an einigen Stellen durch die Wahl von $\Delta t = 0{,}01$ statt 0,05 noch geringer halten könnte und daß alle Gesetzmäßigkeiten letztlich nur aus der einen Vorgabe

$a(t) = g + \frac{R(t)}{m} + \frac{D}{m} y(t)$

nach der früher erklärten allgemeinen *Methode der kleinen Schritte* empirisch bestätigen (oder entdecken) konnte! Die rein mathematische Behandlung des Problems wäre hingegen erst mit den Mitteln der Hochschulmathematik (Differentialgleichung zweiter Ordnung) möglich!

2.4.2 Überlagerung von Schwingungen

a) Physikalischer Hintergrund

Der zeitliche Verlauf einer Schwingung wird oft durch die Gleichung

$y = a \cdot \sin\omega t$

beschrieben. In ihr bedeuten

y: momentaner Ausschlag (Elongation) in m
a: maximaler Ausschlag (Amplitude) in m
ω: die Kreisfrequenz in s^{-1}. Es gilt: $\omega = 2\pi f$
t: die Zeit in s

Zum Zeitpunkt t = 0 gehört offenbar die Elongation 0; wenn man diese Einschränkung aufheben will, muß man noch eine Phasenverschiebung einführen:

$$y = a \cdot \sin(\omega t + p) \tag{1}$$

Dies wird immer dann nötig, wenn mehrere Schwingungen betrachtet werden, die nicht gleichzeitig durch die Nullage gehen.

Häufig kommt es vor, daß ein Körper zwei Schwingungen gleichzeitig durchführt, ohne daß diese sich gegenseitig beeinflussen (*ungestörte Überlagerung* oder *Superposition*). Wir behandeln hier einen solchen Fall mit der Besonderheit, daß beide Schwingungen in derselben Ebene erfolgen. Dann erhält man die resultierende Elongation durch Addition der Einzelterme:

$$y_1 = a_1 \cdot \sin(\omega_1 t + p_1)$$
$$y_2 = a_2 \cdot \sin(\omega_2 t + p_2)$$
$$y = y_1 + y_2 = a_1 \cdot \sin(\omega_1 t + p_1) + a_2 \cdot \sin(\omega_2 t + p_2) \tag{2}$$

Während die rechnerische Zusammenfassung von (2) zwecks Ermittlung eines kürzeren Terms recht kompliziert werden kann, ist eine graphische Darstellung der resultierenden Schwingung (2) mit Hilfe des Computers ziemlich einfach zu erhalten.

b) BASIC-Programm

```
10 REM ***   SUPERPOSITION   ***
15 INPUT"♥Q A1,W1,P1";A1,W1,P1
20 INPUT   " A2,W2,P2";A2,W2,P2
:
25 KX=80/π:KY=20:T=0:DT=.1/W1:GOSUB 100
30 I=23+KX*T:T=T+DT:IF I>319 THEN 90
35 Y1=A1*SIN(W1*T+P1):Y2=A2*SIN(W2*T+P2)
   :Y=Y1+Y2
40 J=100-KY*Y:IF J<0 OR J>199 THEN 30
45 SYS PS,I,J:GOTO 30
50 IF PEEK(203)<>60 THEN 50
55 SYS GA:PRINT CHR$(147):END
:
100 GL=49205:PH=49227:PS=49260:GE=49339:
    GA=49358:SYS GL:SYS GE:SYS PH,16
105 FOR I=0 TO 319:SYS PS,I,100:NEXT
110 FOR I=0 TO 199:SYS PS,20, I:NEXT
115 FOR I=20TO 319 STEP 40:SYS PS,I,101:
    SYS PS,I,99:NEXT
120 FOR I=0 TO 199 STEP 20:SYS PS,21,I:
    SYS PS,19,I:NEXT
125 Z=13:S=12:HH=94:GOSUB 130:Z=10:S=1:
    HH=49:GOSUB 130:RETURN
130 AD=57344+Z*320+S*8:FOR I=0 TO 7:U=
    PEEK(51200+8*HH+I):POKE AD+I,U:NEXT
135 RETURN
```

2.4 Schwingungen

Erläuterungen:

P1 und P2 nehmen etwaige Phasenverschiebungen (im Bogenmaß) auf.

Die Superposition findet in Z.35 statt, der Rest des Programms dient der graphischen Ausgabe. Indem DT automatisch an die Kreisfrequenz angelehnt wird, erscheinen die Punkte auf dem Schirm in sinnvollem Abstand.

Man beachte, daß das 'T' des Listings nicht die Bedeutung der Periode der Schwingung hat!

Hier die Änderungen für Simon's-BASIC:

Z.45: PLOT I, J, 1: ...
Z.55: CSET 1:   ...

Der Rest vereinfacht sich zu

```
100 HIRES 1,0:LINE  0,100,319,100,1:
              LINE 20,  0,20 ,199,1
105 FOR I=20TO 319 STEP 40:PLOT I,101,1:
    PLOT I,99,1:NEXT
110 FOR I=0 TO 199 STEP 20:PLOT 21,I,1:
    PLOT 19,I,1:NEXT
115 TEXT  95,102,"At",1,0,7:
    TEXT  10, 77,"A1",1,0,7
120 RETURN
```

c) **Testbeispiele** (Ausdrucke von Bildschirmfeingraphiken)

I   a1 = 2, w1 = 4, p1 = 0; a2 = 2, w2 = 5, p2 = 0

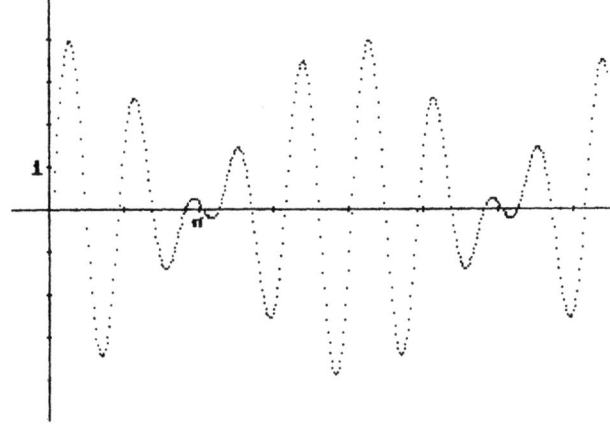

Es handelt sich um eine Schwebung als Folge des geringen Frequenzunterschiedes.

II   a1 = 1, w1 = 9, p1 = 0;   a2 = 3, w2 = 1, p2 = 0

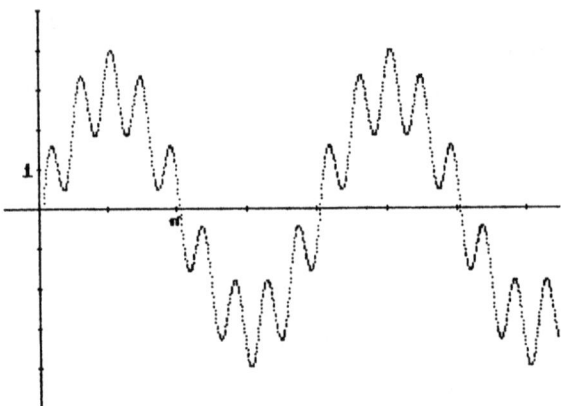

Bei einem Frequenzverhältnis von 9:1 und der größeren Amplitude A wird die 1. Schwingung der zweiten quasi aufgeprägt.

III   a1 = 2, w2 = 2, p1 = 1.57;   a2 = 2.8, w2 = 1, p2 = 0

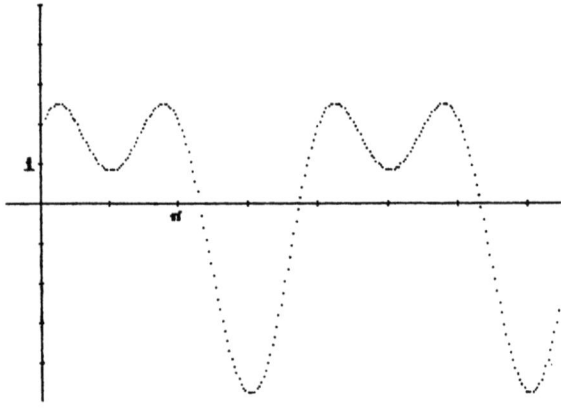

Hier erkennt man den Einfluß der Phasenverschiebung. (Mit p2 = 0 erhält man eine völlig andere Kurve!)

2.4.3 Lissajous-Figuren

a) Physikalischer Hintergrund

Anders als im vorigen Abschnitt betrachten wir jetzt den Fall, daß sich zwei Schwingungen überlagern, die senkrecht zueinander gerichtet sind. Zweckmäßigerweise erfassen wir diese Bewegung mit dem x-y-Achsenkreuz, d.h. an der bisherigen Zeitachse messen wir nun die Ausschläge der 1. Schwingung und an der y-Achse nur noch die Elongationen der zweiten.

2.4 Schwingungen

Auf diese Weise erhält man interessante Bahnkurven. Die zugehörige mathematische Beschreibung gewinnt man im Falle gleicher Frequenz durch Elimination von 't' aus den Parameterdarstellungen.
Speziell für p = 0 ergibt sich dabei die Ursprungsgerade $y = a_1/a_2 \cdot x$ und für $p = \pi/2$ eine Ellipse der Form

$$\frac{x^2}{a_1^2} + \frac{y^2}{a_2^2} = 1$$

(Im allgemeinen ist die Ellipse gegenüber den Koordinatenachsen gedreht).
Bei unterschiedlichen Frequenzen ergeben sich kompliziertere Formen, die man auch *Lissajous-Figuren*[2] nennt.

b) BASIC-Programm

```
10 rem *** lissajous ***
:
15 input"Sq A1,w1,p1";a1,w1,p1
20 input   " A2,w2,p2";a2,w2,p2:
   kx=54:ky=45:t=0:dt=.1/w1/w2         :
25 gl=49205:ph=49227:ps=49260:ge=49339 :
   ga=49358:sys gl:sys ge:sys ph,16
30 x=a1*sin(w1*t+p1):y=a2*sin(w2*t+p2) :
   t=t+dt
35 i=160+kx*x:if i<0 or i>319 then 30
40 j=100-ky*y:if j<0 or j>199 then 30
45 sys ps,i,j:if peek(203)<>60 then 30
50 if peek(203)<>4 then 50
55 sys ga:print chr$(147):end
```

Erläuterungen:

Die Bildfaktoren kx und ky sind wieder so aufeinander abgestimmt, daß ein Kreis auch als Kreis in Erscheinung tritt.
Mit der Leertaste kann man die Erstellung der Graphik jederzeit abbrechen; endgültig verschwindet sie erst nach Betätigung der f1-Taste.
(Simon's-BASIC: Z.25 HIRES 1, 0; sonst wie in 2.4.2)

c) Testergebnis (Ausdrucke von Bildschirmfeingraphiken)

I	a1 = 2,	w1 = 1,	p1 = 0;	a2 = 2,	w2 = 2,	p2 = 3.14
II	a1 = 2,	w1 = 2,	p1 = 0;	a2 = 2,	w2 = 3,	p2 = 1.57
III	a1 = 2,	w1 = 11,	p1 = 0;	a2 = 2,	w2 = 13,	p2 = 1.57

---

[2] *Jules Antoine Lissajous*, 1822–1880

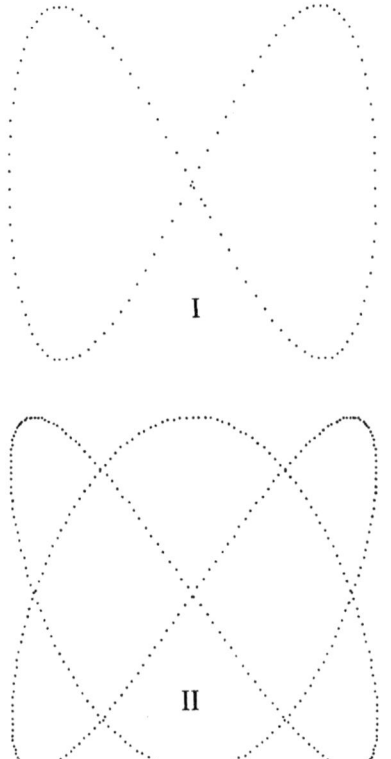
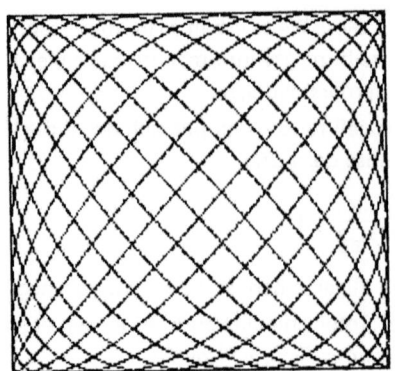

2.5 Elektrische Felder*

a) Physikalischer Hintergrund

Feldlinienbilder eines elektrischen Feldes geben auf anschauliche Weise Stärke und Richtung der Kraft in einem gegebenen Feldpunkt an.

Eine freie Punktladung bewegt sich unter dem Einfluß dieser Kraft entlang der Feldlinien, deshalb kann man die Feldlinienbilder auch erzeugen, indem man die Bewegung einer Probeladung verfolgt.

Das elektrische Feld einer einzelnen Ladung Q ist gegeben durch

$$E = \frac{Q}{4\pi\epsilon_0 \cdot r^2},$$

wobei E den Betrag der elektrischen Feldstärke, r den Abstand von einer Ladung und ϵ_0 die elektrische Feldkonstante bezeichnen. E wirkt stets radial, d.h.

$$\vec{E} = E \cdot \vec{r}_0$$

($\vec{r}_0$: Einheitsvektor in radialer Richtung).

---

* Ein Beitrag von *Stefan Lemke* aus Erkrath

2.5 Elektrische Felder

Q wirkt nun mit der Kraft

$$\vec{F} = q \cdot \vec{E} = \frac{q \cdot Q}{4\pi\epsilon_0 \cdot r^2} \cdot \vec{r}_0$$

auf die Punktladung q (Coulomb-Gesetz).

Hat man es mit mehreren Ladungen Q1, ..., Qn zu tun, so überlagern sich die Kräfte (Superpositionsprinzip), und die gesamte Kraft F lautet:

$$\vec{F} = \sum_{i=1}^{n} \vec{F}_i = q \cdot \sum_{i=1}^{n} \vec{E}_i = q \cdot \vec{E}$$

Da die Felder beliebig geformter, geladener Körper recht kompliziert werden können, beschränken wir uns auf Kugeln, deren Ladung homogen auf der Oberfläche verteilt ist.

b) Allgemeiner Ablaufplan

Das Programm simuliert Testladungen, die, von den Oberflächen der Kugeln abgestoßen, durch ihre Bewegung das Feld abtasten. Die Bahn (die Feldlinie) findet sich, indem im Feldpunkt die Kraft über das Coulomb-Gesetz berechnet wird und man dann mit der Schrittweite zum jeweils nächsten Feldpunkt gelangt.

Da die Bewegung nicht kontinuierlich ist, sondern schrittweise erfolgt, können in Bereichen geringer Feldstärke (großer Schrittweite) mit stark gekrümmten Feldlinien Abweichungen von der wahren Bahn auftreten. Dies fällt besonders dann auf, wenn dieselbe Bahn in zwei verschiedenen Richtungen durchlaufen wird.

Zur Abhilfe wird jeder Schritt zweistufig berechnet: Auf den „Vorwärtsschritt" folgt ein „Rückwärtsschritt" (quasi durch kurzzeitiges Umpolen der Ladung), der aber nicht immer in den Ausgangspunkt zurückführt. Den korrigierten Sprung erhält man dann durch Mittelwertbildung (in der Skizze angedeutet):

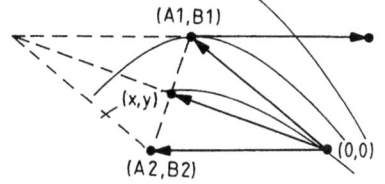

(0, 0): Alter Feldpunkt
(x, y): Neuer Feldpunkt
x = (A1 + A2)/2,
y = (B1 + B2)/2.

Das folgende Flußdiagramm zeigt den Ablauf des Programms:

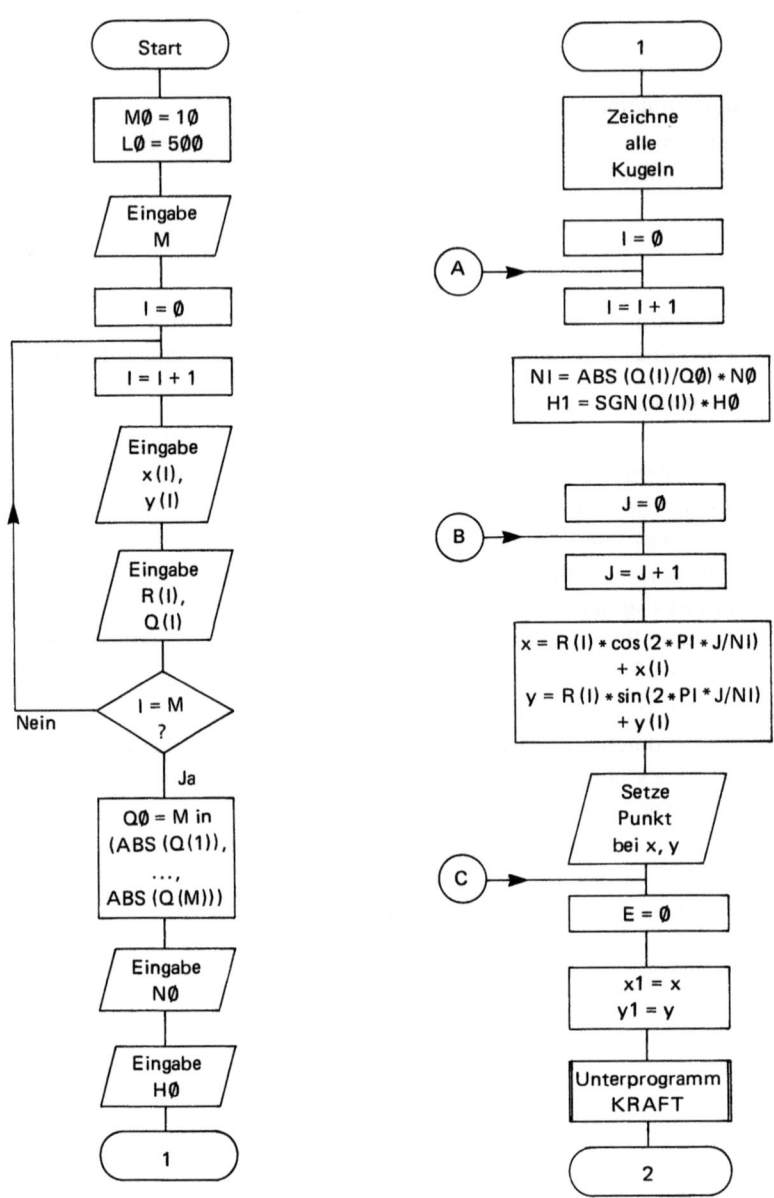

2.5 Elektrische Felder

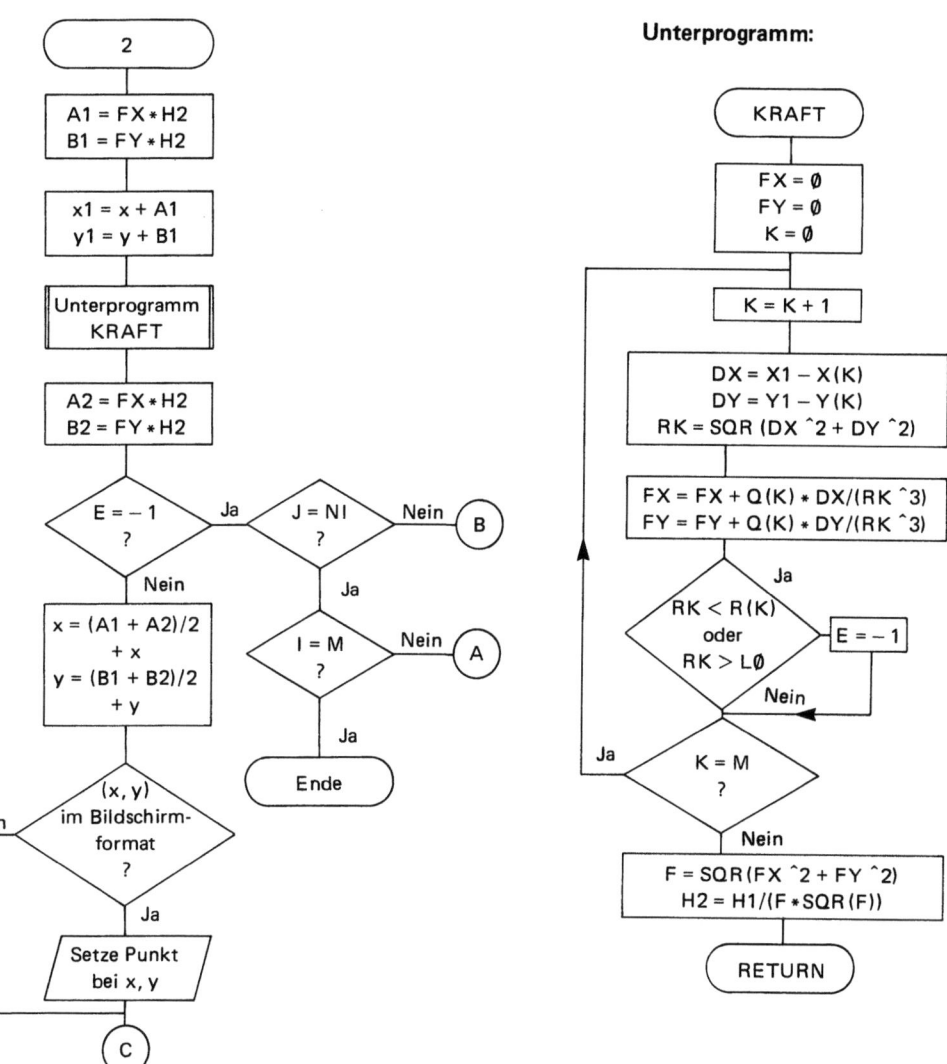

c) BASIC-Programm

```
50 REM *** FELDLINIENBILDER ***
55 :
60 REM *** INITIALISIERUNG   ***
65 :
70 MO=10:LO=500:P2=8*ATN(1)
80 DIM X(MO),Y(MO),Q(MO),R(MO)
90 CR$=CHR$(13):CS$=CHR$(147)
92 GL=49205:GE=49339:GA=49358
94 PH=49227:PS=49260
95 :
100 REM ***    VORGABEN       ***
105 :
110 PRINT CS$:POKE 53280,1:POKE 53281,1
115 PRINT CR$;"■";"*** FELDLINIENBILDER VERTEILTER KUGELN";CR$
120 PRINT "* WIEVIELE LADUNGEN ( MAX.";MO;") SOLLEN"
130 INPUT "   GEZEICHNET WERDEN ";M
140 IF (M<=0 OR M>MO) THEN 120
150 PRINT "* BITTE GEBEN SIE IM FOLGENDEN DIE KO-"
160 PRINT "   ORDINATEN X(I),Y(I), DEN RADIUS R(I)"
170 PRINT "   DER KUGEL (IN PIXELS), SOWIE IHRE"
172 PRINT "   LADUNG Q(I) AN. (ES KOMMT NUR AUF DAS"
174 PRINT "   LADUNGSVERHAELTNIS AN, SCHRITTWEITE"
176 PRINT "   AN DIE GROESSENORDNUNG ANPASSEN !)"
180 Q0=1E+38
190 FOR I=1 TO M
200 PRINT "   X (";I;") ";:INPUT X(I)
210 IF ABS(X(I))>159 THEN 200
220 PRINT "   Y (";I;") ";:INPUT Y(I)
230 IF ABS(Y(I))>99 THEN 220
240 PRINT "   R (";I;") ";:INPUT R(I)
250 IF R(I)<=0 THEN 240
260 PRINT "   Q (";I;") ";:INPUT Q(I)
270 IF Q(I)=0 THEN 260
280 PRINT
290 IF ABS(Q(I))<Q0 THEN Q0=ABS(Q(I))
300 NEXT I
310 PRINT "* WIEVIELE FELDLINIEN SOLLEN VON DER BE-";
320 INPUT "   TRAGL. KLEINSTEN LADUNG AUSGEHEN ";NO
330 IF NO<=0 THEN 310
340 INPUT "* SCHRITTWEITE";HO
350 IF HO<=0 THEN 340
355 :
360 REM *** START DER BERECHNUNG ***
365 :
370 PRINT CS$:POKE 53280,14
375 SYS GL:SYS GE:SYS PH,225
377 GOSUB 730
380 :
385 REM * NAECHSTE KUGEL *
390 FOR I=1 TO M
395 NI=ABS(Q(I)/Q0)*NO
400 H1=SGN(Q(I))*HO
410 DW=P2/NI/2
420 :
425 REM * NAECHSTE LINIE *
```

2.5 Elektrische Felder

```
430 FOR J=1 TO NI
435 XA=X(I):X=(R(I)+1)*COS(P2*J/NI-DW)+X(I)
440 YA=Y(I):Y=(R(I)+1)*SIN(P2*J/NI-DW)+Y(I)
450 GOTO 530
455 :
460 REM * NAECHSTER PUNKT *
470 E=0:X1=X:Y1=Y:GOSUB 630
480 A1=FX*H2:B1=FY*H2
490 X1=X+A1:Y1=Y+B1:GOSUB 630
500 A2=FX*H2:B2=FY*H2
510 IF E THEN 570 : REM * ENDE LINIE *
520 X=X+(A1+A2)/2:Y=Y+(B1+B2)/2
530 REM * SETZE PUNKT *
540 IF (ABS(XA)<=159 AND ABS(YA)<=99) THEN SYS PS,(XA+159),(99-YA)
550 XA=X:YA=Y
560 GOTO 460
565 :
570 NEXT J
575 :
580 NEXT I
590 :
605 GET A$:IF A$="" THEN 605
610 SYS GL:SYS GA:PRINT CS$:POKE53280,1
620 END
625 :
629 :
630 REM *** UP BERECHNE DIE KRAFT ***
631 :
640 FX=0:FY=0
650 FOR K=1 TO M
660 DX=X1-X(K):DY=Y1-Y(K)
670 RK=SQR(DX*DX+DY*DY):R3=RK*RK*RK
680 FX=FX+Q(K)*DX/R3:FY=FY+Q(K)*DY/R3
690 IF (RK<R(K) OR RK>LO) THEN E=-1
700 NEXT K
710 F=SQR(FX*FX+FY*FY):H2=H1/(F*SQR(F))
720 RETURN
725 :
730 REM *** UP ZEICHNE DIE KUGELN ***
735 :
740 FOR I=1 TO M
745 R2=R(I)*R(I)
750 FOR YR=0 TO R(I)/SQR(2)
760 XR=SQR(R2-YR*YR)
770 SYS PS,(159+X(I)-XR),(99-Y(I)+YR)
780 SYS PS,(159+X(I)+XR),(99-Y(I)+YR)
790 SYS PS,(159+X(I)-XR),(99-Y(I)-YR)
800 SYS PS,(159+X(I)+XR),(99-Y(I)-YR)
810 SYS PS,(159+X(I)-YR),(99-Y(I)+XR)
820 SYS PS,(159+X(I)+YR),(99-Y(I)+XR)
830 SYS PS,(159+X(I)-YR),(99-Y(I)-XR)
840 SYS PS,(159+X(I)+YR),(99-Y(I)-XR)
850 NEXT YR
855 NEXT I
860 RETURN
```

Erläuterung:
Es werden die in Abschnitt 1.2.6 beschriebenen Graphik-Routinen verwendet. Die Koordinaten durchlaufen den Bereich von $-159,\ldots,+159$ in x-Richtung und $-99,\ldots,+99$ in y-Richtung.
M0 ist eine Konstante und schränkt die Zahl der felderzeugenden Kugeln ein. L0 verhindert, daß bestimmte Feldlinien bis ins Unendliche verfolgt werden: Überschreitet eine Testladung den Abstand L0 oder dringt sie in eine Kugel ein (Zeile 690: Abbruchbedingung), so wird die nächste Testladung gestartet.
Die Zahl der von einer Kugel ausgehenden Feldlinien variiert mit der Ladung (N1, Zeile 395), außerdem bedeutet hohe Punktdichte große Feldstärke, da die aktuelle Schrittweite H2 von der Kraft beeinflußt wird (Mit H2 = H1/F erhielte man äquidistante Sprünge).
Bis Zeile 350 findet die Vorbelegung statt, sie ist im wesentlichen selbsterklärend. In Zeile 390 wird eine Kugel ausgewählt, in Zeile 430 eine von ihr ausgehende Feldlinie, die Zeilen 640–710 berechnen die am jeweiligen Ort wirkenden Kräfte und damit den nächsten Feldlinienpunkt.
Falls höhere Rechengeschwinddigkeit erwünscht ist, können die Zeilen 490 und 500, in denen die oben beschriebene Korrektur stattfindet, weggelassen werden.
In Zeile 520 muß dann stehen: X = X + A1: Y = Y + B1.
Die Rechenroutine ist wegen der Schleifen zwar erst ab mehreren Kugeln effizient, zeigt aber deutlich die Symmetrie der Überlagerung.
Zur Erhöhung der Rechengeschwindigkeit wurden Potenzen als Produkte geschrieben.
Änderungen bei Benutzung von Simon's-BASIC:
Z.92 und Z.94 fallen weg. Z.375, Z.540 und Z.610 ändern sich wie folgt:

```
375 HIRES 14,1
540 ... THEN PLOT XA+159,99-YA,1
610 CSET 1 ...
```

d) Testbeispiele

Wie man aus den folgenden Bildschirmausdrucken ersieht, werden zwar keine quantitativen Aussagen zu Probeladung und Feldstärke gemacht, jedoch geben Richtung und (Punkt-)-Dichte der Feldlinien den zugrundeliegenden Sachverhalt korrekt wieder.

Eingabewerte

1. Fall: $x_1 = -50$ $x_2 = 50$ 12 Feldlinien
 $y_1 = 0$ $y_2 = 0$ Schrittweite 0,3
 $r_1 = 5$ $r_2 = 5$
 $q_1 = 2$ $q_2 = 2$

2. Fall: wie 1. bis auf $q_1 = -2$

3. Fall: $x_1 = -120$ $x_2 = -20$ $x_3 = 30$ $x_4 = 100$
 $y_1 = 60$ $y_2 = -40$ $y_3 = 30$ $y_4 = -80$
 $r_1 = 20$ $r_2 = 10$ $r_3 = 5$ $r_4 = 10$
 $q_1 = 2$ $q_2 = -4$ $q_3 = 8$ $q_4 = -4$
 12 Feldlinien, Schrittweite 0,25

2.5 Elektrische Felder

Anmerkungen: Bei den einzugebenden Zahlen für die Ladungen kommt es nur auf deren Verhältnis und nicht auf ihre absoluten Werte an!
Wenn mehr als zwei Ladungen im Spiel sind, kann die Erstellung des Graphen zeitaufwendig werden.

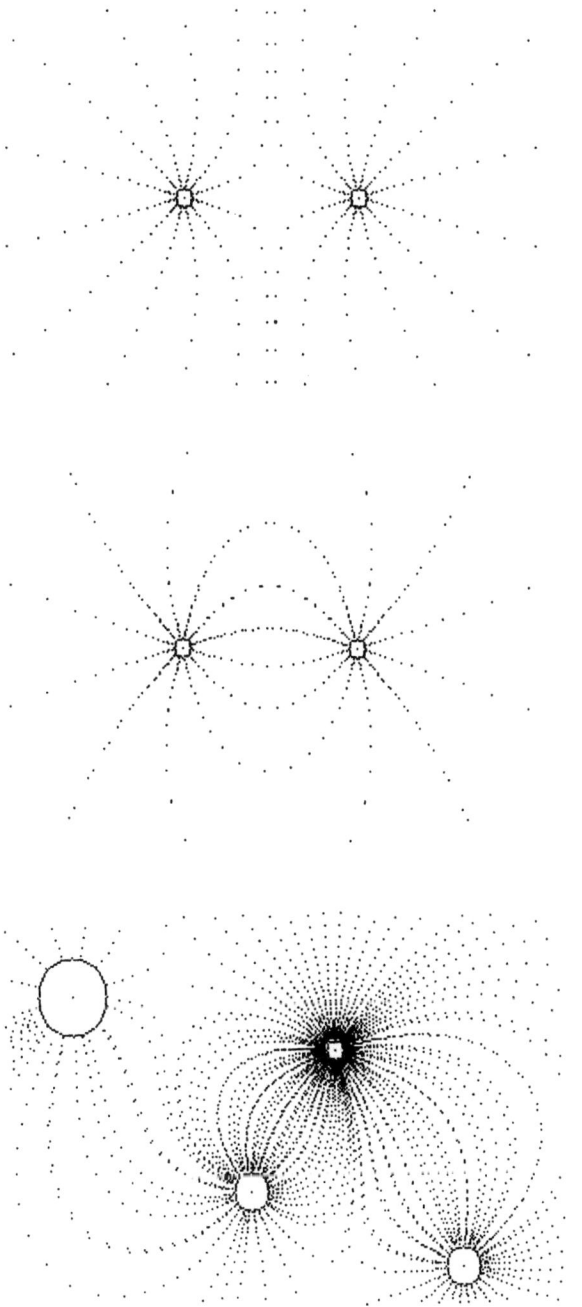

3 Automatische Auswertung von Meßreihen

3.1 Linearitätsprüfung einer Meßreihe

a) Problemstellung

Nehmen wir als Demonstrationsbeispiel eine nicht sonderlich genaue Meßreihe zum Hookeschen Gesetz (die „exakte" Federkonstante sei D = 34,6 N/m).

s	F
3,8	1
7,5	2
10,1	3
14,6	4
17,5	5
32,4	10
44,2	15

Die Ausdehnung s der Feder ist in cm und das angehängte Gewicht F in N notiert worden. Der Quotient F/s, der die Federkonstante D darstellt, schwankt stark. Man könnte nun auf die Idee kommen, den Mittelwert der sieben Quotienten zu bilden; dieser wäre jedoch mit 29,1 N/m eine schlechte Annäherung an D. Wesentlich besser fährt man dabei, wenn man mit Hilfe des arithmetischen Mittels die Summe gewisser Fehlerquadrate minimal werden läßt. Wie das gemacht wird, kann man in den einschlägigen Lehrbüchern der angewandten Statistik nachlesen; eine Herleitung ohne Differentialrechnung findet der Leser in [1]. Das Resultat dieser Überlegungen läßt sich leider nur in umständlichen Formeln darstellen:

I. $$r = \frac{n \cdot \sum_{i=1}^{n} x_i y_i - \left(\sum_{i=1}^{n} x_i\right) \cdot \left(\sum_{i=1}^{n} y_i\right)}{\sqrt{n \cdot \sum_{i=1}^{n} x_i^2 - \left(\sum_{i=1}^{n} x_i\right)^2} \cdot \sqrt{n \cdot \sum_{i=1}^{n} y_i^2 - \left(\sum_{i=1}^{n} y_i\right)^2}}$$

II. $$a = \frac{n \cdot \sum_{i=1}^{n} x_i y_i - \left(\sum_{i=1}^{n} x_i\right) \cdot \left(\sum_{i=1}^{n} y_i\right)}{n \cdot \sum_{i=1}^{n} x_i^2 - \left(\sum_{i=1}^{n} x_i\right)^2}$$

III. $$b = \frac{\sum_{i=1}^{n} y_i - a \cdot \sum_{i=1}^{n} x_i}{n}$$

3.2 Kurvenanpassungen

Die erste Formel stellt den sogenannten Korrelationskoeffizienten dar. Er kann Werte zwischen + 1 und − 1 annehmen und stellt ein Maß für den Zusammenhang zwischen den n Wertepaaren x_i, y_i dar: Nur wenn der Betrag von r nahezu 1 ist, liegt eine lineare Beziehung vor:

$$y = a \cdot x + b$$

Die Steigung a und die Abschnittskonstante b dieser *Ausgleichsgeraden* läßt sich mit Hilfe der Beziehungen II und III bestimmen. Wenn man also untersuchen will, ob einer Meßreihe eine linear-funktionale Beziehung zugrunde liegt, wird man erst den Korrelationskoeffizienten r bestimmen und — falls $|r| \approx 1$ — anschließend die Konstanten a und b jener Geraden bestimmen, die sich den Meßpunkten am besten anpaßt.

Es braucht wohl nicht betont zu werden, daß der Rechenaufwand hierbei nicht mehr mit dem einfachen TR bewältigt werden kann!

Bei der Programmierung sollte man darauf achten, schon im allgemeinen Ablaufplan etwas zu optimieren, was dadurch möglich wird, daß mehrmals die gleichen Summen auftreten. Führt man zum Beispiel für die erste Formel die abkürzenden Bezeichnungen

$$r = \frac{Z}{\sqrt{N_1} \cdot \sqrt{N_2}}$$

ein, so kann man die zweite Formel nach dem Muster

$$a = \frac{Z}{N_1}$$

aufbauen.

Im einzelnen muß man fünf verschiedene Summen bilden, nämlich über x_i; y_i, x_i^2, y_i^2 und $x_i y_i$ (jeweils von i = 1 bis i = n).

Unter Vorwegnahme der späteren Testläufe sei hier schon verraten, daß die Federkonstante D der eingangs genannten Meßreihe in Gestalt des „a" der zweiten Formel den Wert 34,3 N/m annimmt.

b) BASIC-Übersetzung

Wir verschieben die Übersetzung noch etwas, um auch Meßreihen verarbeiten zu können, die nicht durch lineare Funktionen repräsentiert werden.

3.2 Kurvenanpassungen mit Potenz-, Exponential- und Logarithmusfunktionen

a) Problemstellung

t	s
0,95	16
1,33	31
1,61	46
1,86	61
2,10	76
2,28	91

Betrachten wir die Meßergebnisse eines Fahrbahnversuchs, wo bei konstanter Beschleunigung der Weg s in cm in Abhängigkeit von der Zeit t in s festgehalten wurde, so möchte man natürlich die Beziehung

$$s = k \cdot t^2$$

verifizieren. Um diese Gesetzmäßigkeit auf eine lineare zurückführen und damit auf die im vorigen Abschnitt beschriebene Weise überprüfen zu können, logarithmiert man beide Seiten der Gleichung zur Basis e und erhält

$$\ln s = 2 \cdot \ln t + \ln k$$

In der Tat: Substituiert man noch $y = \ln s$, $x = \ln t$ und $b = \ln k$, so hat man mit

$$y = 2 \cdot x + b$$

einen Spezialfall der allgemeinen linearen Funktion vor sich.
Beliebige Potenzfunktionen der Gestalt

$$y = k \cdot x^m, m \in Q, x > 0$$

kann man somit überführen in

$$\ln y = m \cdot \ln x + \ln k \quad \text{bzw.} \quad y' = ax' + b$$

Man wird daher die Berechnungen von r, a, b in Form eines Unterprogramms realisieren und eine Weiche einbauen, damit gegebenenfalls anstelle der x_i, y_i die $\ln x_i$ und $\ln y_i$ summiert werden. Das m entspricht dann dem a und das k erhält man durch e^b.
Analog gelangt man zu den Linearisierungen von Exponential- und Logarithmusfunktionen; für die anstehende Programmierung fassen wir zusammen:

Lineare Funktion	$y = a \cdot x + b$
Potenzfunktion $y = k \cdot x^m$	$\ln y = m \cdot \ln x + \ln k$
Exponentialfunktion $y = k \cdot e^{mx}$ $\quad = k \cdot c^x$	$\ln y = m \cdot x + \ln k$
Logarithmusfunktion $y = k \cdot \ln x + b$ $\quad = k_1 \cdot \log_c x + b$ $(k_1 = k \cdot \ln c)$	$y = k \cdot \ln x + b$

Man vergleiche auch die graphische Auswertung auf logarithmisch unterteilten Millimeter-Papieren!
Aufgrund der bisher angestellten Überlegungen gelangt man zu folgendem Ablaufplan:

3.2 Kurvenanpassungen

b) Allgemeiner Ablaufplan

1. *Eingabe* der Paare x_i, y_i; $i = 1, 2, \ldots, n$
2. Im Falle einer vermuteten
   $\left.\begin{array}{l}\text{Potenz-}\\ \text{Exponential-}\\ \text{Logarithmus-}\end{array}\right\}$ funktion setze $\left\{\begin{array}{l} x_i \leftarrow \ln x_i \, ; \, y_i \leftarrow \ln y_i \\ \qquad\quad y_i \leftarrow \ln y_i \\ x_i \leftarrow \ln x_i \end{array}\right\}$ $i = 1, 2, \ldots, n$
3. Bildung der Summen $S_x, S_y, S_{x2}, S_{y2}, S_{xy}$
4. $Z \leftarrow n \cdot S_{xy} - S_x \cdot S_y$
   $N_1 \leftarrow n \cdot S_{x2} - S_x^2$

   $r \leftarrow \dfrac{Z}{\sqrt{N_1} \cdot \sqrt{n \cdot S_{y2} - S_y^2}}$; *Ausgabe* von r

5. $a \leftarrow \dfrac{Z}{N_1}$; *Ausgabe* von a

6. $b \leftarrow \dfrac{S_y - a \cdot S_x}{n}$

7. Wenn Potenz- oder Exponentialfunktion vermutet, dann $b \leftarrow e^b$
8. *Ausgabe* von r, a, b

Ergänzung zu 3.:

Art der Summe	$\sum_{i=1}^{n} x_i$	$\sum_{i=1}^{n} y_i$	$\sum_{i=1}^{n} x_i^2$	$\sum_{i=1}^{n} y_i^2$	$\sum_{i=1}^{n} x_i y_i$
Speichername	S_x	S_y	S_{x2}	S_{y2}	S_{xy}

Anmerkungen:
Statt selbst eine Vermutung zu äußern, könnte man auch den Rechner nacheinander die vier Hypothesen durchtesten und dann die zum betragsgrößten ‚r‘ gehörige Funktion ausgeben lassen.
In der folgenden BASIC-Version ist dies mit einigen anderen Ergänzungen wie z.B. der Möglichkeit zu Inter- und Extrapolation berücksichtigt. Da außerdem eine graphische Darstellung der Funktion mit automatischer Anpassung des Bildausschnitts hinzukommt, ist das Programm relativ umfangreich geraten.

c) Erweiterte BASIC-Version

```
10 rem   ***    messreihenauswertung    ***
11 :
15 dim x(99),y(99),h(4,99)
20 deffn rd(zw)=int(abs(zw)+.5)*sgn(zw)
50 goto 2000:rem >> menue
51 :
100 rem   ***         unterprogramme        ***
101 :
120 rem   ***   auf zd dezimalen runden     ***
```

```
125 fk=int(10↑zd+.1):zw=zw*fk:if zw-int(zw)>=.5 then zw=int(zw)+1
130 zw=int(zw)/fk:return
131 :
170 rem ***    achsenkreuz zeichnen     ***
175 for ii=0 to 319
180 sys ps,ii,xa
185 next
190 for ii=0 to 199
195 sys ps,ya,ii
200 next
201 :
205 rem ***    achsenkreuz skalieren    ***
210 rem ***    skala x-achse     ***
215 aa=ya-int(ya/px)*px:x5=5*px
220 for ii=aa to 319 step px
225 sys ps,ii,xa-1:sys ps,ii,xa+1
230 next ii
235 xe=319:gosub 240:x5=-x5:xe=0:gosub 240:goto 265
240 rem ***    up fuenfermarken x    ***
245 for ii=ya to xe step x5
250 sys ps,ii,xa-2:sys ps,ii,xa-3:sys ps,ii,xa+2:sys ps,ii,xa+3
255 next ii
260 return
265 rem ***    skala y-achse     ***
270 aa=xa-int(xa/py)*py:y5=5*py
275 for ii=aa to 199 step py
280 sys ps,ya-1,ii:sys ps,ya+1,ii
285 next ii
290 xe=199:gosub 295:xe=0:y5=-y5:gosub 295:goto 320
295 rem ***    up fuenfermarken y    ***
300 for ii=xa to xe step y5
305 sys ps,ya-2,ii:sys ps,ya-3,ii:sys ps,ya+2,ii:sys ps,ya+3,ii
310 next ii
315 return
320 rem ***    kleine marken      ***
325 kx=px/5:if kx<10 then 345
327 aa=ya-int(ya/kx)*kx
330 for ii=aa to 319 step kx
335 sys ps,ii,xa-1
340 next ii
345 ky=py/5:if ky<6 then 395
347 aa=xa-int(xa/ky)*ky
350 for ii=aa to 199 step ky
355 sys ps,ya+1,ii
360 next ii
390 :
395 rem ***    achsen bewerten    ***
400 rem ***    werte x-achse      ***
405 if px>30 then 420
410 z=int(xa/8)+1:s=int((ya+5*px)/8)-1:tt$=str$(5*mx):gosub 465
415 s=int((ya-5*px)/8)-1:tt$=str$(-5*mx):gosub465:goto 430
420 z=int(xa/8)+1:s=int((ya+px)/8)-1:tt$=str$(mx):gosub 465
425 s=int((ya-px)/8)-1:tt$=str$(-mx):gosub 465
430 rem ***    werte y-achse     ***
435 if py>18 then 450
440 s=int(ya/8)+1:z=int((xa-5*py)/8):tt$=str$(5*my):gosub 461:gosub 465
445 z=int((xa+5*py)/8):tt$=str$(-5*my):gosub 465:goto 460
450 s=int(ya/8)+1:z=int((xa-py)/8):tt$=str$(my):gosub 461:gosub 465
455 z=int((xa+py)/8):tt$=str$(-my):gosub 465
460 return
461 ll=len(tt$):if s+ll>39 then s=s-ll-2:return
462 :
465 rem ***    text in graphik    ***
470 ll=len(tt$):ad=57344+z*320+s*8
475 if s<0 or s+ll>39 or z<0 or z>24 then return
480 for kk=1 to ll
485 hh=asc(mid$(tt$,kk,1))
```

3.2 Kurvenanpassungen

```
490 if hh<64 then 515
495 if hh<96 then hh=hh-64:goto515
500 if hh<128 then hh=hh-32:goto 515
505 if hh<192 then hh=hh-64:goto 515
510 if hh<255 then hh=hh-128
511 if hh=255 then hh=94
515 for ii=0 to 7
520 uu=peek(51200+8*hh+ii):pokead+ii,uu
525 next ii
530 ad=ad+8
535 next kk
540 return
541 :
545 rem ***    punktwolke zeichnen    ***
555 gosub 624
560 for k=1 to n
565 i=ya+fnrd(x(k)*300/dx):j=xa-fnrd(y(k)*180/dy)
570 sys ps,i,j
575 next k
580 gosub 675:sys ga:return
581 :
585 rem ***    kurve zeichnen    ***
590 gosub 624
592 d1=300/dx:xs=1/d1:x=xl-xs:d2=180/dy:i1=ya+fnrd(xl*d1):i2=ya+fnrd(xr*d1)
595 for k=i1 to i2
597 x=x+xs
600 on ft goto 601,602,604,605
601 y=a*x+b:goto 609
602 if x<0 and a<>int(a) then 615
603 y=b*x↑a:goto 609
604 y=b*exp(a*x):goto 609
605 if x<=0 then 615
606 y=a*log(x)+b
609 i=ya+fnrd(x*d1):j=xa-fnrd(y*d2)
610 sys ps,i,j
615 next k
620 gosub 675:sys ga:gv=2:return
621 :
622 rem ***    bildvorbereitung    ***
624 if gv=0 then gosub 1000:return
625 if gv<>2 then 628
626 print cu$tab(8)"Altes Bild loeschen?":gosub675
627 if g$<>"n" then sys gl:sys ge:sys ph,15:gosub 170:return
628 sys ge:sys ph,15:return
630 rem ***    sys-einsprungadressen    ***
635 gl=49205:ph=49227:ps=49260:ge=49339:ga=49358
640 return
641 :
645 rem ***    bildschirmdefinitionen    ***
650 poke 53280,15:poke 53281,15:bl$=chr$(147):cu$=chr$(17):oo$=chr$(145)
655 nf$=chr$(144):wf$=chr$(5):kd$=chr$(14)  :cz$=chr$(157)
660 return
661 :
675 rem ***    warteschleife    ***
680 poke 198,0
685 get g$:if g$="" then 685
690 poke 198,0:return
691 :
695 rem ***    re-initialisierung    ***
700 poke 53272,18:poke 56576,196:poke 648,196
705 return
710 :
800 rem ***    messwerte eingeben    ***
805 print bl$cu$wf$tab(7)"Eingabe der Messwerte"nf$cu$cu$:i=0:k=0:gv=0
810 i=i+1:gosub 860:if x$<>"*" then 810
815 n=i-1
830 print cu$wf$tab(7)"Alle Eingaben richtig?":gosub 675:if g$<>"n" then
    return
```

```
835 print nf$cu$" Nr. des zu korrigierenden Wertepaars?"cu$:gosub 675:i=val(g$
840 gosub 860:goto 830
860 i$=right$(str$(i),len(str$(i))-1)
865 print" x"i$tab(4)"= ";:input x$:if x$="*" then print co$"              ":goto88
870 print co$tab(6)x$"   "
875 print co$tab(20)"y"i$:print co$tab(23)"= ";:input y$:print co$tab(25)y$"
880 x(i)=val(x$):y(i)=val(y$)
885 return
886 :
900 rem ###      anpassung vorgeben      ###
905 print cu$wf$tab(5)"Kennziffer des vermuteten"
910 print tab(5)"Funktionstyps eingeben!"nf$ou$ou$
915 print" 1)   Lineare Funktion       "
920 print" 2)   Potenzfunktion         "
925 print" 3)   Exponentialfunktion"
930 print" 4)   Logarithmusfunktion"
935 print cu$" 5)   Zum Hauptspiegel zurueck"
940 gosub 675:if g$<"1" or g$>"5"then905
945 printbl$:on val(g$) goto 1000,1100,1200,1300,2005
950 :
1000 rem ###      lineare funktion       ###
1005 ft=1:sx=0:sy=0:x2=0:y2=0:xy=0
1010 for i=1 to n
1015 sx=sx+x(i):sy=sy+y(i):x2=x2+x(i)*x(i):y2=y2+y(i)*y(i):xy=xy+x(i)*y(i)
1020 next i
1025 gosub 1350:rem >>> r,a,b berechnen
1030 return
1031 :
1100 rem ###      potenzfunktion         ###
1105 ft=2:sx=0:sy=0:x2=0:y2=0:xy=0
1110 for i=1 to n
1111 h(2,i)=0:if x(i)<=0 or y(i)<=0 then h(2,i)=1:goto 1120
1115 sx=sx+log(x(i)):sy=sy+log(y(i)):x2=x2+log(x(i))*log(x(i)):
1118 y2=y2+log(y(i))*log(y(i)):xy=xy+log(x(i))*log(y(i))
1120 next i
1125 gosub 1350:rem >>> r,a,b berechnen
1130 return
1131 :
1200 rem ###      exponentialfunktion    ###
1205 ft=3:sx=0:sy=0:x2=0:y2=0:xy=0
1210 for i=1 to n
1211 h(3,i)=0:if y(i)<=0 then h(3,i)=1:goto 1220
1215 sx=sx+x(i):sy=sy+log(y(i)):x2=x2+x(i)*x(i)
1218 y2=y2+log(y(i))*log(y(i)):xy=xy+x(i)*log(y(i))
1220 next i
1225 gosub 1350:rem >>> r,a,b berechnen
1230 return
1231 :
1300 rem ###      logarithmusfunktion    ###
1305 ft=4:sx=0:sy=0:x2=0:y2=0:xy=0
1310 for i=1 to n
1311 h(4,i)=0:if x(i)<=0 then h(4,i)=1:goto 1320
1315 sx=sx+log(x(i)):sy=sy+y(i):x2=x2+log(x(i))*log(x(i))
1318 y2=y2+y(i)*y(i):xy=xy+log(x(i))*y(i)
1320 next i
1325 gosub 1350:rem >>> r,a,b berechnen
1330 return
1331 :
1350 rem ###      r,a,b  berechnen       ###
1355 z=n*xy-sx*sy:n1=n*x2-sx*sx
1360 r=z/sqr(n1)/sqr(n*y2-sy*sy)
1365 a=z/n1:b=(sy-a*sx)/n
1370 if ft=2 or ft=3 then b=exp(b)
1375 return
1376 :
1400 rem ###   korrelationsvergleich ###
1402 print cu$tab(8)"Bitte Geduld, ich rechne!"
```

3.2 Kurvenanpassungen

```
1405 rm=0:gosub1000:gosub 1420:gosub 1100:gosub 1420:gosub 1200:gosub 1420
1410 gosub 1300:gosub 1420:r=rm:ft=fm:a=am:b=bm:return
1420 if abs(r)>abs(rm) then rm=r:fm=ft:am=a:bm=b
1425 return
1426 :
1500 rem ### rechnerisches ergebnis ###
1501 print bl$cu$wf$tab(7)"Wollen Sie festlegen, wieviel"
1502 print tab(7)"Dezimalen angezeigt werden?"nf$:gosub 675:if g$<>"j"then 1511
1503 print cu$cu$nf$" Zahl der Nachkommastellen"
1504 print cu$"   Korrelation r:";:gosub 675:nr=val(g$):if nr>8 then 1504
1505 print nr:printcu$nf$"    andere Werte :";:gosub675:nk=val(g$):ifnk>8then1505
1506 print nk:for i=1 to 1000:next
1510 zw=r:zd=nr:gosub 120:r=zw:zw=a:zd=nk:gosub 120:a=zw:zw=b:gosub 120:b=zw
1511 print bl$cu$:print" Korrelationskoeffizient r =";r;cu$
1512 print" Es handelt sich um die Funktion:"ou$
1515 on ft goto 1525,1550,1575,1600
1516 :
1525 if b>0 then print" f(x) ="a"* x +"b;cu$:goto 1650
1530 print" f(x) ="a"* x -"abs(b);cu$:goto 1650
1550 print" f(x) ="b" * x hoch"a:goto 1650
1575 print" f(x) ="b"* e hoch"a"x":goto 1650
1600 if b>0 then print" f(x) ="a" * lnx +"b:goto1650
1605 print" f(x) ="a" * lnx -"abs(b)
1650 hf$="":for i=1 to n
1655 if h(ft,i)=1 then hf$=hf$+str$(i)+","
1660 next i
1662 if hf$="" then 1695
1665 i=0:hf$=left$(hf$,len(hf$)-1)
1670 i=i+1:x=x(i)
1671 on ft goto 1695,1672,1677,1685
1672 if x<0 and a<>int(a) then 1685
1675 y=b*x↑a:df=y+y(i):if df<>0 then if abs(y-y(i))/df>5e-2 then 1685
1676 goto 1682
1677 y=b*exp(a*x):df=y+y(i):if df<>0then if abs(y-y(i))/df>5e-2 then 1685
1682 if i<n then 1670
1684 goto 1695
1685 print cu$cu$wf$" Achtung: Messwert(e) Nr.";hf$
1688 print" konnte(n) nicht logarithmiert werde(n)!";
1690 print" Es gibt dabei ausserdem Abweichungen    von mehr als 5% ."
1693 print" Entscheiden Sie selbst, ob man diese(n) Wert(e) einbeziehen kann!"
1695 gosub 675:return
1696 :
1700 rem ###   inter/extrapolationen ###
1702 input" x=";x$:x=val(x$):if x$="*" then return
1705 on ft goto 1710,1720,1730,1740
1710 y=a*x+b:goto 1750
1720 if x<0 and a<>int(a) then 1751
1721 y=b*x↑a:goto 1750
1730 y=b*exp(a*x):goto 1750
1740 if x<=0 then 1751
1741 y=a*log(x)+b
1750 print oo$tab(20)"f(x)=";y:goto 1702
1751 print oo$tab(20)"f(x) existiert nicht":goto 1702
1799 :
1800 rem ###    graphik vorbereiten   ###
1808 gosub 1850
1810 mm=300/dx:i=0
1815 if mm>300 then i=i-1:mm=mm/10:goto 1815
1820 if mm<10   then i=i+1:mm=mm*10:goto 1820
1825 px=int(mm):mx=10↑i
1830 mm=180/dy:i=0
1835 if mm>180 then  i=i-1:mm=mm/10:goto 1835
1840 if mm<10   then i=i+1:mm=mm*10:goto 1840
1845 py=int(mm):my=10↑i:fl=1
1847 sys gl:sys ge:sys ph,15:gosub 170:gv=1:return
1850 m=1e38:xl=m:xr=-m:yu=m:yo=-m
1855 for i=1 to n
```

```
1856 if x(i))xr then xr=x(i)
1857 if x(i)<xl then xl=x(i)
1858 if y(i))yo then yo=y(i)
1859 if y(i)<yu then yu=y(i)
1860 next i
1865 dx=xr-xl:dy=yo-yu
1870 if xl>=0 then ya=9:dx=xr:goto 1885
1875 if xr<=0 then ya=300:dx=-xl:goto1885
1880 ya=int(-xl/dx*300)+10
1885 if yu>=0then xa=189:dy=yo:goto1899
1890 if yo<=0 then xa=9:dy=-yu:goto1899
1895 xa=int(yo/dy*180)+10
1899 return
2000 :
2001 rem ***        hauptprogramm        ***
2002 rem ***      initialisierungen      ***
2003 gosub 630:gosub 645:gosub 695
2004 rem ***           menue             ***
2005 print kd$bl$cu$wf$:print tab(5)"Waehlen Sie aus:"nf$cu$cu$
2010 print" 1)   Messwerte eingeben       "
2015 print" 2)   Punktwolke zeichnen      "
2020 print" 3)   Anpassung vorgeben       "
2025 print" 4)   Computer soll anpassen"
2030 print" 5)   rechnerisches Ergebnis"
2035 print" 6)   graphische Darstellung"
2040 print" 7)   Inter/Extrapolationen "
2045 print cu$" 8)  Ende":gosub 675
2046 :
2050 printbl$:if g$<"1" or g$>"8" then 2005
2055 if g$<"8" then on val(g$) gosub 800,545,900,1400,1500,585,1700:goto 2005
2060 end
```

3.2 Kurvenanpassungen

Erläuterungen:
In Z.15 werden die eindimensionalen Feldspeicher 'x' und 'y' deklariert, die 99 Meßwerte aufnehmen können. Ein weiterer Feldspeicher 'h' dient dazu, die Indizes nicht logarithmierbarer Wertepaare in Abhängigkeit der Hypothesen 2, 3, 4 zu registrieren, vgl. hierzu Z.1111, 1211, 1311 sowie Z.1650–1695. (Nach Ermittlung des optimalen 'r' und der zugehörigen Funktion werden diese Werte nachträglich überprüft und bei Unstimmigkeiten ein entsprechender Hinweis ausgegeben!)
Z.20 stellt eine Rundungsfunktion dar, die bei der Transformation der mathematischen Koordinaten in die Graphikkoordinaten verwandt wird (Z.565, 592, 609). Die 7 Punkte des Menüs können unabhängig voneinander beliebig oft aufgerufen werden; lediglich Punkt 2 sollte nicht nach Punkt 6 aufgerufen werden!

```
        Waehlen Sie aus:
1)      Messwerte eingeben
2)      Punktwolke zeichnen
3)      Anpassung vorgeben
4)      Computer soll anpassen
5)      rechnerisches Ergebnis
6)      graphische Darstellung
7)      Inter/Extrapolationen

8)      Ende
```

Im übrigen muß eine Meßreihe mindestens zwei logarithmierbare Wertepaare enthalten, wenn die Hypothesen 2, 3, 4 überprüft werden sollen! (Sonst gibt es einen ‚division by zero' – Ausstieg in Z.1630)
Bei Benutzung von Simon's-BASIC ergeben sich folgende Änderungen:
Z.170–360
Streichungen: Z.175, 185, 190, 200
Veränderungen:

```
180 line 0,xa,319,xa,1
195 line ya,0,ya,199,1

225 plot ii,xa-1,1:plot ii,xa+1,1
250 plot ii,xa-2,1:plot ii,xa-3,1:
    plot ii,xa+2,1:plot ii,xa+3,1
280 plot ya-1,ii,1:plot ya+1,ii,1
305 plot ya-2,ii,1:plot ya-3,ii,1:
    plot ya+2,ii,1:plot ya+3,ii,1
335 plot ii,xa-1,1
355 plot ya+1,ii,1
```

Z.395–540 ist komplett auszutauschen gegen:

```
395 rem *** achsen bewerten ***
400 rem *** werte x-achse ***
405 if px>30 then 420
410 s=ya+5*px-11:z=xa+3:tt$=str$(5*mx):
    gosub465
415 s=ya-5*px-11:tt$=str$(-5*mx):
    gosub465:goto 430
420 s=ya+px-11:z=xa+3:tt$=str$(mx):
    gosub 465
425 s=ya-px-11:tt$=str$(-mx):gosub 465
430 rem *** werte y-achse ***
435 if py>18 then 450
440 s=ya:z=xa-5*py-3:tt$=str$(5*my):
    gosub 465
445 s=ya:z=xa+5*py-3:tt$=str$(-5*my):
    gosub 465:goto 460
450 s=ya:z=xa-py-3:tt$=str$(my):
    gosub 465
455 s=ya+9:z=xa+py-3:tt$=str$(-my):
    gosub 465
460 return
465 rem *** text in graphik ***
470 if s<0 or s>319-len(tt$)*8
    or z<0 or z>199 then return
480 text s,z,tt$,1,1,8:return
540 :
```

Z.545–630
Veränderungen:

```
570 plot i,j,1
580 gosub 675:cset 1:return
590 gosub 624:cset 2
610 plot i,j,1
620 gosub 675:cset 1:gv=2:return
627 if g$="j" then cset 1: else: hires 1
628 return
```

Z.630–640 ist ersatzlos zu streichen, desgleichen Z.695–705

Z.1800 bis Ende
Streichungen: Z.2003
Veränderungen:

```
1847 hires 1,0:gosub 170:gv=1:return
2002 gosub 645
```

3.3 Anwendungsbeispiele

Die Anwendungsmöglichkeiten des gerade erläuterten Programms sind so erstaunlich, daß wir ihnen über die üblichen Testläufe hinaus einen eigenen Abschnitt zugestehen wollen.

3.3 Anwendungsbeispiele

3.3.1 Hookessches Gesetz

Gleich zu Anfang erlebt man eine kleine Überraschung. Der Rechner gibt aus (Eingabe s.o., Punkte 4 und 5 aufrufen):

```
Korrelationskoeffizient r = .99883471
Es handelt sich um die Funktion:
f(x) = .226448568  *  x hoch 1.09323263
```

er hält also die Potenzfunktion $y = 0.226 \cdot x^{1,093}$ für die der Meßreihe angemessen mathematische Beschreibung! Wenn man in einem neuen Testlauf den linearen Funktionstyp vorschreibt, erhält man erwartungsgemäß einen schlechteren Korrelationskoeffizienten:

r = .99713626

Angesichts der zugehörigen Funktionsgleichung $y = 0,34 \cdot x - 0,67$ konstatiert man einen systematischen Fehler bei der Längenmessung (Nullpunkt verschoben), der aber die Bestimmung der Federkonstanten kaum beeinflußt: $a \approx 34,3 \frac{N}{m}$. Daß die Potenzfunktion die Meßreihe wirklich besser wiederspiegelt, kann man empirisch mit dem Interpolationsteil überprüfen; die so berechneten Werte approximieren die Tabellenwerte im Falle der Potenzfunktion genauer als im Falle der linearen Funktion!

3.3.2 Gleichmäßig beschleunigte Bewegung

Nach Eingabe der o.a. Werte und dem Dialog

```
    Wollen Sie festlegen, wieviel
    Dezimalen angezeigt werden?

Zahl der Nachkommastellen

  Korrelation r: 8

  andere Werte : 2
```

erscheint die Anzeige

```
Korrelationskoeffizient r = .9999057
Es handelt sich um die Funktion:
f(x) = 17.72  *  x hoch 1.98
```

Daß man darin getrost eine Bestätigung des Weg-Zeit-Gesetzes $s = a/2 \cdot t^2$ sehen darf, liegt ausschließlich daran, daß physikalisch-theoretische Überlegungen zum Exponenten 2 führen! (Es sei denn, man glaubt mit den Pythagoreern, die Natur bevorzuge ohnehin ganze Zahlen.)

Hier noch ein Bildschirmausdruck nach Aufruf von 2) und 6). Man kann erkennen, wie sich der extrem schwach gekrümmte Graph durch die schmale „Punktwolke" laviert!

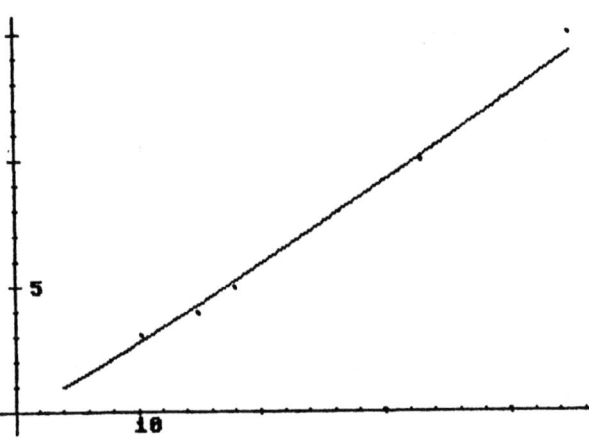

3.3.3 Boyle-Mariottesches Gesetz

Ein Versuch mit Glaskolben und Manometer lieferte folgende Werte:

Druck p in Bar	0,5	0,75	1	1,25	1,5	1,75	2
Volumen V in cm^3	20,1	13,3	10	8	6,7	5,7	5,1

Nach Eingabe der Werte erscheint in der Anzeige r = − .99988947
Die zugehörige Funktion $y = 10 \cdot x^{-1}$ bestätigt das bekannte Gesetz $p \cdot V = $ konst. Hier eine Hardcopy des Bildschirms nach Aufruf von 2):

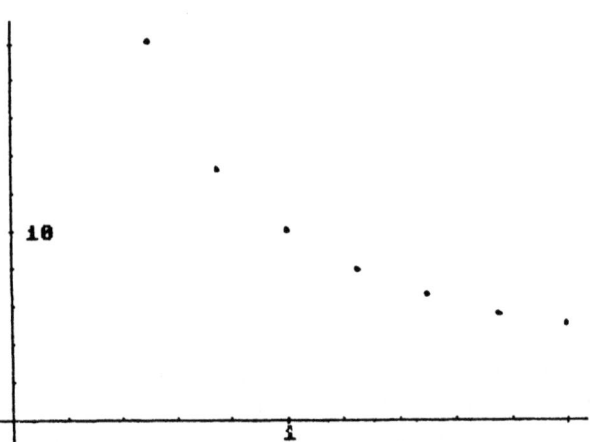

3.3 Anwendungsbeispiele

3.3.4 Drittes Keplersches Gesetz

Einer astronomischen Tabelle kann man die Umlaufzeiten der neuen Planeten unseres Sonnensystems sowie deren Abstände vom Zentralgestirn entnehmen:

Planet	Merkur	Venus	Erde	Mars	Jupiter	Saturn	Uranus	Neptun	Pluto
Abstand	0,39	0,72	1	1,52	5,2	9,54	19,18	30,06	39,46
Zeit	88	225	1	1,9	11,9	29,5	85	165	248

Wie aus den Daten erkennbar, ist die Entfernung in AE (Astronomische Einheit, 1 AE = 149597870 km) und die Zeit meist in Jahren (siderisch, d.h. mit 365,26 Tagen) gemessen. Gibt man zunächst die Entfernung und dann die Zeit ein (bei Merkur und Venus 88/365,26 = 0.24092427 bzw. 225/365,26 = 0.61599956), so erhält man die Ausgabe

```
Korrelationskoeffizient r = .99999666

Es handelt sich um die Funktion:

f(x) = 1 * x hoch 1.5
```

Damit hat der Rechner herausgefunden, daß sich die Quadrate der Umlaufszeiten zweier Planeten wie die dritten Potenzen der diesbezüglichen Sonnenabstände verhalten! ($y = 1 \cdot x^{1,5}$; d.h. $y = x^{3/2}$ oder $y^2 = x^3$).

3.3.5 Exponentieller Anstieg der Weltbevölkerung

Läßt sich die Hypothese vom exponentiellen Anstieg der Weltbevölkerung durch die folgende Tabelle stützen?

Jahr	Erdbevölkerung
1920	$1,8 \cdot 10^9$
1940	$2,3 \cdot 10^9$
1960	$3,1 \cdot 10^9$

Unser Computerausdruck bestätigt:

```
Korrelationskoeffizient r = .99839482

Es handelt sich um die Funktion:

f(x) = 8.3e-03 * e hoch .0136 x
```

Voraussagen für das Jahr   1980:   4   Mrd.
                                    2000:   5,3 Mrd.
                                    2080: 15,7 Mrd.

Natürlich muß man hier erwähnen, daß die tatsächliche Entwicklung der Weltbevölkerung von einer Anzahl weiterer Faktoren abhängt, die in drei Wertepaaren nicht erfaßt werden können, so daß die Funktion ein stark vereinfachtes Modell darstellt.

3.3.6 Entladung eines Kondensators

Ein Kondensator unbekannter Kapazität wird an einer Gleichstromquelle unbekannter Spannung kurz aufgeladen und dann über einen Widerstand von 1 GΩ (1 Gigohm = 10^9 Ohm) langsam entladen. Stoppuhr und statisches Voltmeter ermöglichen folgende Meßreihen: (Zeit t in s ab Beginn der Entladung; zugeordnete Spannung U am Kondensator in Volt)

t	5	10	15	20	25	30	60	120
U	190,2	181	172,1	163,7	155,8	148,2	109,8	60,2

Der Rechner liefert

```
Korrelationskoeffizient  r =-.99999969

Es handelt sich um die Funktion:

f(x) = 200.01709 * e hoch-.01 x
```

Folglich verläuft die Entladung nach dem Gesetz $y = 200 \cdot e^{-\frac{1}{100} \cdot x}$ resp. $U(t) = U_0 \cdot e^{-\frac{1}{R \cdot C} t}$, woraus sich sofort die Anfangsspannung U_0 = 200 Volt und die Kapazität 10^{-7} F = 0,1 μF ablesen läßt. Extrapolationen zeigen, daß die Spannung nach 10 min auf 0,5 V und nach 30 min auf $3 \cdot 10^{-6}$ V gesunken ist.

3.3.7 Höhenmessung mit dem Barometer

Voraussetzung ist eine Tabelle, die die Höhe über dem Erdboden als Funktion des Luftdrucks wiedergibt:

Luftdruck in mbar	1013	898	794	701	616	540
Höhe in m	0	1000	2000	3000	4000	5000

Der Rechner zeigt (bei Unterdrückung den Dezimalen):

```
Korrelationskoeffizient  r =-.99985861

Es handelt sich um die Funktion:

f(x) =-7951  * lnx + 55061
```

4 Aus dem Bereich der Zahlentheorie

4.1 Magische Quadrate

a) Mathematischer Hintergrund

Magische Quadrate findet man schon in Handschriften des alten China; es sind quadratische Anordnungen natürlicher Zahlen mit folgender Besonderheit:
(1) Alle Zeilensummen sind gleich einer bestimmten Zahl S.
(2) Alle Spaltensummen sind gleich S.
(3) Die beiden Diagonalsummen sind gleich S.

Hier das älteste dreireihige Zauberquadrat:

4	9	2
3	5	7
8	1	6

Wie kommt man zu solchen Quadraten? Für Quadrate mit ungerader Gliederzahl gibt es ein relativ einfaches Verfahren, das anhand des obigen Beispiels erklärt werden soll (Bild 4.1).

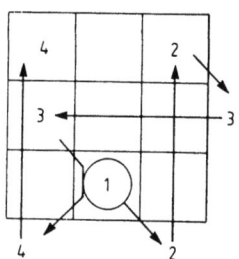 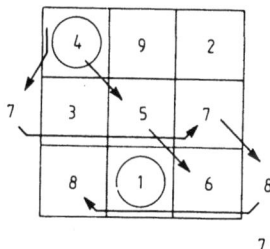

Man beginnt mit der Zahl 1, die stets unterhalb der Mitte (also direkt unterhalb des Diagonalschnittpunktes) eingetragen wird. Für die Unterbringung der übrigen Zahlen sind drei Regeln zu beachten:

I. Die nächste Zahl soll nach Möglichkeit rechts unterhalb der soeben eingetragenen Zahl plaziert werden. Wenn das nicht geht, helfen die Punkte II und/oder III weiter.

II. Wenn man an einen Platz gerät, der außerhalb des Quadrats liegt, d. h. unterhalb, oberhalb, links oder rechts der Umrandung, so gehe man drei Felder nach oben, nach unten, nach rechts oder nach links zurück.

III. Stößt man auf ein Feld, das schon besetzt ist, so versucht man es zunächst mit dem links unterhalb des besetzten Feldes liegendem Platz.

Nun geht es darum, die Regeln in eine dem Rechner verständliche Form zu bringen, so daß dieser nach Eingabe der Zeilenanzahl n ein solches Quadrat liefert.

b) Allgemeiner Ablaufplan

Eingabe einer ungeraden Zahl n
Belegung des Feldspeichers A(i, j) von i, j = 1 bis n mit Nullen; i ← (n + 3)/2; j ← i − 1

Wiederhole ⎡ *Wiederhole* ⎡ *Wenn* i > n, *dann* i ← 1
von z = 1 an ⎢   ⎢ *Wenn* i < 1, *dann* i ← n
              ⎢   ⎢ *Wenn* j > n, *dann* j ← 1
              ⎢   ⎢ *Wenn* j < 1, *dann* j ← n
              ⎢   ⎢ *Wenn* A(i, j) ≠ 0, *dann* i ← i + 1
              ⎢   ⎣   und j ← j − 1
              ⎢   *bis* A(i, j) = 0
              ⎢ A(i, j) ← z; i ← i + 1; j ← j + 1
              ⎣   *bis* z = n · n

Ausgabe   A(i, j) von i, j = 1 bis n

Erläuterungen zum allgemeinen Ablaufplan:

A(i, j) stellt einen zweidimensionalen Verbundspeicher (*array*) dar, dessen Komponenten i und j unabhängig voneinander von 1 bis n laufen. i kennzeichnet die Zeilen, j die Spalten des Zahlenquadrats. (Wir haben hier eine Realisation des mathematischen Begriffs *Matrix* vor uns!) A(2, 3) ← 0 bedeutet z. B., daß die Zelle Nr. 3 in der 2. Zeile mit Null belegt wird; die Belegung aller Zellen mit Null (*Speicherinitialisierung*) ist nötig, um später Regel III anwenden zu können.
Der Term (n + 3)/2 weist i stets die richtige Zeile für die Startzahl 1 zu, j = i − 1 die zugehörige mittlere Spalte.
Im inneren Block der beiden ineinandergeschachtelten Wiederholungen sind die Regeln II und III algorithmisiert; im äußeren Block die Regel I (i > n entspricht dem Unterschreiten der n-ten Zeile; j < 1 kennzeichnet z. B., daß wir uns links von der 1. Spalte befinden. Die Erhöhung der Indizes i und j um je 1 bedeutet die Ansteuerung eines gemäß Regel I vorgesehenen Platzes!)

4.1 Magische Quadrate

c) BASIC-Übersetzung

```
10 REM *** ZAUBERQUADRATE ***
11 :
15 DIM A(86,86)
20 INPUT"LM UNGERADE ZAHL < 86";N
25 IF N/2=INT(N/2) OR N>85 THEN 20
30 I=(N+3)/2:J=I-1:M=N*N
31 :
35 FOR Z=1 TO M
40 IF I>N THEN I=1:GOTO 50
45 IF I<1 THEN I=N
50 IF J>N THEN J=1:GOTO 60
55 IF J<1 THEN J=N
60 IF A(I,J)<>0 THEN I=I+1:J=J-1:GOTO40
65 A(I,J)=Z:I=I+1:J=J+1
70 NEXT Z:PRINT
71 :
75 FOR I=1 TO N
80 FOR J=1 TO N
85 PRINT RIGHT$("    "+STR$(INT(A(I,J))),3);
90 NEXT J
95 PRINT:PRINT:NEXT I
```

Erläuterungen:
Da wir mit RUN starten, erfolgt die Speicherinitialisierung automatisch. Die Beschränkung auf n = 85 gilt für die 38 k-Grundversion des C 64. (Wenn man die DIM-Anweisung in Z. 15 erhöht, erfolgt zur Laufzeit die Fehlermeldung out of memory). Durch Einbeziehung des Index *0* (leichte Programmänderung) kommt man bis n = 87 (4 min Rechenzeit)

d) Testläufe

für n = 5 und n = 9 lieferten die folgenden Zauberquadrate

```
ungerade zahl < 86? 5           ungerade zahl < 86? 9

  11  24   7  20   3             37  78  29  70  21  62  13  54   5

   4  12  25   8  16              6  38  79  30  71  22  63  14  46

  17   5  13  21   9             47   7  39  80  31  72  23  55  15

  10  18   1  14  22             16  48   8  40  81  32  64  24  56

  23   6  19   2  15             57  17  49   9  41  73  33  65  25

                                  26  58  18  50   1  42  74  34  66

                                  67  27  59  10  51   2  43  75  35

                                  36  68  19  60  11  52   3  44  76

                                  77  28  69  20  61  12  53   4  45
```

Der Wert der Summe S kann übrigens leicht vorhergesagt werden:

$n \cdot S = 1/2 \cdot n^2 \cdot (n^2 + 1)$ ergibt $S_5 = 65$ und $S_9 = 369$

(Formel für die Summe der n ersten Natürlichen Zahlen heranziehen!) Wer mehr über Zauberquadrate erfahren will, s. z. B. [2], [3].

4.2 Pythagoräische Zahlentripel

a) Mathematischer Hintergrund

Pythagoräische Tripel sind Zusammenstellungen natürlicher Zahlen a, b, c, bei denen das Quadrat der größten Zahl c gleich der Summe der Quadrate der beiden anderen Zahlen b und a ist, also

$$a^2 + b^2 = c^2$$

Man kann a, b, c daher als Seitenlängen rechtwinkliger Dreiecke deuten. Das erste derartige Zahlentripel ist a = 3, b = 4, c = 5; wie könnte ein Programm aussehen, das systematisch solche Tripel sucht und anzeigt?
Eine Möglichkeit besteht darin, den Rechner einfach probieren zu lassen, etwa dadurch, daß zu verschiedenen a, b der Term

$$\sqrt{a^2 + b^2}$$

gebildet und auf Ganzzahligkeit überprüft wird. Dieses Verfahren ist aber zeitaufwendig; wenn man z. B. a und b unabhängig voneinander die Zahlen von 1 bis 100 durchlaufen ließe, wären das 10000 Einzeltests. Infolge der Kommutativität der Addition kann man diese etwa auf die Hälfte verringern. Es gibt aber noch andere Nachteile dieses Verfahrens. Bei Betrachtung der Ergebnisse fällt auf, daß z. B. der Fall 6, 8, 10 gegenüber dem Fall 3, 4, 5 nichts wesentlich Neues bringt, weil ersterer aus letzterem durch schlichte Multiplikation mit 2 viel einfacher und vor allem schneller gewonnen werden kann; ähnliches gilt für das Tripel 9, 12, 15 usw.; es würde sinnvoller sein, sich auf die Berechnung teilerfremder Zusammenstellungen von a, b, c zu beschränken! Diese *Grundtripel* erhält man nach folgendem Rezept:

m und n seien natürliche Zahlen, die den Bedingungen

I. $m > n$
II. m und n teilerfremd
III. m und n nicht beide ungerade

genügen müssen, dann erhält man *sämtliche* Grundtripel aus den Termen

$2 \cdot m \cdot n;\ m^2 - n^2;\ m^2 + n^2;$

eine Herleitung hierzu finden Sie z. B. in

A. *Aigner,* Zahlentheorie, de Gruyter, Berlin 75, S. 34/35 oder in
B. *Gündel,* Pythagoras im Urlaub, 6. Aufl., Diesterweg, S. 87 bis 91.

4.2 Pythagoräische Zahlentripel

b) Allgemeiner Ablaufplan

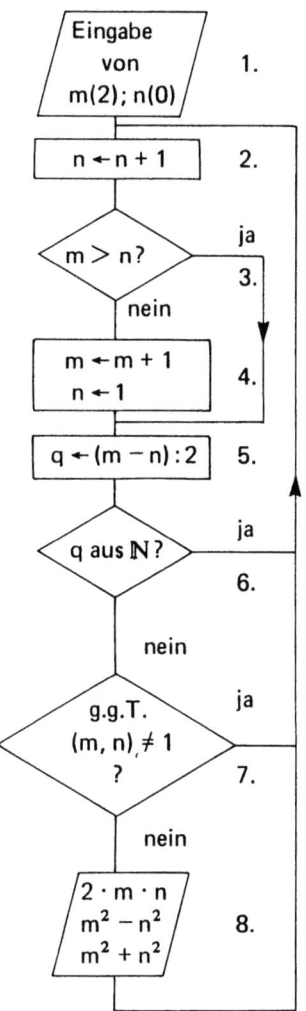

Erläuterungen zum Flußdiagramm:

Wenn man mit Startwerten $m = 1$ und $n = 2$ arbeitet, erhält man alle Tripel, beginnend mit 4, 3, 5. Man beachte auch, daß die Variable n zwischendurch immer mal wieder auf 1 heruntergesetzt wird. Die Bedingung, daß m und n nicht beide zugleich ungerade sein dürfen, wird durch Block 5 und 6 realisiert.

c) BASIC-Übersetzung

```
10 REM * PYTHAGORAEISCHE ZAHLENTRIPEL *
11 :
15 INPUT"⌂ M,N ";M,N
20 PRINT"⌂ A          B           C⌂"
21 :
25 N=N+1
30 IF M>N THEN 40
35 M=M+1:N=1
40 Q=(M-N)/2
45 IF Q=INT(Q) THEN 25
50 GOSUB 70:IF V<>1 THEN 25
55 A=2*M*N:B=M*M-N*N:C=M*M+N*N
60 PRINT A,B,C
65 GOTO 25
66 :
70 REM * UNTERPROGRAMM GGT-BESTIMMUNG *
75 U=M:V=N
80 Q=U/V:R=U-V*INT(Q)
85 IF R<>0 THEN U=V:V=R:GOTO 80
90 RETURN
```

Anmerkung zum BASIC-Programm:
Bei der GGT-Bestimmung verwenden wir das entsprechende Unterprogramm aus [4], 3.1

d) Testbeispiele

Für die Berechnung und Ausgaben der Tripel von 4, 3, 5 bis 612, 35, 613 benötigte der Rechner etwa 15 Sekunden.

4	3	5	36	77	85
12	5	13	72	65	97
8	15	17	144	17	145
24	7	25	20	99	101
20	21	29	60	91	109
40	9	41	140	51	149
12	35	37	180	19	181
60	11	61	44	117	125
28	45	53	88	105	137
56	33	65	132	85	157
84	13	85	176	57	185
16	63	65	220	21	221
48	55	73	24	143	145
80	39	89	...	...	...
112	15	113	120	119	169

Bei Betrachtung der Tripel fallen zwei besondere Fälle auf:

a) die erste und zweite Zahl unterscheiden sich nur um 1
b) die erste und dritte Zahl unterscheiden sich nur um 1.

Wenn wir die Zahlen als Seiten rechtwinkliger Dreiecke deuten, so haben wir im Fall a) ein fast gleichschenklig-rechtwinkliges Dreieck und im Fall b) ein langgestrecktes, fast gleichschenkliges Dreieck vor uns; man hat bewiesen, daß es von beiden Sorten unendlich viele gibt. (Man könnte das Programm so abändern, daß nur noch solche besonderen Tripel ausgedruckt werden!)

4.3 Vermutung von McCarthy

a) Problemstellung

In den sechsziger Jahren entdeckte der Amerikaner McCarthy folgende Gesetzmäßigkeit: Man nehme eine beliebige natürliche Zahl. Ist sie gerade, so teilt man so lange durch zwei, bis das Ergebnis ungerade wird. Falls man nicht eins erhält, multipliziert man das Ergebnis mit drei und addiert eins; mit der so entstandenen geraden Zahl wiederhole man den Vorgang.

Ist die Ausgangszahl ungerade, verfährt man mit ihr wie oben mit dem ungeraden Zwischenergebnis usw.

Die bisher verwandten natürlichen Zahlen lieferten bei diesem Vorgang stets eine Folge von Zahlen, die mit 4, 2, 1 abbricht; man weiß jedoch noch nicht, ob dies für jede natürliche Zahl gilt.

Beispiele:
Gegeben sei 18, dann erhält man 9, 28, 14, 7, 22, 11, 34, 17, 52, 26, 13, 40, 20, 10, 5, 16, 8, 4, 2, 1.
Gegeben sei 21, man bekommt 21, 64, 32, 16, 8, 4, 2, 1.
Entscheidend für den Abbruch ist offenbar das Auftauchen einer Zweierpotenz!
Das unten angegebene Flußdiagramm zählt zusätzlich die Anzahl der Folgeglieder im Speicher k.

b) Allgemeiner Ablaufplan

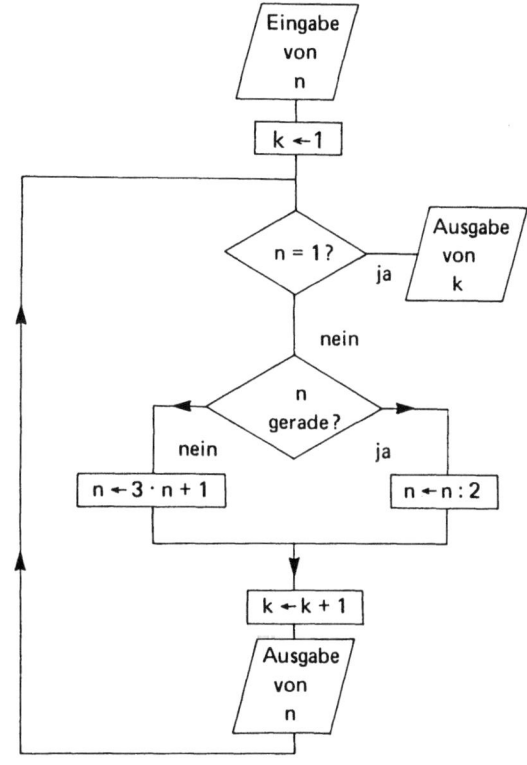

c) BASIC-Übersetzung

```
10 rem ***   Vermutung von McCarthy   ***

15 input"Sq n";n:k=1:p=0:print"sqq"
20 if n=1 then 80
25 if n/2=int(n/2) then n=n/2:goto 35
30 n=3*n+1
35 gosub 40:k=k+1:goto 20

40 rem ***   Unterprogramm   Ausgabe   ***
45 print tab(p)right$("     "+str$(n),5)
50 if k/20=int(k/20) then print"sqq":p=p
   +6:if p>35 then gosub 60:p=0:print"S"
55 return

60 rem ***   Unterprogramm   Warten   ***
65 if peek(203)=64 then 65
70 return

75 rem ***        Endausgabe          ***
80 poke 214,24:poke 211,1:sys 58640:
   print"Anzahl der Folgenglieder: "k;
85 gosub 60:end
```

d) Testbeispiele

```
n? 12                           n? 907

   6                             2722   4373     34
   3                             1361  13120     17
  10                             4084   6560     52
   5                             2042   3280     26
  16                             1021   1640     13
   8                             3064    820     40
   4                             1532    410     20
   2                              766    205     10
   1                              383    616      5
                                 1150    308     16
Anzahl der Folgenglieder:  10     575    154      8
                                 1726     77      4
                                  863    232      2
                                 2590    116      1
                                 1295     58
                                 3886     29
                                 1943     88
                                 5830     44
                                 2915     22
                                 8746     11

                                Anzahl der Folgenglieder:  55
```

4.4 Gelöste und ungelöste Probleme der Zahlentheorie

Zu den bekanntesten Vermutungen, die bisher nicht widerlegt, aber auch nicht in voller Allgemeinheit bewiesen werden konnten, zählen die von *Goldbach* und von *Fermat* (18. bzw. 17. Jh.). Erstere besagt, daß jede gerade Zahl oberhalb von 2 als Summe von zwei Primzahlen dargestellt werden kann wie z.B. 12 = 7 + 5; letztere verneint die nichttriviale ganzzahlige Lösbarkeit von $x^n + y^n = z^n$ für $n \geq 3$.

Aber bremsen Sie Ihren Forscherdrang noch ein wenig; zum letzten Problem wäre anzumerken, daß man schon vor dem Einsatz von Computern durch theoretische Überlegungen (*E. Kummer* u.a., 19. Jh.) die Nichtlösbarkeit bis hinaus zu n = 624 nachweisen konnte, mit Computerunterstützung ist man mittlerweile bei n = 25000 angekommen, d.h. mit Ihrem Commodore 64 kommen Sie da nicht mehr mit! Ähnlich wird es mit der *Goldbach*schen Vermutung sein; bei den nächsten beiden Fragen ist dem Autor nicht bekannt, wie groß der bisher untersuchte Zahlenraum ist:

Gibt es ungerade *vollkommene* oder *perfekte* Zahlen?

Gemeint sind solche Zahlen, die sich als Summe sämtlicher Teiler — außer der Zahl selbst als trivialem Teiler — darstellen lassen.

Beispiele: 6 = 1 + 2 + 3; 28 = 1 + 2 + 4 + 7 + 14

Ist das wenigstens mit einer echten Teilmenge der oben genannten Teiler möglich, nennt man die Zahl „pseudoperfekt".

Beispiel: 945 = 1 + 9 + 21 + 27 + 35 + 45 + 63 + 105 + 135 + 189 + 315

Ungerade perfekte Zahlen hat man bis heute nicht gefunden! Schon *Euler* hat gezeigt, daß sie von der Form 12 n + 1 oder 36 n + 9 sein müßten.

Ungelöst ist auch die Frage, ob es einen Quader mit natürlichen Kanten a, b, c gibt, so daß sowohl die Raumdiagonale $\sqrt{a^2 + b^2 + c^2}$ als auch die drei Flächendiagonalen $\sqrt{a^2 + b^2}$; $\sqrt{a^2 + c^2}$; $\sqrt{b^2 + c^2}$ natürlich sind.

Bis 1957 war unsicher, ob $2^{31} - 1$ bzw. $2^{31} + 99$ Primzahlen sind; bei $2^{(2^5)}$ weiß man das seit *Euler*. Sie können es auch mit dem C-64 herausbekommen (Lösungen im Anhang).

5 Zufall und Wahrscheinlichkeit

5.1 Theoretische Fahrprüfung: Ein Ratespiel?

a) Problemstellung

Bei einem *multiple-choice-test* werden z. B. 20 Fragen mit jeweils 5 Antwortmöglichkeiten angegeben, von denen immer nur eine richtig ist. Solche Situationen erlebt man im theoretischen Teil der Führerscheinprüfung. Wir wollen annehmen, daß man wenigstens die Hälfte der Fragen richtig beantworten muß, um die Prüfung zu bestehen.

Frage: Wie groß ist die Wahrscheinlichkeit des Bestehens für einen Kandidaten, der blindlings jeweils eine der 5 angebotenen Antworten ankreuzt?

Das gegenteilige Ereignis, nämlich höchstens 9 richtige Antworten anzukreuzen, ist durch das Rezept

$$\overline{w} = \sum_{v=0}^{9} \binom{20}{v} \cdot \left(\frac{1}{5}\right)^v \cdot \left(\frac{4}{5}\right)^{20-v}$$

berechenbar; die gesuchte Wahrscheinlichkeit ergibt sich dann zu $1 - \overline{w}$. Da wir natürlich auch andere Aufgaben dieses Typs mit unserem Programm lösen wollen, erstellen wir einen Ablaufplan für den Term

$$\sum_{v=0}^{k} \binom{n}{v} \cdot p^v \cdot q^{n-v}$$

hierbei ist $k \leqslant n$ und $q = 1 - p$.

b) BASIC-Programm

```
10 rem ***   ratewahrscheinlichkeit   ***
11 :
15 input"▨ k,n,p";k,n,p
20 q=1-p:s=q↑n
21 :
25 for v=1 to k
30 h=1
35 for i=1 to v
40 h=h*(n+1-i)/i
45 next i
50 s=s+h*p↑v*q↑(n-v)
55 next v
56 :
60 s=(1-s)*100:s=int((s+0.05)*10)/10
65 print"Wahrscheinlichkeit";s;"%"
```

5.2 Monte-Carlo-Methode

Erläuterungen:
Weil v = 0 den Startwert q^n liefert, belegen wir einen Speicher S damit und lassen die
For-Schleife nur noch von 1 bis k laufen. Der Hilfsspeicher H nimmt für jedes v den
zugehörigen *Binomialkoeffizienten*

$$\binom{n}{v} = \frac{n \cdot (n-1) \cdot (n-2) \cdot \ldots \cdot (n-v+1)}{1 \cdot 2 \cdot 3 \cdot \ldots \cdot v}$$

auf, der in der inneren For-Schleife berechnet wird.
Das Ausgabeformat geht davon aus, daß die Wahrscheinlichkeit in Prozent mit einer Nachkommastelle dargestellt werden soll.

c) Testbeispiel
Nach 2 Sekunden erscheint als Ergebnis der oben gestellten Aufgabe 0,3 %, d.h. die Aussichten, durch bloßes Raten die Führerscheinprüfung zu bestehen, sind außerordentlich gering!

5.2 Monte-Carlo-Methode

a) Mathematischer Hintergrund

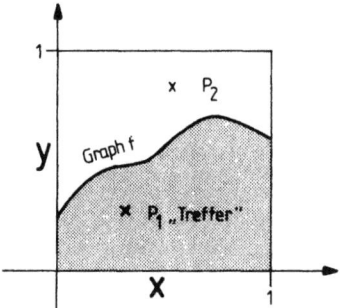

Das Bild zeigt die Kurve zu einer über (0; 1) definierten Funktion f mit Werten aus (0; 1).
Die Maßzahl für die Fläche unter dieser Kurve, die von den Achsen und der Senkrechten
durch x = 1 begrenzt wird, kann man folgendermaßen näherungsweise berechnen:
Man beschafft sich ein Paar von Zufallszahlen aus dem Intervall [0; 1] und deutet diese
als Koordinaten eines Punktes aus dem Einheitsquadrat. Ein solcher Punkt kann entweder
innerhalb der zu bestimmenden Fläche liegen wie z.B. P_1 oder außerhalb erselben wie
z.B. P_2; bei echter Gleichverteilung der einzelnen Zufallszahlen müßten sich als Folge
davon auch die zugeordneten Punkte gleichmäßig auf dem ganzen Quadrat verteilen,
d.h. aber, daß mit wachsender Anzahl der Punkte der Quotient aus der Anzahl der
„Treffer" und der Gesamtzahl der Punkte gegen die gesuchte Flächenmaßzahl streben
wird!
Durch Einbezug geeigneter Ähnlichkeitsabbildungen kann man auch Flächen von Funktionen mit anderen Definitions- und Wertebereichen nach dieser Methode berechnen!

b) Allgemeiner Ablaufplan

Anfang des Hauptprogramms

Eingabe: Anzahl der Punkte „n"

i ← 0; k ← 0

Wiederhole ⎡ z ← Zufallszahl; S ← f(z); z ← Zufallszahl ⎤
⎢ Wenn z < S ⎥
⎢   dann k ← k + 1 ⎥
⎢ i ← i + 1 ⎥
⎣ *bis* i = n ⎦

Ausgabe von k/n

Ende des Hauptprogramms

Unterprogramm

f(z) berechnen

Return

c) BASIC-Übersetzung

```
10 rem ***     monte-carlo-methode     ***
11 :
15 input"▓ n";n:k=0:z=rnd(-1)
16 :
20 for i=1 to n
25 z=rnd(1):gosub 45:z=rnd(1):if z<s then k=k+1
30 next i
35 print 4*k/n:end
36 :
40 rem ***     funktionswertberechnung ***
45 s=sqr(1-z*z):return
```

Erläuterung:

RND(−1) liefert in Verbindung mit RND(1) stets die gleiche Folge von Zufallszahlen, vgl. auch [4] 8.1.

d) Testbeispiel

Funktion: $f(x) = \sqrt{1 - x^2}$; $0 \leq x \leq 1$

Punktzahl: n = 100 (1000)

Für die Viertelfläche des Einheitskreises erhält man 0,78 (0,784) und somit für π 3,12 (3.136). Man konstatiert großen Zeitaufwand (8 bzw. 80 s) bei mäßiger Genauigkeit; bei 100000 Punkten müßte man den Rechner schon über Nacht laufen lassen!

5.3 Galton-Brett

a) Problemstellung

Im Einwohnermeldeamt einer Stadt sind rund 1000 Familien mit 4 Kindern registriert. Wir fragen uns, wieviele Familien darunter sind, die nur Jungen oder aber jeweils ein, zwei, drei, vier Mädchen haben.

5.3 Galton-Brett

Zur Beantwortung dieser Fragen bedienen wir uns eines *Galton*-Bretts[3], dessen Besonderheit einige regelmäßig angeordnete Reihen von Nägeln ausmacht.

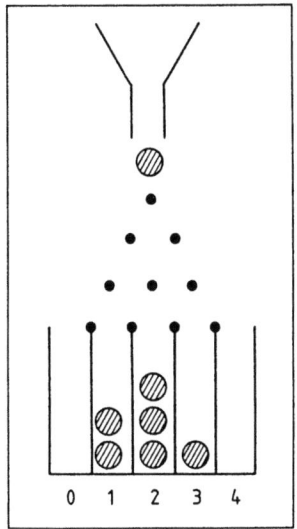

Bei senkrecht befestigtem Brett fallen durch einen Trichter kleine Stahlkugeln so auf die Nagelreihen, daß jede Kugel an jedem Nagel mit gleicher Wahrscheinlichkeit nach rechts oder links weitergeleitet wird. Unter der letzten Nagelreihe sind Behälter angebracht, in denen sich die Kugeln ansammeln. (Zu vier (n) Nagelreihen gehören offenbar fünf (n + 1) Behälter.) Man kann das Ereignis „Kugel fällt nach rechts (links)" mit dem Ereignis „Familienzuwachs Mädchen (Junge)" vergleichen, weil die Wahrscheinlichkeit für die Geburt eines Mädchens oder Jungen dieselbe ist. Dies gilt auch für den Fall, daß sich bereits drei Mädchen in der Familie befinden: Das vierte Kind wird mit (nicht mehr als) 50 % Wahrscheinlichkeit ein Junge! (Genau wie die Kugel, die auf den vierten Nagel trifft, unabhängig von den bisher erfolgten Links/Rechts-Sprüngen gleichwahrscheinlich nach links/rechts springt).

Die Anzahl der Familien mit drei Mädchen und einem Jungen erhält man deshalb näherungsweise dadurch, daß man nacheinander 1000 Kugeln durch ein Galton-Brett mit vier Nagelreihen fallen läßt und die im Behälter Nr. 3 landenden Kugeln zählt.

Es gibt zahlreiche vergleichbare Fragestellungen, die sich ebenso mit Hilfe eines *Galton*-Bretts modellhaft lösen lassen. Im Prinzip geht es um die Frage, mit welcher Wahrscheinlichkeit eine Kugel nach Durchfallen von n Nagelreihen im k-ten Behälter landet (k = 0, 1,..., n). Man kann zeigen, das diese Wahrscheinlichkeit durch den Term

$$\frac{\binom{n}{k}}{2^n} \text{ mit } \binom{n}{k} = \frac{n(n-1)(n-2)\ldots(n-k+1)}{1 \cdot 2 \cdot 3 \ldots \cdot k}$$

dargestellt wird (s. Anhang).

---
[3] *Francis Galton*, 1828–1911

In unserm Beispiel ist n = 4 und k = 3, also ist die zugehörige Wahrscheinlichkeit

$$\frac{1}{16}\binom{4}{3} = \frac{1}{16} \cdot \frac{4 \cdot 3 \cdot 2}{1 \cdot 2 \cdot 3} = \frac{1}{4}$$

Folglich haben $\frac{1}{4}$ = 25 % der Familien einen Jungen und drei Mädchen, wenn man eine hinreichend große Zahl von Familien mit vier Kindern zugrundelegt.
Weil ein konkretes Galton-Brett schwer exakt herzustellen ist und außerdem eine unveränderliche Zahl von Nagelreihen aufweist, wollen wir einen elektronischen Ersatz konstruieren, bei dem beliebig viele Kugeln beliebig viele Nagelreihen passieren können.

b) **Allgemeiner Ablaufplan**

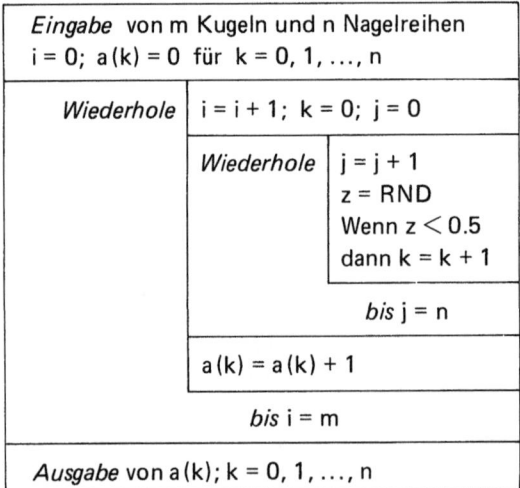

Erläuterungen:

m Kugeln durchfallen n Nagelreihen. Die Variablen *i* und *j* zählen sie jeweils.
Der Feldspeicher *a* stellt den Auffangbehälter mit den Kammern 0 bis n dar, die über den Index k angesteuert werden. Die Zufallsfunktion RND liefert gleichwahrscheinlich Werte unter und über 0.5, die als „links" und „rechts" interpretiert werden.

c) **BASIC-Übersetzungen**

```
10 REM ***   GALTON-BRETT   ***
11 :
15 INPUT"■ M KUGELN, N STUFEN";M,N:DIM A(N):Z=RND(-1)
16 :
20 FOR I=1 TO M
25 FOR J=1 TO N
30 IF RND(1)<0.5 THEN K=K+1
35 NEXT J
40 A(K)=A(K)+1:K=0
45 NEXT I
46 :
50 FOR K=0 TO N
55 PRINT A(K);
60 NEXT K
```

5.3 Galton-Brett

Erläuterungen:

Durch RUN werden die Speicher automatisch initialisiert, deshalb erübrigt sich die Übersetzung der zweiten Zeile. Auf den Speicher z konnte man verzichten, was den inneren Schleifendurchgang beschleunigt.

Die Argumentfolge ,– 1, 1' veranlaßt den Zufallsgenerator, eine ganz bestimmte Zahlenfolge zu erzeugen, so daß der Leser die Testergebnisse vergleichen kann.

Für den Fall n = 7 bringen wir noch eine Version, mit der man die Vorgänge am Galton-Brett auch optisch und akustisch verfolgen kann. (Zu Z.65, 75, 85, 205, 210 s. Kap. 1; zum Klangeffekt vgl. Bedienungshandbuch S. 91.)

```
0 REM ***    GALTON-BRETT-SIMULATION    ***
1 :
5 Z=RND(-TI)
8 I=0:FOR K=0 TO 7:A(K)=0:NEXT K
15 INPUT"() ANZAHL DER KUGELN";M:GOSUB 100
20 I=I+1:J=0:K=0:PRINT""TAB(18)"●";
25 J=J+1:GOSUB 260
30 Z=RND(1):IF Z<0.5 THEN K=K+1:PRINT"●";:GOTO 50
35 PRINT"●";
40 GOSUB 220:IF J<7 THEN 35
45 A(K)=A(K)+1:GOSUB 200
50 IF I<M THEN 30
51 :
55 Z=24:POKE 214,Z:S=-2
60 FOR K=0 TO 7
65 S=S+4:POKE 211,S:SYS 58640:PRINT A(K);
70 NEXT K
75 IF PEEK(203)=64 THEN 85
80 GOTO 20
81 :
95 REM ***    UNTERPROGRAMME    ***
96 REM ***    BILDMASKE         ***
100 PRINT""
105 PRINT"               \ /   "
110 PRINT"                     "
115 PRINT"             ♦  ♦●"
120 PRINT"            ♦    ♦●"
125 PRINT"           ♦   ♦   ♦●"
130 PRINT"          ♦   ♦   ♦   ♦●"
135 PRINT"         ♦  ♦   ♦   ♦   ♦●"
140 PRINT"        ♦  ♦   ♦   ♦   ♦   ♦●"
145 PRINT"        |  |  |  |  |  |  |  |"
150 PRINT"        |  |  |  |  |  |  |  |"
155 PRINT"        |  |  |  |  |  |  |  |"
160 PRINT"        |  |  |  |  |  |  |  |"
165 PRINT"        |  |  |  |  |  |  |  |"
170 PRINT"        |  |  |  |  |  |  |  |"
175 PRINT"        |  |  |  |  |  |  |  |"
180 PRINT"        |  |  |  |  |  |  |  |"
185 PRINT"        └──┴──┴──┴──┴──┴──┴──┘"
190 RETURN                         :
195 REM ***    BEHAELTER FUELLEN    ***
200 PRINT"  ":H=A(K)-1:Z=INT(H/3):S=A(K)-Z*3:Z=22-Z:S=2+K*4+S
205 Z1=PEEK(214):S1=PEEK(211):POKE 214,Z:POKE 211,S:SYS 58640:PRINT"●"
```

```
210 POKE 214,Z1:POKE 211,S1:SYS 58640
215 RETURN                                :
220 REM ***      KLANGEFFEKT       ***
225 SI=54272:FL=SI:FH=SI+1:TL=SI+2:TH=SI+3:W=SI+4:A=SI+5:H=SI+6:L=SI
230 FOR X=1 TO 5
235 POKE L,X:POKE A,21:POKE H,0:POKE FH,64:POKE FL,200:POKE W,129
240 NEXT X
245 POKE W,0:POKE A,0:POKE AD+30,0
250 RETURN                                :
255 REM ***      PAUSENSCHLEIFE    ***
260 FOR IJ=1 TO 200:NEXT
265 PRINT"■ ";
270 RETURN
```

d) Testbeispiele

1. Einführungsbeispiel (m = 1000, n = 4):   50   253   373   265   59
Theoretisch: 62,5 250   375   250   62,5
Interpretation: Von 1000 Familien mit 4 Kindern haben jeweils

    50 (62,5)   Familien 4 Jungen
   253 (250)   Familien 3 Jungen und 1 Mädchen
   373 (375)   Familien 2 Jungen und 2 Mädchen
   265 (250)   Familien 1 Junge und 3 Mädchen
    59 (62,5)   Familien 4 Mädchen

2. Wie 1.; wir überzeugen uns davon, daß die prozentualen Abweichungen bei der Simulation mit m = 4000 Werten in der Regel geringer werden (*Gesetz der großen Zahlen*)

simulierte Werte: 255   998   1494   984   269
theoretische Werte: 250   1000 1500   1000 250

3. Jemand wirft 64 mal 7 Münzen auf den Tisch. Wie oft tritt dabei der Fall ‚4 mal Wappen und 3 mal Zahl' auf?

Vorbemerkung: Ob 7 Münzen gleichzeitig fallen oder eine Münze nacheinander 7 mal fällt, ist für das Gesamtergebnis gleichgültig! (m = 64, n = 7)

Wir zeigen einen Bildschirmausdruck unter Benutzung des zweiten Programms:

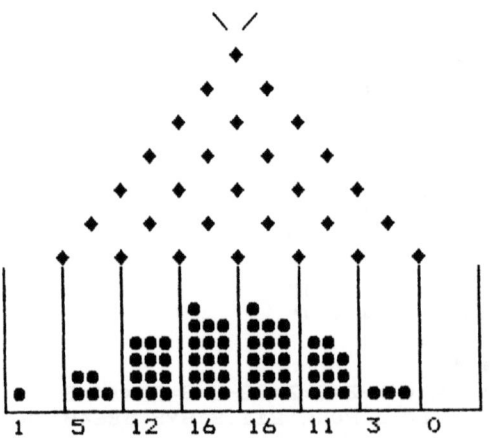

5.4 Irrfahrten

Im Behälter Nr. 3 bzw. 4 findet man die gesuchte Anzahl. (Infolge des Zufallsstarts RND (− TI) wird der Leser diesmal abweichende Ergebnisse erhalten; die theoretische Verteilung ist:

0,5 3,5 10,5 17,5 17,5 10,5 3,5 0,5.

5.4 Irrfahrten

a) Problemstellung

Herr Huber findet sein Motel (Z) in Los Angeles nicht wieder, weil alle Straßen dieses Viertels gleich aussehen und starr quadratisch angeordnet sind. Nur der Umstand, daß er durch eine das Viertel umfassende Einbahnstraße von Zeit zu Zeit zwangsläufig zu dem ihm bekannten Startplatz (S) zurückgeführt wird, gibt ihm die Hoffnung, doch noch einmal den Weg von S nach Z zu finden!

Wir fragen uns nun, wie viele Teilstrecken Herr Huber wahrscheinlich dabei zurücklegen muß, wenn er an jeder Kreuzung völlig willkürlich südlich (Fall 1), östlich (Fall 2) oder nördlich (Fall 3) einbiegt, bis er sein Ziel erreicht. Der Einfachheit halber nehmen wir noch an, daß er außer auf der Einbahnstraße nie in westliche Richtung fährt!

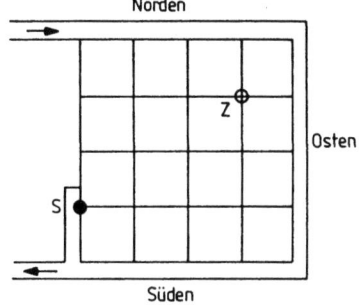

Zur Lösung des Problems entwerfen wir ein Simulationsprogramm; wir schematisieren die Situation in der Weise, daß wir das genannte Straßennetz in den ersten Quadranten des Achsenkreuzes eingebettet denken, so daß der einzelne Straßenzug eine Einheitsstrecke im Gitternetz darstellt und Startplatz S bzw. Ziel Z durch die Koordinaten (0; 1) und (3; 3) festgelegt sind; die weiteren Überlegungen gehen aus dem Struktogramm hervor.

b) Allgemeiner Programmablaufplan

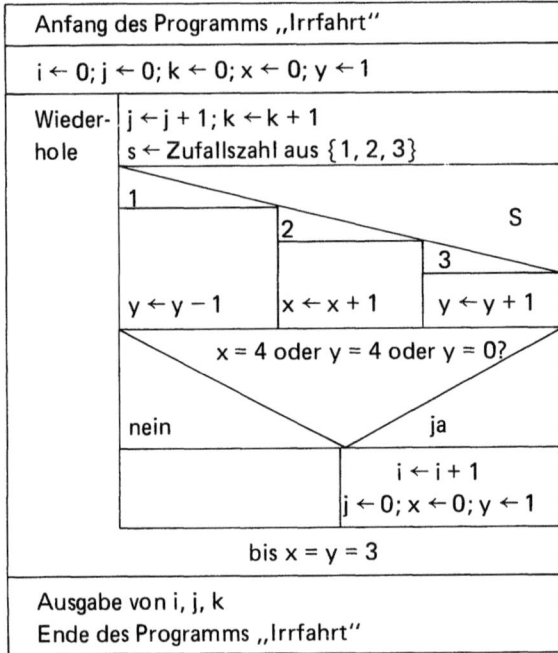

Erläuterungen zum Programmablaufplan:
Die Variable k zählt die Gesamtzahl der durchlaufenen Einheitsstrecken bis zur Erreichung des Ziels (ohne die „Rückläufe"); die Variable i die Anzahl der Rückläufe zum Start und „j" schließlich die Anzahl der Strecken beim letzten, erfolgreichen Anlauf von S aus. Die Speicher x und y registrieren die jeweils aktuelle Position des Irrläufers in einem Gitterpunkt. Durch die letzte Anfrage wird der Rücklauf organisiert und durch den Schleifenaustritt endet das Programm mit der Anzeige der Inhalte von i, j, k.

c) BASIC-Übersetzung

```
10 REM ***   IRRFAHRTEN   ***
11 :
15 I=0:J=0:K=0:X=0:Y=1
20 J=J+1:K=K+1
25 S=INT(RND(0)*3)+1
30 ON S GOTO 35,40,45
35 Y=Y-1:GOTO 50
40 X=X+1:GOTO 50
45 Y=Y+1
50 IF X=4 OR Y=4 OR Y=0 THEN I=I+1:J=0:X=0:Y=1
55 IF NOT (X=3 AND Y=3) THEN 20
56 :
60 PRINT I,J,K:GOTO 15
```

5.4 Irrfahrten 85

d) Testbeispiele

Für die ersten 10 Simulationen erhält man stark schwankende Ergebnisse:

```
1       5       6
2       5       11
0       7       7
8       5       18
4       7       17
12      7       44
3       5       15
8       7       33
9       5       35
23      7       95
```

Man beachte, daß die Rückläufe immer nur als Ganzes gezählt werden (i) und nicht als Summe von Teilstrecken, der kürzeste Weg ist 5 Strecken lang; wenn einer Strecke in Wirklichkeit 1 km entspricht, ergibt sich folgendes:

Mittlere Werte für die ersten Simulationen

$i = 7$ $j = 6$ $k = 28,1$

Das bedeutet, daß Herr Huber, wenn er wirklich planlos umherirrt, statt der notwendigen 5 km im Mittel 28 km fährt, bis er endlich doch noch zum Ziel gelangt; hierbei ist er im Mittel 7 mal an seinen Startplatz zurückgeführt worden und gelangt von dort beim 8. Mal auf einer Strecke von durchschnittlich 6 km nach Z.

6 Approximationsverfahren

6.1 Elementare Verfahren zur Berechnung von Wurzeln, Logarithmen und Winkelfunktionen

Vorbemerkungen:

Der C-64 liefert — wie schon jeder bessere Taschenrechner — Wurzeln, Logarithmen, Sinuswerte usw. durch Betätigen weniger Tasten. Wozu dann eigene Programme?
Erstens versteht man anschließend besser, wie der Rechner prinzipiell zu seinen Ergebnissen kommt. (Daß die entsprechenden Assemblerroutinen etwas anders verlaufen, ist nicht so wichtig).
Zweitens dient es der mathematisch begrifflichen Klärung, diese überwiegend irrationalen Werte einmal allein mit Hilfe der vier Grundrechenarten zu ermitteln!

6.1.1 Höhere Wurzeln (Newtonverfahren)

a) Mathematischer Hintergrund

Es handelt sich um die Verallgemeinerung des Heronschen Verfahrens vgl. 7.2. in [4]; ohne Zuhilfenahme der Differentialrechnung kann man sie folgendermaßen verstehen:
Man setzt $\sqrt[n]{R} = x_0 + d_0$, wobei x_0 einen ersten Näherungswert und d_0 den zugehörigen Fehler darstellen soll. Nach Potenzierung der Gleichung mit n ergibt sich

$$R = (x_0 + d_0)^n = x_0^n + n \cdot x_0^{n-1} \cdot d_0 + \ldots$$

weil d_0 klein gegenüber x_0 ist — man denke sich etwa x_0 als kleinste ganze Zahl unter $\sqrt[n]{R}$ —, kann man die Glieder mit d_0^2, d_0^3 usw. vernachlässigen und erhält

$$d_0 \approx \frac{R - x_0^n}{n \cdot x_0^{n-1}},$$

so daß $\sqrt[n]{R} \approx x_0 + \dfrac{R - x_0^n}{n \cdot x_0^{n-1}}$ einen besseren Näherungswert darstellt als $\sqrt[n]{R} \approx x_0$. Nun wiederholt man das Verfahren:

$$\sqrt[n]{R} = x_1 + d_1, \text{ wobei } x_1 = x_0 + \frac{R - x_0^n}{n \cdot x_0^{n-1}}$$

und d_1 der neue, kleinere Fehler. Mehrfache Wiederholung führt auf den Ausdruck

$$k \in \mathbb{N}_0; \quad x_{k+1} = x_k + \frac{R - x_k^n}{n \cdot x_k^{n-1}}.$$

6.1 Berechnung von Wurzeln, Logarithmen und Winkelfunktionen

b) Allgemeiner Ablaufplan

Der letzten Gleichung entspricht die Schleife $x \leftarrow x + \dfrac{R - x^n}{n \cdot x^{n-1}}$.

Nach Eingabe des Radikanden R, des Wurzelexponenten n und eines Startwertes x wird x^{n-1} im Unterprogramm[4]) berechnet und auf s abgespeichert und anschließend das neue x gemäß

$$x \leftarrow \frac{R}{n \cdot s} - \frac{x}{n} + x \text{ berechnet.}$$

Den Zusammenhang mit dem Spezialfall n = 2 erkennt man am besten aus der Umformung

$$x \leftarrow \frac{1}{n} \cdot \left((n-1) \cdot x + \frac{R}{x^{n-1}}\right).$$

c) BASIC-Übersetzung

```
10 REM ***   N-TE WURZEL NACH NEWTON ***
11 :
20 INPUT"    R,  N,   X0";R,N,X
21 :
30 GOSUB 40:X=R/N/S-X/N+X:PRINT X:GOTO 30
31 :
40 S=1:FOR K=1 TO N-1:S=X*S:NEXT:RETURN
```

d) Testergebnisse

Wir bringen Ausschnitte von Bildschirmausdrucken:

```
  r,    n,    x0? 2,3,1.5              r,    n,    x0? 12345,6,7
1.2962963                             5.95575257
1.26093223                            5.23769937
1.25992186                            4.88670922
1.25992105                            4.81059931
1.25992105                            4.80745963
1.25992105                            4.8074545
                                      4.8074545
                                      4.8074545

  r,    n,    x0? 3,2,1.5
1.75
1.73214286
1.73205081
1.73205081
1.73205081
```

---

[4]) Die Verwendung der ↑-Taste wäre logisch fragwürdig, weil die zugehörige Routine Logarithmen benutzt. Man könnte dann gleich sagen: x ↑ 1/N

6.1.2 Bestimmung von Logarithmen

a) Mathematischer Hintergrund

Das hier vorgestellte Verfahren beruht auf der *Methode der fortgesetzten Halbierung*, vgl. 7.1 in [4]

In einer Gleichung wie $2^3 = 8$ ist „3" der *Exponent* bezüglich der Basis 2; bezogen auf die Zahl 8, den *Numerus*, nennt man 3 auch *Logarithmus:* 3 ist der *Logarithmus* von 8 zur *Basis* 2. Wenn man einen Logarithmus berechnen soll, müssen also zwei Zahlen, nämlich Basis und Numerus, bekannt sein; die Gleichung

$7^x = 3$ ist gleichwertig mit $_7\log 3 = x$

Anders als oben kann man den Logarithmus von 3 zur Basis 7 nicht sofort angeben; wir wollen anhand des folgenden Flußdiagramms studieren, wie man sich Näherungswerte beliebiger Genauigkeit beschaffen kann.

b) Allgemeiner Ablaufplan

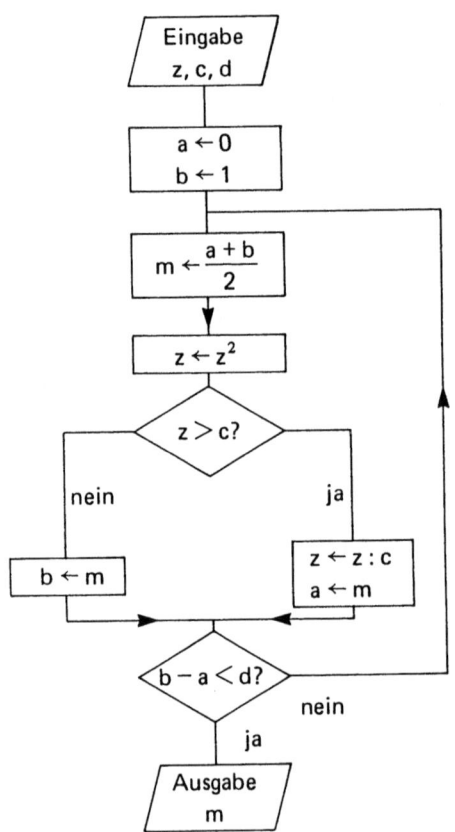

6.1 Berechnung von Wurzeln, Logarithmen und Winkelfunktionen

Erläuterungen:

„c" meint die Basis und „d" eine vorzugebende Genauigkeit. Der Numerus wird auf „z" abgespeichert, dort aber im Verlauf des Programms von anderen Zahlen verdrängt. Ein volles Verständnis der Vorgänge ergibt sich aus der nun folgenden Simulation (z sei mit 3 und c mit 7 belegt):

1. Durchlauf

m ← 1/2; z ← 9; 9 > 7? ja, daher z ← 9/7 und a ← 1/2.
Wir wissen jetzt: 9 = 7^{2x} > 7, d. h. 1/2 < x < 1

2. Durchlauf

m ← 3/4; z ← 81/49; 81/49 > 7? nein, daher b ← 3/4.
Wir wissen jetzt: 81/49 = $7^{4x}/7^2$ < 7, d. h. 1/2 < x < 3/4

3. Durchlauf

m ← 5/8; z ← $3^8/7^4$ ≈ $(8/5)^2$; $(8/5)^2$ > 7? nein, daher b ← 5/8.
Wir wissen jetzt: $3^8/7^4 = 7^{8x}/7^4$ < 7, d. h. 1/2 < x < 5/8

4. Durchlauf

m ← 9/16; z ← $3^{16}/7^8$ ist größer 7, daher z ← $3^{16}/7^9$ und a ← 9/16.
Wir wissen jetzt: $3^{16}/7^8 = 7^{16x}/7^8$ > 7, d. h. 9/16 < x < 5/8

usw.; wie man sieht benutzt man außer den Grundrechenarten lediglich einige Potenzgesetze in Verbindung mit natürlichen Exponenten:

$\left(\frac{x}{y}\right)^2 = \frac{x^2}{y^2}$; $(x^n)^m = x^{nm}$; n > m ⇒ $x^n > x^m$ für n, m aus IN und x > 1.

Es muß auch noch hervorgehoben werden, daß unser Verfahren nur unter der Voraussetzung 1 < Numerus < Basis funktioniert, was aber wegen der bekannten Regel log xy = log x + log y keine Einschränkung darstellt (Beispiel: $_7$log 12 = $_7$log 3 + $_7$log 4).

c) BASIC-Übersetzung

```
10 REM ***   ZEHNERLOGARITHMUS   ***
11 :
15 INPUT"  NUMERUS, BASIS";Z,C:A=0:B=1
16 :
20 M=(A+B)/2
25 Z=Z*Z
30 IF Z>C THEN Z=Z/C:A=M:GOTO 40
35 B=M
40 IF B-A>1E-9 THEN 20
45 PRINT"  LOG = ";M
```

d) Testbeispiele

Beispiele der Basis e ≈ 2,718 kann man mit der entsprechenden Funktion „log" überprüfen; bei den übrigen Basen benutzt man am besten die Beziehung

$$_c\log z = {_e\log z} \cdot \frac{1}{_e\log c}.$$

Sollen alle Dezimalen richtig sein, benötigt der Rechner ca. 2 s. (d = 10^{-9}.)

6.1.3 Sinustabellierung

a) Mathematischer Hintergrund

Es handelt sich um die Möglichkeit, ohne Potenzreihe eine — immerhin 4-stellige — Tabelle zu erstellen; man benutzt dazu lediglich den elementar berechenbaren Spezialfall von 45° (Seite: Diagonale im Einheitsquadrat gleich $1:\sqrt{2}$), die Beziehung $\sin^2 + \cos^2 = 1$ und ein Additionstheorem in der Form $\sin(w - 1°) = \sin w \cdot \cos 1° - \cos w \cdot \sin 1°$. Man beginnt mit $w = 45°$; weil der Unterschied zwischen sin 1° und *arc* 1° (*arc:* Bogen zum Winkel im Einheitskreis) minimal ist, nehmen wir für sin 1° den zugehörigen Bogen $\pi : 180$ (bezeichnen wir das Gradmaß eines Winkels mit g und das Bogenmaß mit b, so gilt der einfache Zusammenhang $b : g = \pi : 180$). Damit kann man den Sinus für 44° rekursiv aus dem für 45° erhalten, den Sinus für 43° aus dem für 44° usw.

b) Allgemeiner Ablaufplan

Anfang des Programms

$s \leftarrow 1/2 \cdot \sqrt{2};\ s_0 \leftarrow \pi : 180;\ c_0 \leftarrow \sqrt{1 - s_0^2};\ i \leftarrow 45$

Wiederhole
$\begin{bmatrix} \text{Ausgabe von i und s} \\ i \leftarrow i - 1 \\ c \leftarrow \sqrt{1 - s^2} \\ s \leftarrow s \cdot c_0 - c \cdot s_0 \\ \text{bis } i = 0 \end{bmatrix}$

Ende des Programms

Erläuterung:

In der vorletzten Zeile des Wiederholungsblocks wird der Kosinus als $\sqrt{1 - \sin^2}$ gebildet und in der letzten Zeile findet die Rekursion der Sinuswerte statt.

c) BASIC-Übersetzung

```
10 REM ***      SINUSTABELLIERUNG      ***
11 :
15 S=0.5*SQR(2):S0=π/180:C0=SQR(1-S0*S0):I=45:PRINT"▓ GRAD SINUS ▓"
16 :
20 FOR I=45 TO 1 STEP -1
25 PRINT" "I;INT((S+5E-5)*1E4)/1E4
30 C=SQR(1-S*S):S=S*C0-C*S0
35 NEXT I
```

Erläuterung:
In Z.25 runden wir *S* auf 4 Dezimalen

6.2 Allgemeines Iterationsverfahren

d) Testergebnis (Auszügen von Bildschirmausdrucken

GRAD	SINUS		
45	.7071	10	.1736
44	.6947	9	.1564
43	.682	8	.1391
42	.6691	7	.1218
41	.6561	6	.1045
40	.6428	5	.0871
39	.6293	4	.0697
38	.6157	3	.0523
37	.6018	2	.0349
36	.5878	1	.0174
35	.5736		
34	.5592		
33	.5446		
32	.5299		
31	.515		
30	.5		

Der Fehler, den wir bei der Ersetzung von sin 1° durch arc 1° machten, war π: 180 − sin 1° = 0,0174532925 − 0,0174524064 = 0,0000008861; er bewirkte im Verlauf der Rekursion am Sinus einen Fehler, der gegen Ende 0,0174134173 − 0,0174524064 = − 0,0000389891 betrug!

6.2 Allgemeines Iterationsverfahren

a) Problemstellung

Schüler versuchen gelegentlich eine Gleichung wie

$x^2 - 1{,}5\,x - 7 = 0$

folgendermaßen zu lösen:

$x^2 = 1{,}5\,x + 7$

$x = 1{,}5 + \dfrac{7}{x}$

Hier geben sie dann auf; mit Rechnerhilfe könnte man aber auf dem beschrittenen Weg fortfahren, wenn man das letzte Gleichheitszeichen in eine Zuweisung umdeutet und das ganze in eine Schleife legt:

$x \leftarrow 1{,}5 + \dfrac{7}{x}$

Mit $x_0 = 2$ als Startwert erhält man nacheinander
$x_1 = 5$
$x_2 = 2,9$
$x_3 = 9137931$ usw. bis
$x_{36} = 3,5$.

Von hier ab tritt keine Änderung mehr ein.

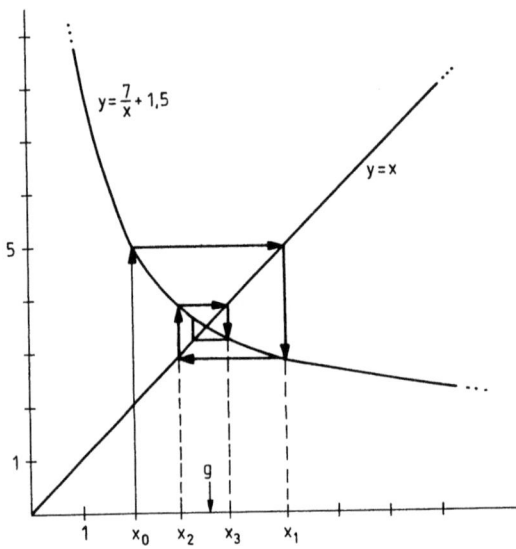

Wie man aus der Skizze ersieht, hat man soeben den Grenzwert g der *Iterationsfolge*

$x_{n+1} = 1,5 + 7/x_n, \quad x_0 = 2$

numerisch erfaßt.

In [5], S. 68, wird gezeigt, daß man im Falle zweier verschiedener reeller Lösungen einer quadratischen Gleichung auf diese Weise bei beliebigem Startwert $\neq 0$ immer zum Ziele kommt, weil eine lineare Konvergenz gegen die betragsmäßig größere Lösung vorliegt.
Da die zweite Lösung leicht über *Vièta* erhältlich ist und im Falle einer eindeutigen Lösung die binomische Umformung weiterhilft, kann man prinzipiell jede quadratische Gleichung so behandeln, falls sie überhaupt reelle Lösungen besitzt! Natürlich ist das allgemeine Iterationsverfahren nicht für quadratische Gleichungen erfunden worden; verallgemeinert geht es um die Lösung einer Gleichung des Typs

$x = f(x);$

wie man sich anhand vergleichbarer Skizzen klarmachen kann, gelingt das Verfahren nur bei solchen Funktionen f, deren Graphen in einer Umgebung von ξ eine Steigung aufweisen, die betragsmäßig unter 1 bleibt (siehe Anhang).

6.2 Allgemeines Iterationsverfahren

Oft muß man die vorgelegte Gleichung erst in eine *iterationsfähige* Form bringen;

$x^2 + 2x - \cos x = 0$

z. B. führt man auf die naheliegenden Ansätze

$x \leftarrow (\cos x - x^2)/2$ oder

$x \leftarrow \cos x/(x + 2)$

Wir stellen ein Programm für das soeben beschriebene *allgemeine Iterationsverfahren* vor, in dem die Schleifendurchgänge gezählt werden und das Verfahren abgebrochen wird, sobald sich zwei aufeinanderfolgende x-Werte um weniger als die vorzugebende Zahl d unterscheiden.

b) Allgemeiner Ablaufplan

Anfang des Programms

1. *Eingabe* des Startwertes x und der Genauigkeit d
   k ← 0 (Zähler)
2. *Wiederhole*
   $\begin{bmatrix} k \leftarrow k+1 \\ a \leftarrow x \\ f(x) \text{ im } U.P. \text{ berechnen} \\ x \leftarrow f(x) \end{bmatrix}$
   bis $|x - a| < d$
3. *Ausgabe* von k und x

Ende des Programms

c) BASIC-Übersetzung

```
10 rem *** allg. iterationsverfahren ***
11 :
15 deffn f(x)=45.6/40.8/x+x*x/3
20 input"▓ Xo, Nachkommastellen";x,n
25 z=int(10↑n+.1):d=.11/z:k=0
26 :
30 k=k+1:a=x
35 x=fnf(x):if abs(x-a)>=d then 30
36 :
40 x=x*z:if x-int(x)>=.5then x=int(x)+1
45 x=int(x)/z:h$=str$(k)
50 print"▓ X"mid$(h$,2,len(h$)-1)" ="x
```

Erläuterungen: Die Genauigkeit *d* wird indirekt durch Vergabe der Nachkommastellenzahl *n* bestimmt. „+ .1" und „.11" (statt „.5") sollen Rechnerungenauigkeiten ausgleichen. Zum Rundungsmechanismus (Z. 40,45) s. 1.2.4. Der Aufwand in Z.50 dient der indizierten Schreibweise von x.

d) Testaufgabe

Wie tief sinkt eine Bleikugel in Quecksilber ein?
Jeder Körper sinkt solange in eine Flüssigkeit ein, bis sein Gewicht gleich dem der verdrängten Flüssigkeit ist (Prinzip des Archimedes!).

Ist r der Radius der Kugel und $\gamma_k = 11{,}4$ das spezifische Gewicht von Blei, so ergibt sich das Gewicht der Bleikugel zu

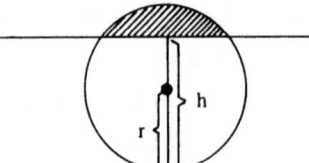

$$\gamma_k \cdot V_k = 11{,}4 \, \frac{4}{3} \pi r^3$$

Andererseits hat eine Kugelkappe der Eintauchtiefe h das Volumen

$$V_{fl} = \frac{\pi}{3} h^2 \cdot (3r - h)$$

wie man der Formelsammlung entnehmen kann. Unter Beachtung der Wichte des Quecksilbers von $\gamma_{fl} = 13{,}6$ gelangt man zu der Gleichung

$$11{,}4 \cdot \frac{4}{3} \pi r^3 = 13{,}6 \, \frac{\pi}{3} \cdot h^2 \, (3r - h)$$

Es bedeutet keine Einschränkung, r = 1 zu setzen, dann ergibt sich

$$11{,}4 \cdot 4 = 13{,}6 \cdot h^2 \, (3 - h)$$

oder

$$\frac{11{,}4 \cdot 4}{13{,}6} = 3 \cdot h^2 - h^3$$

und nach Division durch 3h

$$\frac{45{,}6}{40{,}8 \cdot h} = h - \frac{h^2}{3} \quad \text{bzw.} \quad x = \frac{45{,}6}{40{,}8} \cdot \frac{1}{x} + \frac{x^2}{3}$$

als iterierfähige Form. Mit $x_0 = 1$ als Startwert erhält man

$x_1 = 1{,}45098039 \qquad x_2 = 1{,}47205164 \qquad x_3 = 1{,}48155647$

usw.; ab x_8 ändert sich die zweite Dezimale nicht mehr und ab x_{24} *steht* die Iteration mit 1,49025893. Teilt man durch 2 (Durchmesser), dann bekommt man als relative Eintauchtiefe der Kugel rd. 74,5 %.

Weitere Testbeispiele

1. $x^2 + 2x - \cos x = 0$
1.1. $x = (\cos x - x^2)/2; \; x_0 = 0; \; N = 5$ \qquad Ergebnis: 0,38772 bei k = 24
1.2. $x = \cos x/(x + 2); \; x_0 = 0; \; N = 5$ \qquad Ergebnis: 0,38772 bei k = 13

2. $x^2 - \ln x - 3 = 0$
2.1 $x = \sqrt{\ln x + 3}; \qquad x_0 = 1; \; N = 5$ \qquad Ergebnis: 1,90969 bei k = 8
2.2. $x = e^{x^2 - 3}; \qquad x_0 = 1; \; N = 5$ \qquad Ergebnis: 0,04991 bei k = 5

3. $x^4 + 2x^3 - 23x^2 + 2x + 1 = 0$
   $x = \sqrt{(x^4 + 2x^3 + 2x + 1)/23}; \; x_0 = 1; \; N = 8$ \quad Ergebnis: 0,26051835 bei k = 15

4. $x = \sin x + 1; \; x_0 = 1; \; N = 8$ \quad Ergebnis: 1,93456321 bei k = 20

6.3 Iteration von Gleichungssystemen

a) Mathematischer Hintergrund

Unter gewissen Voraussetzungen läßt sich das in 6.2 besprochene Verfahren auch zur Lösung von Gleichungs*systemen* heranziehen; man nehme als Beispiel

$$256x - 3y + 5z = 277$$
$$-4x + 518y + 2z = -1034$$
$$7x - 12y + 870z = 2641$$

und löse die 1., 2., 3. Gleichung nach x, y, z auf:

$$x = \frac{1}{256}(277 + 3y - 5z)$$

$$y = \frac{1}{518}(-1034 + 4x - 2z)$$

$$z = \frac{1}{870}(2641 - 7x + 12y)$$

Wenn man die Variablen der rechten Seite mit Nullen belegt, erhält man

$$x = \frac{277}{256} \approx 1{,}08203125$$

$$y = \frac{-1034}{518} \approx -1{,}996139$$

$$z = \frac{2641}{870} \approx 3{,}03563219$$

Daß diese Werte jetzt schon so nahe der Lösung (1, −2, 3) sind, ist eine Folge davon, daß die Koeffizienten auf der *Hauptdiagonalen* die restlichen um ein Vielfaches übertreffen. Setzen wir die neuen Werte in die Gleichungen der rechten Seite ein, erhalten wir

x = 0,999349305   y = −1,99950413   z = 2,99939323

Die Konvergenz scheint offensichtlich!
Es ist plausibel, daß das Verfahren gegen den Lösungsvektor konvergiert, falls es überhaupt konvergiert. Weiterhin leuchtet ein, daß eine Konvergenz zu erwarten ist, wenn — gegebenenfalls durch Umstellen von Gleichungen — die Glieder der Hauptdiagonalen betragsmäßig „hinreichend" größer als die anderen sind.
Was bedeutet aber „hinreichend" im konkreten Fall? Auskunft darüber gibt das sogenannte *Zeilensummenkriterium* (gültig für n Gleichungen mit n Variablen):
Wenn in jeder Gleichung (= Zeile) das Diagonalelement betragsmäßig größer als die Summe der Beträge der restlichen Koeffizienten ist, dann konvergiert das Iterationsverfahren mit beliebigen Startwerten.
Einen Beweis, der sich u.a. auf den allgemeinen Kontraktionssatz, den R^n als vollständigmetrischen Raum und den Matrizenkalkül stützt, findet der Leser in [6], S. 88 ff. Speziell für n = 2 ist der Beweis natürlich einfacher zu führen, s. PdN-Ph. 4/82. [7]

Man unterscheidet bei diesem Verfahren noch die beiden Varianten *Gesamtschrittverfahren* und *Einzelschrittverfahren*.

Ersteres haben wir oben angewandt; es ist dadurch gekennzeichnet, daß *ein* Wertetripel in die rechten Seiten der 3 (n) Gleichungen eingesetzt wird, während bei letzterem das neue x aus der ersten Gleichung bereits in der rechten Seite der zweiten Gleichung verwertet wird und zusammen mit dem neuen y aus der zweiten Gleichung auch in der rechten Seite der dritten Gleichung usw.

Im folgenden Ablaufplan ist das Gesamtschrittverfahren dargestellt; denkt man sich die Hochkommata und die letzten Zuweisungen weg, so hat man das Einzelschrittverfahren vor sich.

b) Allgemeiner Ablaufplan

Eingabe von $a_1, b_1, c_1, d_1, a_2, b_2, c_2, d_2, a_3, b_3, c_3, d_3$

Wiederhole
$$\begin{bmatrix} x' \leftarrow 1/a_1 \cdot (d_1 - b_1 y - c_1 z); & \text{Ausgabe von } x' \\ y' \leftarrow 1/b_2 \cdot (d_2 - a_2 x - c_2 z); & \text{Ausgabe von } y' \\ z \leftarrow 1/c_3 \cdot (d_3 - a_3 x - b_3 y); & \text{Ausgabe von } z \\ x \leftarrow x'; \; y \leftarrow y' & \end{bmatrix}$$

bis Abbruch sinnvoll

c) BASIC-Version

```
10 rem *** iteration v. gl.systemen ***
15 :
20 print" Wieviel Nachkommastellen":gosub 170:n=val(aw$)
25 if aw$<"0" or aw$>"7" then 20
30 print" G)esamt- oder E)inzelschritt":gosub 170
35 if aw$<>"g" and aw$<>"e" then 30
40 m=int(10↑n+.1):d=.11/m:k=0:print
45 input" a1,b1,c1,d1";a1,b1,c1,d1
50 input" a2,b2,c2,d2";a2,b2,c2,d2
55 input" a3,b3,c3,d3";a3,b3,c3,d3
60 print:if aw$="g" then 110
65 :
70 rem ***   einzelschritt-iteration ***
75 hx=x:x=1/a1*(d1-b1*y-c1*z)
80 hy=y:y=1/b2*(d2-a2*x-c2*z)
85 hz=z:z=1/c3*(d3-a3*x-b3*y)
90 gosub 190:if bv=-1 then 75
95 goto 140
100 :
105 rem *** gesamtschritt-iteration ***
110 hx=1/a1*(d1-b1*y-c1*z)
115 hy=1/b2*(d2-a2*x-c2*z)
120 hz=1/c3*(d3-a3*x-b3*y)
125 gosub 190:x=hx:y=hy:z=hz:if bv=-1 then 110
130 :
135 rem ***      endausgabe        ***
140 k$=str$(k):k$=mid$(k$,2,len(k$)-1)
145 w=x:gosub 210:x=w:w=y:gosub 210:y=w:w=z:gosub 210:z=w
150 print" x"k$" ="x:print" y"k$" ="y:print" z"k$" ="z
155 end
160 :
```

6.3 Iteration von Gleichungssystemen

```
165 rem ***        warteschleife       ***
170 get aw$:if aw$="" then 170
175 return
180 :
185 rem ***     konvergenzpruefung     ***
190 bv=(abs(x-hx))=d or abs(y-hy))=d or abs(z-hz))=d):k=k+1
195 return
200 :
205 rem ***      rundung der ausgabe   ***
210 w=w*m:if w-int(w))=.5 then w=int(w)+1
215 w=int(w)/m
220 return
```

Erläuterungen: Die Zuweisungen auf hx, hy, hz waren — auch im Falle des Einzelschnittverfahrens — nötig, um die Abbruchsbedingung in Z.190 zu ermöglichen. Dort befindet sich eine Art Boolsche Variable[5] bv, der der Wert −1 oder 0 zugewiesen wird, je nachdem, ob der eingeklammerte Bedingungskomplex erfüllt ist oder nicht. Dies hat den Vorteil, daß man im Hauptprogramm mehrfach in Abhängigkeit der Belegung von bv reagieren kann, vgl. Z.90 und Z.125.

Man hätte durch zusätzliche Abfragen die beiden Iterationsblöcke integrieren können. Dies unterblieb jedoch, um Zeit innerhalb der Schleife zu sparen! Aus dem gleichen Grund wurde darauf verzichtet, eine Austrittsbedingung für den Fall der Divergenz zu installieren. Eine Verallgemeinerung des Verfahrens auf n Gleichungen mit n Variablen, $n \in \mathbb{N}$, findet der Leser in Kap. 10.

d) Testbeispiele

Nach Eingabe der Daten des Einführungsbeispiels und der Forderung nach sieben Dezimalen sowie **Gesamtschnitt-** bzw. **Einzelschrittverfahren** erscheint:

$x_5 = 1$ $x_6 = 1$
$y_5 = -2$ bzw. $y_6 = -2$
$z_5 = 3$ $z_6 = 3$

Neues Beispiel (drei Dezimalen):

$5x + 3y - 2z = 9$
$x + 7y + 2z = 9$
$2x - y + 4z = -27$

(E) $x_{11} = -2$ (G) $X_{19} = -2$
     $y_{11} = 3$ $Y_{19} = 3$
     $z_{11} = -5$ $Z_{19} = -5$

---

[5] *George Boole*, 1815–1864 (einer der Begründer der formalen Logik)

Daß das o.a. Zeilensummekriterium nur hinreichend, aber nicht notwendig ist, zeigt unser nächstes Beispiel (sieben Dezimalen):

$2x - y - z = 6$
$x + 3y + 2z = -1$
$3x + 4x + 3z = 1$

(E) $\quad x_{106} = 2 \qquad$ (G) $\quad x_{189} = 2$
$\quad\quad y_{106} = 0{,}9999999 \qquad\quad\;\; y_{189} = 0.9999999$
$\quad\quad z_{106} = -2{.}9999999 \qquad\quad z_{189} = -2{.}9999999$

Hier muß man etwas Geduld aufbringen (11s bzw. 21s).

7 Differentialrechnung

7.1 Folgen und Reihen

7.1.1 Rekursive Folgen

Ist der Folgenterm bekannt wie z.B. bei $a_n = \sqrt[n]{n}$ oder $a_n = (1 + 1/n)^n$, lohnt sich eine Programmierung nur, wenn man eine größere Anzahl von Gliedern bestimmen will; interessanter wird der Einsatz des C-64 bei *rekursiv definierten Folgen* wie z.B.

$a_1 = a_2 = 1; n \geq 3: a_n = a_{n-1} + a_{n-2}$ *(Fibonacci-Folge);*

die ersten Zahlen lauten 1,1,2,3,5,8,13,21,34,55,89,144,233,377,610, 987,1597,...,7778742049,...

Die zugehörige Quotientenfolge $q_n := a_n/a_{n-1}$ liefert mit wachsendem n in der Anzeige die Zahl 1,618033989 als Näherungswert von $1 + \sqrt{5}/2$, dem philosophiegeschichtlich bedeutsamen *Goldenen Schnitt*.

Auch zur Fibonaccifolge selbst gibt es interessante Querverbindungen, wie beispielsweise die bekannte „Flächenverwandlung" aus der Unterhaltungsmathematik

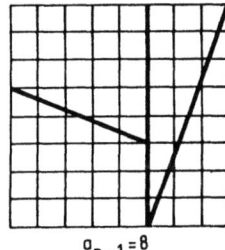
$a_{n-1} = 8$

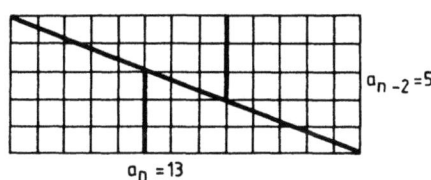
$a_n = 13$, $a_{n-2} = 5$

(aus dem 64 cm²-Quadrat wird ein 65 cm²-„Rechteck").

Wenn man als Quadratseitenlänge nämlich eine Zahl mit *geradem* Index nimmt (als Rechtecksseitenlängen dienen dann Vorgänger und Nachfolger), kann man das Rätsel auch analytisch schnell klären (siehe Anhang).

Die Quotientenfolge zu den beiden rekursiv definierten Folgen

$a_{n+1} = a_n^2 - 2$ und $b_{n+1} = b_n \cdot a_n; n \geq 2;$

strebt mit wachsendem n gegen $\sqrt{z}$, wenn $a_1 \geq 3$ und $b_1 \geq 1$ der Beziehung

$a_1^2 - b_1^2 \cdot z = 4$ *(Pellsche Gleichung)*

genügt.

Für $z = 2$, $a_1 = 6$ und $b_1 = 4$ erhält man z.B. die Quotientenfolge 1, 5; 1,416666667; 1,414215686; 1,414213562; ...

Die zugehörigen Programme erfordern nur wenige Schritte und bieten keine Schwierigkeiten. Die Fibonaccifolge erhält man z. B. mit den BASIC-Zeilen

```
10 A=1:B=1:REM *** FIBONACCI ***
20 C=A+B:PRINT C:A=B:B=C:GOTO 20
```

7.1.2 Experimentelle Epsilontik

a) Mathematischer Hintergrund

Die Konvergenz einer Folge läßt sich so definieren:
Eine Folge mit dem Term a_n, $n \in \mathbf{N}$, besitzt die Zahl $g \in \mathbf{R}$ als Grenzwert genau dann, wenn sich zu jedem $\epsilon \in \mathbf{R}^+$ ein $n_0 \in \mathbf{N}$ finden läßt, so daß

$$|a_n - g| < \epsilon \text{ für alle } n \geq n_0. \tag{1}$$

In Anlehnung an diese Definition wird oft verlangt, bei bekanntem g zu vorgegebenem ϵ das n_0 zu bestimmen. Man erhält n_0 in der Regel durch eine Kette äquivalenter Umformungen von (1).
Wenn man in der obengenannten Definition (1) durch die Beziehung

$$|a_n - a_m| < \epsilon \text{ für alle } n \geq n_0 \text{ und } m \geq n_0 \tag{2}$$

ersetzt, so hat man das gleichwertige *Cauchysche Folgenkriterium* vor sich.
Es wird ein Programm vorgestellt, das unter Ausnutzung von (2) *g* approximiert und gemäß (1) zu geg. g und ϵ das entsprechende n_0 berechnet.

b) BASIC-Programm

```
10 rem *** no zu g und eps bestimmen ***
11 :
15 deffn a(n)=(n+3)/(2*n-1)
16 :
20 print" Grenzwert bekannt ?";
25 gosub 70:if aw$="n" then gosub 90:goto 35
30 input" g = ";g
35 input" Epsilon >= 0.0001 ";eps:n=1
36 :
40 n=2*n:if abs(fna(n)-g) >=eps then 40
45 b=n:a=n/2
50 n=(a+b)/2:if b-a=1 then 65
55 if abs(fna(n)-g)>=eps thena=n:goto50
60 b=n:goto 50
65 print" Epsilon =";eps" no =";b:gosub 70:goto 20
66 :
70 rem ***        warteschleife        ***
75 get aw$:if aw$="" then 75
80 return
81 :
85 rem ***    grenzwert ermitteln      ***
90 n1=2
95 n1=2*n1:n2=2*n1:n3=2*n2
100 d1=abs(fna(n1)-fna(n2)):d2=abs(fna(n2)-fna(n3))
105 if d2 < d1 and n3 < 1e18 then 95
110 g=fna(n2):g=(int(g*1e5)+5)/10:g=int(g)/1e4:print" g =";g
115 return
```

7.1 Folgen und Reihen

Erläuterungen:

I. Zur Ermittlung des (vorausgesetzten) Grenzwertes wird die Differenz in (2) für ausgewählte n, m mehrfach errechnet. Theoretisch müßte sie mit wachsenden Indizes immer kleiner werden. Praktisch werden die beiden Folgenterme oft wegen der maschinellen Abbruchfehler — in Abhängigkeit der jeweiligen Folge a_n — schließlich wieder ungenauer. In Z.105 wird dies erkannt; für die Folgen, bei denen dieser Effekt nicht auftritt, vermeidet die zweite Abfrage einen Overflow. (Die Konstante 10^{18} bewirkt, daß die Null in der Regel durch ein Intervall der Größenordnung $[-10^{-9}, 10^{-9}]$ ersetzt wird. Außerdem kann noch quadriert werden!) Um keine unangemessene Genauigkeit vorzutäuschen, wird *g* anschließend auf vier Dezimalen gerundet. (Die angegebenen Werte passen zu den später gezeigten Beispielen; für andere Folgen müssen sie ggf. geändert werden.)

II. Bei der n_0-Bestimmung wirken sich die Maschinenfehler noch stärker aus. Wenn man wirklich das minimale n_0 herausfinden will, dürfen z.B. bei den Berechnungen gemäß Z.15 nicht gerundete Gleitpunktzahlen entstehen, was beim Multiplizieren leicht geschehen kann. Auch bei der Quotientenbildung sind Fehler in der achten oder gar siebten Dezimale keine Seltenheit.

Fazit: Man wähle i.d. Regel ϵ nicht unter 10^{-4}: (Auch dann gibt es noch keine allgemeine Garantie für ein exaktes n_0, siehe Testbeispiele.)

Der Algorithmus zur Ermittlung von n_0 ist Z.40–60 zu entnehmen. Zuerst wird diejenige Platznummer in Form von $n = 2^k$, $k \in \mathbb{N}$ bestimmt, bei der erstmals die Beziehung (1) erfüllt ist. Anschließend wird über dem Ausgangsintervall $[2^{k-1}, 2^k]$ durch fortgesetztes Halbieren das minimale n_0 gewonnen — falls die a(n) hinreichend exakt berechnet wurden!

c) Testbeispiele

1) $a_n = \dfrac{n+3}{2n-1}$ (Wert korrekt)

2) $a_n = \dfrac{1}{n + \sqrt{n^2 + 1}}$ (Wert korrekt)

3) $a_n = \dfrac{1}{\sqrt{n}}$ (Wert für n_0 um ‚1' zu gering; Abhilfe durch Konstante ‚d')

4) $a_n = \sqrt[n]{n}$ (Wert für $\epsilon = 10^{-3}$ richtig, Wert für $\epsilon = 10^{-4}$ falsch)

5) $a_n = \left(1 + \dfrac{1}{n}\right)^n$ (Zu $\epsilon = 10^{-2}$ erhält man bei Vergabe des genaueren Wertes für ‚g' das richtige n_0. Zu 10^{-3} gehörte jedoch 1359)

Anmerkung: Die Schwierigkeiten von 4) und 5) resultieren aus der langsamen Konvergenz der Folgen!

1) ```
15 deffn a(n)=(n+3)/(2*n-1)
```

```
Grenzwert bekannt ? g = .5
Epsilon >= 0.0001 ? 0.0001

Epsilon  = 1e-04   no = 17501
```

2) ```
15 deffn a(n)=1/(n+sqr(n*n+1))
```
```
Grenzwert bekannt ? g = 0
Epsilon >= 0.0001 ? .0001

Epsilon = 1e-04   no = 5000
```

3) ```
15 deffn a(n)=1/sqr(n)
```
```
Grenzwert bekannt ? g = 0
Epsilon >= 0.0001 ? .0001

Epsilon = 1e-04   no = 100000000
```
```
15 deffn a(n)=1/sqr(n)+d
35 input" Epsilon >= 0.0001 ";eps:n=1:
   d=eps*5e-9
```
```
 Grenzwert bekannt ? g = 0
 Epsilon >= 0.0001 ? .0001

 Epsilon = 1e-04   no = 100000001
```

4) ```
15 deffn a(n)=n↑(1/n)
```
```
Grenzwert bekannt ? g = 1
Epsilon >= 0.0001 ? .001

Epsilon  = 1e-03   no = 9124

Epsilon >= 0.0001 ? 0.0001

Epsilon  = 1e-04   no = 116678
```

7.1 Folgen und Reihen

5) `15 deffn a(n)=(1+1/n)↑n`

```
Grenzwert bekannt ? g = 2.7183
Epsilon >= 0.0001 ? .01

Epsilon   = .01   no = 136

Grenzwert bekannt ? g = ? 2.718281828
Epsilon >= 0.0001 ? .01

Epsilon   = .01   no = 135

Grenzwert bekannt ? g = ? 2.718281828
Epsilon >= 0.0001 ? .001

Epsilon   = 1e-03  no = 1357
```

7.1.3 Der Reinfall mit der harmonischen Reihe

Auch bei praktischen Konvergenzuntersuchungen von Reihen gibt der Rechner oft Hinweise auf den vorhandenen Grenzwert:

$$1 + \frac{1}{2} + \frac{1}{4} + \frac{1}{8} + \frac{1}{16} + \frac{1}{32} + \frac{1}{64} + \ldots \quad \text{(geometrische Reihe)}$$

liefert mit den ersten 29 Summanden eine „2" in der Anzeige des C-64

```
10 I=0:S=1:REM ** GEOMETRISCHE REIHE **
20 I=I+1:PRINT I,S:S=S+1/2^I:GOTO 20
```

Die harmonische Reihe

$$1 + \frac{1}{2} + \frac{1}{3} + \frac{1}{4} + \frac{1}{5} + \frac{1}{6} + \frac{1}{7} + \ldots$$

mahnt indes zur Vorsicht; sie divergiert ja ins Unendliche, was einem der Computer aber nicht verrät, denn die ersten Tausend Glieder summieren sich erst zu 7,48547086; mit 12700 Gliedern ist man erst bei 10 (9.787606). Hierfür sind nicht etwa maschinelle Abbruchfehler verantwortlich, denn die Fehler bei der Kehrwertbildung und anschließender Addition liegen in der Größenordnung 10^{-9} und können sich im ungünstigsten Fall zu 10^{-9} mal 10^4 gleich 10^{-5} addieren (bei rund 10000 Summanden)! Das „Versagen" des Computers ist vielmehr eine Folge der *schwachen* Divergenz der harmonischen Reihe in Verbindung mit der Beschränkung auf 8 signifikante Stellen im Rechenwerk: die Glieder mit einem Index jenseits von 10^{-8} werden bei der Addition nicht mehr berücksichtigt! Gerade dieser noch folgende „unendliche Rest" ist aber maßgebend, denn die ersten 10^{10} Summanden bringen nur rund „23", wie man aufgrund der Beziehung

$$\lim_{n \to \infty} \left(1 + \frac{1}{2} + \frac{1}{3} + \frac{1}{4} + \frac{1}{5} + \frac{1}{6} + \frac{1}{7} + \ldots + \frac{1}{n} - \ln n \right) = C$$

erkennt, wobei die *Eulersche Konstante* C den Näherungswert 0,577216 hat. (Umgekehrt kann man auch C mit der harmonischen Reihe approximieren; für n = 1000 ergibt sich 7,4854708 − ln 1000 = 7,4854708 − 6,9077553 = 0,5777155.
Es ist übrigens noch nicht entschieden, ob C irrational ist.)
Sinnvoll wird der Einsatz eines Computers vor allem dann sein, wenn die Existenz des Grenzwertes schon bewiesen wurde, aber der tatsächliche Wert lästig zu berechnen wäre und andererseits die Konvergenz nicht zu schwach ist — sonst hat man wieder die gerade erörterte Situation!

Beispiel:

$$\sum_{k=1}^{\infty} \frac{k^k}{(k!)^2}$$

Der Rechner brachte die Näherung 3,54812823; man beachte bei der Programmerstellung den jeweiligen Overflow bei k^k, $k > 26$ und $k!$, $k > 33$ bzw. $(k!)^2$, $k > 20$

```
10 REM ***    WERT EINER REIHE     ***
11 :
15 FOR K=1 TO 26
20 GOSUB 40:S=S+(K^K)/F/F
25 NEXT K
30 PRINT"S=";S
35 END
36 :
40 REM *** UNTERPROGRAMM FAKULTAET ***
45 F=1:FOR I=1 TO K:F=F*I:NEXT I
50 RETURN
```

7.2 Numerische Differentiation

Die *punktuelle* Bestimmung der Ableitung einer Funktion f an der Stelle x_0 durch den Term

$$\frac{f(x_0 + h) - f(x_0 - h)}{2h}$$

macht programmiertechnisch keine Schwierigkeiten und kann mit wenigen Schritten realisiert werden. Der wiedergegebene Ausdruck für die Ableitung der Tangensfunktion an der Stelle 1 zeigt indes, daß wir mit einer ungünstigen Fehlerfortpflanzung rechnen müssen und die Ableitung offenbar empfindlich auf Änderungen des Funktionsverlaufs reagiert.

```
10 rem ** numerische differentiation **
11 :
15 deffnf(x)=x↑7*2↑(x/12)*sin(x)*sin(x)
20 input"■ xo,h";x,h:print
25 abl=(fn f(x+h)-fn f(x-h))/(2*h)
30 print" f'(";x;") =";abl
```

h	tan'(1)
0,1	3,5230072
0,01	3,42646413
0,001	3,42552853
0,0001	3,42551444
0,00001	3,42554413
0,000001	3,42528801
0,0000001	3,425
0,00000001	3,3993274
0,000000001	3,25962901
0,0000000001	0

Zum Vergleich:

$$\tan'(1) = \frac{1}{\cos^2(1)} \approx 3{,}425518821$$

Zweckmäßig wählt man $h = 10^{-3}$ oder $h = 10^{-4}$, was auch von dem folgenden Funktionsbeispiel bestätigt wird:

$$f(x) = x^7 \cdot \sqrt[12]{2^x} \cdot \sin^2 x$$

deren Ableitung an der Stelle 2 rund 313,9061836 beträgt, wie man über den Ableitungsterm

$$f'(x) = x^7 \cdot \sqrt[12]{2^x} \cdot \sin^2 x \cdot \left(\frac{7}{x} + \frac{2^x \cdot \ln 2}{12 \cdot 2^x} + 2 \cdot \cot x\right)$$

errechnen kann; bei $h = 10^{-4}$ ergibt sich mit 313,906213 der beste Näherungswert. In etwas abgewandelter Form spielt die numerische Differentiation auch bei Iterationsverfahren eine Rolle, s. 7.4.2

7.3 Lokale Extrema

a) Problemstellung

Ein Stromversorgungsgerät hat unbelastet eine Spannung von 230 V und besitzt einen Innenwiderstand von 8 Ω.

Frage: Welchen Widerstand muß ein angeschlossenes Gerät aufweisen, wenn die aufzunehmende Leistung maximal werden soll („Leistungsanpassung")?

Lösung: Die Stromstärke I ergibt sich als Quotient von Urspannung U_0 und Summe von Innen- und Außenwiderstand R_i und R_a; maßgebend für die aufgenommene Leistung ist die sogenannte Klemmenspannung, die durch das Produkt $I \cdot R_a$ ausgedrückt werden kann. Somit erhält man durch

$$P = U_{K\ell} \cdot I = I^2 \cdot R_a = \frac{U_0^2}{(R_i + R_a)^2} \cdot R_a$$

die Leistung als Funktion des gesuchten Widerstands R_a.

Die Funktion mit

$$f(x) = \frac{230^2}{(8+x)^2} x$$

wird offenbar für kleine x wegen des zweiten Faktors und für große x wegen des (quadratischen!) Nenners geringe Werte annehmen, so daß man mit Recht dazwischen eine Belegung von x mit zugehörigem maximalen f(x) erwarten darf.

Diese Zahl x_0 soll nun vom Computer nach einem einfachen Suchverfahren bestimmt werden:

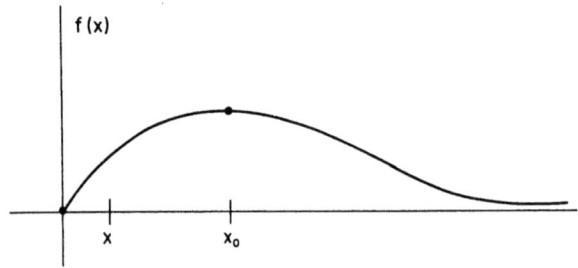

b) **Allgemeiner Ablaufplan**

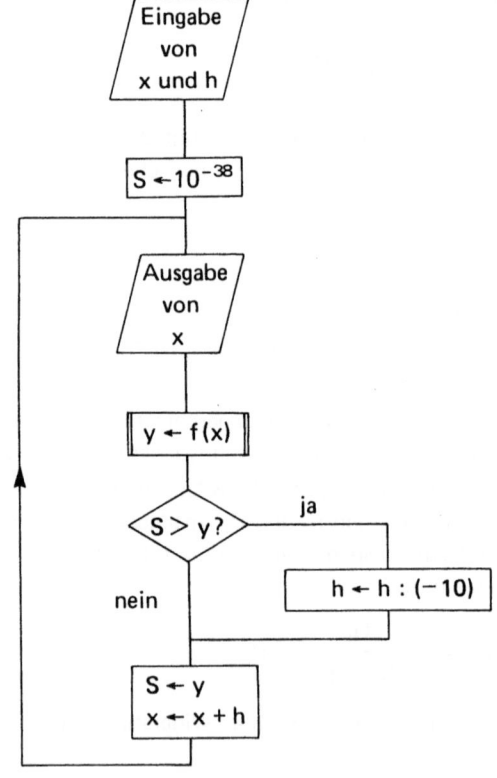

7.3 Lokale Extrema

Erläuterungen zum Flußdiagramm:
Der Ablauf setzt die Situation voraus, die soeben skizziert wurde, außerdem muß der Startwert x links vom Maximum liegen. Die Schrittweite h sollte nicht zu klein gewählt werden, damit man schnell über x_0 hinauskommt; anschließend wird erstmals der Ja-Fall ausgeführt, d.h. die Schrittweite wird auf den zehnten Teil verringert und durch den Vorzeichenwechsel werden die x-Werte wieder kleiner. Dadurch werden die Funktionswerte wieder größer, bis x_0 nach links unterschritten wird und die Abfrage abermals über die Ja-Weiche verlassen wird, so daß anschließend mit 1/100 der ursprünglich angesetzten Schrittweite alles wieder nach rechts fortschreitet usw.

c) BASIC-Übersetzung

```
10 REM ***        LOKALE EXTREMA          ***
11 :
15 REM ***        VORBEREITUNGEN          ***
20 DEFFN F(X)=230^2/(8+X)^2*X
25 INPUT"▓ +-,X,H";A$,X,H
30 Z=1000:D=1E-4:S=-1E38:VZ=1:IF A$="-" THEN VZ=-1
31 :
35 REM ***           ITERATION            ***
40 Y=VZ*FN F(X)
45 IF Y<=S THEN H=-H/10
50 IF ABS(H)>=D THEN X=X+H:S=Y:GOTO 40
51 :
55 REM ***           ENDAUSGABE           ***
60 W=X:GOSUB 70:PRINT"▓    X0  = ";W:W=Y:IF A$="-" THEN W=-Y
65 GOSUB 70:PRINT" F(X0) = ";W:END
66 :
70 REM ***             RUNDEN             ***
75 W=W*Z:IF W-INT(W)>=.5THEN W=INT(W)+1
80 W=INT(W)/Z:RETURN
```

Anmerkungen:
Lokale Minima sind mit einbezogen, indem ggf. der Funktionsterm mit ‚−1' multipliziert wird. (Spiegelung des Graphen an der X-Achse!) Bei der Eingabe signalisiert man ein Maximum (Minimum) durch + (−). Der Speicher *D* steuert den Schleifenausstieg und bewirkt zusammen mit *Z* eine sinnvolle Rundung der Endausgabe. (Es bringt i.d. Regel nichts, *D* mit einer kleineren Zahl zu belegen, weil sich bei weiterer Verkleinerung von H benachbarte Funktionswerte nicht mehr unterscheiden!)

d) Testbeispiele

1. Der optimale Widerstand beträgt 8 Ω, man kann so empirisch die Gesetzmäßigkeit $R_i = R_a$ herausfinden!

2. Noch ein physikalisches Problem:
   Auf einer Bundesstraße hat sich vor einem verengten Fahrstreifen ein größerer Stau gebildet.
   Frage: Mit welcher Geschwindigkeit sollte die Kolonne den Fahrstreifen durchfahren, damit sich die Stauung möglichst schnell wieder auflöst?

Man kann nicht einfach antworten: „Mit möglichst großer Geschwindigkeit", weil in der Kolonne ein geschwindigkeitsabhängiger Sicherheitsabstand eingehalten werden muß!
Ein möglicher Ansatz ergibt sich aus folgenden Überlegungen:
Der Stau löst sich um so schneller auf, je schneller der Durchfluß im Engpaß ist, d. h. je größer die Anzahl der Autos ist, die diesen an einer bestimmten Stelle P in der Zeiteinheit passiert.

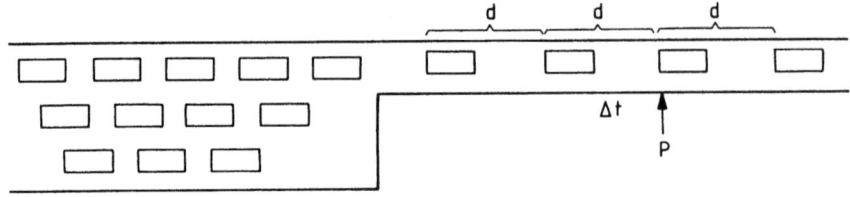

Anders ausgedrückt: Die Zeit Δt, mit der zwei Autos bei P einander folgen, muß minimal werden. Nun gilt

$$v = \frac{d}{\Delta t} \quad \text{bzw.} \quad \Delta t = \frac{d}{v}$$

wenn v die Geschwindigkeit der Kolonne und d der Abstand zwischen den Autos ist. Letzterer ist gleich dem Bremsweg $s = \frac{v^2}{2a} + v \cdot t$ (t ← „Schrecksekunde"), zuzüglich einer Strecke von etwa 8 m, denn auch bei einem vorübergehenden Stillstand (v = 0) müssen die Wagen ja einen Abstand voneinander haben (Eigenlänge berücksichtigen, vgl. Skizze). Wir erhalten somit

$$d = \frac{1}{2a}v^2 + vt + 8 \quad \text{und} \quad t = \frac{1}{2a}v + t + \frac{8}{v}$$

Wir unterstellen eine Verzögerung von a = 6 ms^{-2} und eine „Schreckzeit" von t = 1 s und erhalten eine Funktion mit

$$f(x) = \frac{1}{12} x + \frac{8}{x} + 1$$

deren Werte für große x wegen des ersten Summanden und für kleine x wegen des zweiten Summanden hoch werden, so daß man dazwischen ein lokales Minimum vermuten darf.

Mit den Startwerten x = h = 1 erscheint in der Anzeige 9.798.

Aus der Differentialrechnung ergibt sich $\sqrt{96} \approx 9{,}797959$ oder 35,3 km/Std.

3. Eine klassische Extremwertaufgabe:
Die beiden Punkte A und B mögen von einer Geraden die Abstände c und d haben und dadurch eine Strecke s auf der Geraden auszeichnen. Man soll nun jenen Punkt P der Geraden bestimmen, der den Streckenzug APB = a + b minimal werden läßt.

7.4 Näherungsweise Bestimmung von Nullstellen

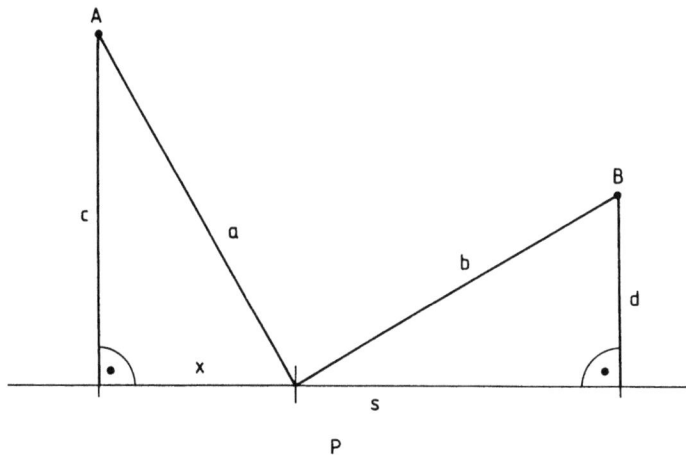

Unsere Lösung, demonstriert am Beispiel $c = 2, d = 3, s = 8$:

$f(x) = a + b = \sqrt{c^2 + x^2} + \sqrt{(s-x)^2 + d^2}$

$f(x) = \sqrt{4 + x^2} + \sqrt{(8-x)^2 + 9}$

Es ergibt sich 3,2. (Man vergleiche den beschwerlichen Weg in der Analysis, aber auch die einfache geometrische Lösung (Spiegelprinzip).)

4. Ein kaufmännisches Problem:

Von einer Zahnpasta werden bei einem Preis von 1,20 DM pro Stück 20 000 Stück im Monat verkauft. Marktforscher haben für den Hersteller herausgefunden, daß eine Preissenkung von 5, 10, 15 Pf. ... pro Stück den Umsatz um 1200, 2400, 3600 Stück usw. erhöhen würde.

Um wieviel Stufen zu je 5 Pf. soll man den Preis erniedrigen, wenn der Erlös maximal werden soll?

Man programmiert in Zeile 150 die Funktion mit

$f(x) = (1,2 - x \cdot 0,05) \cdot (20\,000 + x \cdot 1200)$

und erhält $x = 3,67$ (gerundet) zum Ergebnis; demnach sollte man auf 1,05 DM oder 1 DM ermäßigen.

7.4 Näherungsweise Bestimmung von Nullstellen

7.4.1 Newtonverfahren

a) Problemstellung

Gegenstand des Verfahrens ist die Lösung einer Gleichung des Typs $f(x) = 0$.

Die Tangente durch P_0 an den Graphen von f schneidet die Abzisse in x_1; die Tangente durch P_1 an die Kurve schneidet die x-Achse in x_2 usw.; im skizzierten Fall nähert sich die Folge $x_0, x_1, x_2, \ldots$ der Nullstelle ξ von f. Andererseits besteht der Zusammenhang

$f'(x_0) = \dfrac{f(x_0)}{x_0 - x_1}$; $f'(x_1) = \dfrac{f(x_1)}{x_1 - x_2}$

usw.; allgemein

$$f'(x_n) = \frac{f(x_n)}{x_n - x_{n+1}}$$

oder

$$x_{n+1} = x_n - \frac{f(x_n)}{f'(x_n)}; \; n = 0, 1, 2, \ldots$$

(siehe Anhang).

Wie schon aus der Skizze hervorgeht, konvergiert das Newtonverfahren schneller als das allgemeine Iterationsverfahren, vgl. 6.2, dafür benötigt man aber die Ableitung an den Stellen x_n, $n = 0, 1, 2, \ldots$

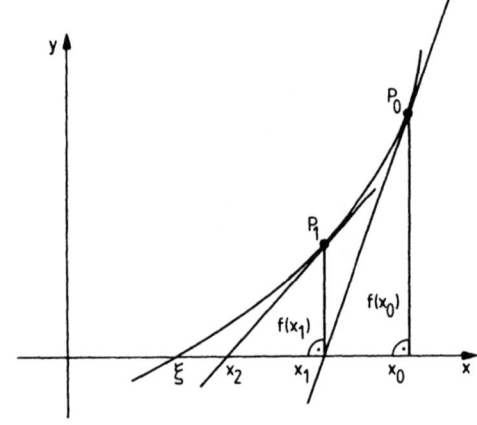

b) Allgemeiner Ablaufplan

Anfang des Programms

Eingabe des Startwertes x und der Genauigkeit d
k ← 0 (Zähler)
Wiederhole ⎡ k ← k + 1
              ⎢ s ← x
              ⎢ f(x) und f'(x) im U.P. berechnen
              ⎢ x ← x − $\frac{f(x)}{f'(x)}$
              ⎣
              bis |x − s| < d

Ausgabe von k und x
Ende des Programms

c) BASIC-Übersetzung

```
10 REM ***       NEWTONVERFAHREN       ***
11 :
15 DEFFN  F(X)=X*X+2*X-COS(X)
20 DEFFN F1(X)=2*X+2  +SIN(X)
21 :
25 INPUT"[] STARTWERT X0      ";X
30 INPUT" DEZIMALEN (BIS 7)";N:Z=INT(10^N+.1):D=.11/Z:K=0
31 :
35 K=K+1:S=X
40 X=X-FNF(X)/FNF1(X)
45 IF ABS(X-S)>=D THEN 35
46 :
50 X=X*Z:IF X-INT(X)>=.5THEN X=INT(X)+1
55 X=INT(X)/Z:H$=STR$(K)
60 PRINT"[] X"MID$(H$,2,LEN(H$)-1)"  ="X
```

7.4 Näherungsweise Bestimmung von Nullstellen

Anmerkung:
Zur Anpassung der Ausgabe an die vorzugebende Genauigkeit vgl. 1.2.4 und zur Ausgabe selbst 6.2.

d) Testbeispiele (N = 7)

1. $x^2 + 2x - \cos x = 0$; $x_0 = 0$; $x_5 = 0{,}3877221$
2. $x^2 - \ln x - 3 = 0$; $x_0 = 1$; $x_6 = 1{,}9096976$
   $x_0 = 0{,}1$; $x_6 = 0{,}0499112$
3. $x^4 + 2x^3 - 23x^2 + 2x + 1 = 0$; $x_0 = 1$; $x_7 = 0{,}2605184$
4. $x - \sin x - 7/6\,\pi = 0$; $x_0 = \pi$; $x_4 = 3{,}4049082$

7.4.2 Sekantenverfahren (regula falsi)

a) Problemstellung

Grundgedanke des Verfahrens: Anstelle der Ableitung im Newtonverfahren nimmt man einen Differenzenquotienten; das bedeutet zwei Startwerte x_1, x_2 und den Austausch von vier Speicherinhalten, wenn man innerhalb der Schleife nur einen Funktionswert neu berechnen will.

b) Allgemeiner Ablaufplan

Anfang des Programms
Eingabe x_1, x_2, d (Genauigkeit)
$k \leftarrow 0$; $f(x_1)$ und $f(x_2)$ im *Unterprogramm (U.P.)* berechnen und nach y_1 und y_2 abspeichern

Wiederhole $\left[\begin{array}{l} k \leftarrow k + 1 \\ x_3 \leftarrow x_2 - \dfrac{x_2 - x_1}{y_2 - y_1} \cdot y_2 \\ f(x_3) \text{ im } U.P. \text{ berechnen und nach } y_3 \text{ abspeichern} \\ x_1 \leftarrow x_2;\ x_2 \leftarrow x_3;\ y_1 \leftarrow y_2;\ y_2 \leftarrow y_3 \end{array}\right.$
  bis $|x_2 - x_1| < d$

Ausgabe $k; x_3$
Ende des Programms

Anmerkung:
Beim 2. Durchgang übernehmen x_2 und x_3 die Rolle von x_1 und x_2; entsprechendes wiederholt sich in den folgenden Durchgängen; im Nenner kommt es gelegentlich zur Auslöschung der signifikanten Stellen (sog. Subtraktionskatastrophe).

c) BASIC-Übersetzung

```
10 REM ***        SEKANTENVERFAHREN    ***
11 :
15 DEFFN F(X)=X*X+2*X-COS(X)
16 :
20 INPUT"◼ STARTWERTE X1,X2 ";X1,X2
25 INPUT" DEZIMALEN (BIS 7)";N:Z=INT(10^N+.1):D=.11/Z:K=0
26 :
30 Y1=FN F(X1):Y2=FN F(X2)
35 K=K+1
40 X3=X2-(X2-X1)/(Y2-Y1)*Y2
45 Y3=FN F(X3)
50 X1=X2:X2=X3:Y1=Y2:Y2=Y3
55 IF ABS(X2-X1)>=D THEN 30            :
56 :
60 X=X3:X=X*Z:IF X-INT(X)>=.5 THEN X=INT(X)+1
65 X=INT(X)/Z:H$=STR$(K)
70 PRINT"◼ X"MID$(H$,2,LEN(H$)-1)" ="X
```

d) Testbeispiele (wie 7.4.1, N = 7)

Beispiel	x_1	x_2	k
1	0	1	6
2	1	2	5
2	0,01	0,1	8
3	0	1	11
4	3	4	5

7.5 Kurvendiskussionen

a) Mathematischer Hintergrund

In den Analysiskursen der Gymnasien werden die Kriterien der Kurvendiskussion üblicherweise an ganzrationalen Funktionen dritten und vierten Grades erarbeitet.
Das folgende Programm ist darauf abgestellt und ermittelt nach Eingabe der Koeffizienten automatisch

- sämtliche Nullstellen der Funktion
- die ersten beiden Ableitungen
- die Koordinaten von Hoch-, Tief- und Wendepunkten
- Intervalle gleichen Monotonie- und Krümmungsverhaltens
- das bestimmte Integral nach Eingabe der Grenzen a und b

Hier die Strategie für den Fall

$$f(x) = a_0 x^4 + a_1 x^3 + a_2 x^2 + a_3 x + a_4$$

mit den beiden Ableitungen

$$f'(x) = 4a_0 x^3 + 3a_1 x^2 + 2a_2 x + a_3$$

$$f''(x) = 12a_0 x^2 + 6a_1 x + 2a_2$$

Voraussetzung: $a_0 > 0$ (sonst Übergang zu $-f$)

7.5 Kurvendiskussionen

Zunächst ermitteln wir eine Nullstelle x_1 der 1. Ableitung (als Funktion 3. Grades hat f' mindestens eine!) mit der Methode der fortgesetzten Halbierung, vgl. 6.1.2. Dann dividieren wir den Funktionsterm von f' durch $x - x_1$ und erhalten einen quadratischen Rest, dessen zugehörige Gleichung normiert und nach der p, q-Formel gelöst wird und ggf. für f' zwei weitere Nullstellen x_2 und x_3 liefert.

Wir errechnen die zugehörigen Funktionswerte $f(x_i)$, $i \in \{1, 2, 3\}$ und haben drei Fälle zu berücksichtigen:

I Alle $f(x_i)$ sind größer Null.

Dies bedeutet, daß alle Tiefpunkte von f oberhalb der x-Achse liegen und somit f keine Nullstellen hat.

II Es gibt ein x_i mit $f(x_i) < 0$.

Nun bestimmen wir, wieder durch fortgesetztes Halbieren, zwei Nullstellen n_1 und n_2 über $[x_i, +\infty]$ und $[-\infty, x_i]$. Nach Division von f durch $(n - n_1)(n - n_2)$ ergibt sich wieder ein quadratischer Rest, der wie oben behandelt bis zu zwei weitere Nullstellen von f bringen kann.

III Es gibt x_i mit $f(x_i) = 0$.

Wir müssen lediglich dafür sorgen, daß diese x_i als Nullstellen konserviert und später mit angezeigt werden.

Anschließend werten wir die x_i zur Bestimmung der Extremwerte aus, indem wir zu jedem einzelnen x_i prüfen, ob f' beim Durchgang durch x_i das Vorzeichen wechselt. Ähnlich finden wir Wendepunkte durch Nullsetzen von f" und Prüfung auf Vorzeichenwechsel.

Aus den Nullstellen von f' und f" lassen sich dann Monotonie- und Krümmungsintervalle von f ablesen (f' > 0 (< 0) bedeutet monotones Steigen (Fallen) von f; f" > 0 (< 0) Links-(rechts)krümmung von f).

Zur Integration verwenden wir 8.1 als Unterprogramm.

Die Behandlung der Funktionen dritten Grades verläuft einfacher (auch hier wollen wir $a_0 > 0$ voraussetzen). Die bis zu drei Nullstellen von f erhalten wir nach dem eingangs für f' geschilderten Verfahren, die Extrema über die Auswertung eines quadratischen Terms und die Koordinaten des — stets existierenden — Wendepunkts aus einer linearen Gleichung.

b) BASIC-Programm

```
10 rem ***      kurvendiskussion      ***
12 :
14 deffn f(x)=a(0)*x*x*x*x+a(1)*x*x*x+a(2)*x*x+a(3)*x+a(4)
16 deffn f1(x)=a(0)*4*x*x*x+a(1)*3*x*x+a(2)*2*x+a(3)
18 deffn f2(x)=a(0)*12*x*x+a(1)*6*x+a(2)*2+a(3)
20 deffn g(x)=a(0)*x*x*x+a(1)*x*x+a(2)*x+a(3)
22 deffn g1(x)=a(0)*3*x*x+a(1)*2*x+a(2)
24 deffn g2(x)=a(0)*6*x+a(1)*2
26 n=1000:lz$="                              "
28 :
30 goto 500:rem >>> menue
32 :
```

```
34 rem ****       einzelbausteine        ****
36 :
38 rem ***   up nullstellen 3.grades ***
40 deffnh(x)=a*x*x*x+b*x*x+c*x+d
42 :
44 rem **     fortgesetze halbierung     **
46 l=-1:r=1
48 for i=0 to n:x(i)=1e8:next i
50 l=10*l:r=10*r
52 if fnh(l)*fnh(r)>0 then 50
54 x=(l+r)/2:if fnh(x)>0 then r=x:goto 58
56 l=x
58 if r-l>=1e-8 then 54
60 x=(l+r)/2:gosub 474:x(1)=x
62 :
64 rem **        polynomdivision         **
66 b=b+a*x:c=c+b*x
68 :
70 rem ** loesung d.quadrat.gleich. **
72 p=-.5*b/a:x=p:gosub 474:p=x:q=p*p-c/a:x=q:gosub 474:q=x
74 if q<0 then 84
76 if q=0 then 82
78 q=sqr(q):x(2)=p+q:x=x(2):gosub 474:x(2)=x
80 x(3)=p-q:x=x(3):gosub 474:x(3)=x:goto 84
82 x(2)=p:x=x(2):gosub 474:x(2)=x
84 return
86 :
88 rem ***    koeffizienteneingabe    ***
90 input"█ n=";n:print:if n<>4 and n<>3 then print"█████":goto 90
92 for i=0 to n
94 print" "+chr$(65+i)+"=";:input a(i)
96 n(i)=1e8
98 next i
100 return
102 :
104 rem ***     nullstellen von f     ***
106 if n=4 then 126
108 :
110 a=a(0):b=a(1):c=a(2):d=a(3):gosub40
112 gosub 460:print" Nullstellen:█"
114 for i=1 to 3
116 if x(i)<1e8 then x=x(i):gosub 440:print" x =";x:print
118 next i
120 return
122 :
124 rem **     nullstellen von f'     **
126 a=4*a(0):b=3*a(1):c=2*a(2):d=a(3)
128 gosub 40:j=1
130 z=x(1):fz=fnf(z):if fz<-1e-8then152
132 if abs(fz)<=1e-8 then n(j)=z:j=j+1
134 if x(2)=1e8 then 140
136 z=x(2):fz=fnf(z):if fz<-1e-8then152
138 if abs(fz)<=1e-8 then n(j)=z:j=j+1
140 if x(3)=1e8 then 208
142 z=x(3):fz=fnf(z):if fz<-1e-8 then n(j)=z:j=j+1:goto 152
144 if abs(fz)<=1e-8then n(j)=z
146 goto 208
148 :
```

7.5 Kurvendiskussionen

```
150 rem **    1.nst.:fortg.halbieren    **
152 l=z-1:r=z
154 if fnf(l)*fnf(r)>0 then l=l-5:goto 154
156 x=(l+r)/2:if fnf(x)<0 then r=x:goto 160
158 l=x
160 if r-l>=1e-8 then 156
162 x=(l+r)/2:n(j)=x:j=j+1
164 :
166 rem **    2.nst.:fortg.halbieren    **
168 l=z:r=z+1
170 if fnf(l)*fnf(r)>0 then r=r+5:goto 170
172 x=(l+r)/2:if fnf(x)>0 then r=x:goto 176
174 l=x
176 if r-l>=1e-8 then 172
178 x=(l+r)/2:n(j)=x:j=j+1
180 :
182 rem **      polynomdivision         **
184 t=-(n(1)+n(2)):s=n(1)*n(2)
186 p=a(1)/a(0)-t:q=a(2)/a(0)-s-t*p
188 :
190 rem **    quadrat. gl. loesen       **
192 x=q:gosub 474:q=x
194 x=p:gosub 474:p=x
196 p=-p/2:q=p*p-q:x=q:gosub 474:q=x
198 if q<0 then 208
200 if q=0 then 204
202 q=sqr(q):n(j)=p+q:j=j+1:n(j)=p-q:goto 208
204 n(j)=p
206 :
208 print" Nullstellen:█":flag=0:gosub460
210 for i=1 to 4
212 if n(i)<1e8 then x=n(i):gosub 440:print" x = ";x:flag=1
214 print:next i
216 if flag=0 then print" Sind nicht vorhanden!"
218 return
220 :
222 rem ***     1.u.2. ableitung        ***
224 for i=0 to 3:b(i)=0:next i
226 for i=0 to n-1
228 b(i)=a(i)*(n-i):c(i)=b(i)*(n-1-i)
230 x=b(i):gosub 440:b(i)=x:x=c(i):gosub 440:c(i)=x
232 next i
234 print"█ f'(x) =";
236 for i=0 to n-1
238 if b(i)<>0thenprint b(i)"x ↑"n-1-i;
240 if len(str$(b(i+1)))> 31-pos(1) then print:print"              ";
242 if b(i+1)<>0 then print"+ ";
244 next i
246 print:print"█ f''(x)=";
248 for i=0 to n-2
250 if c(i)<>0thenprint c(i)"x ↑"n-2-i;
252 if len(str$(c(i+1)))> 31-pos(2) then print:print"              ";
254 if c(i+1)<>0 then print"+ ";
256 next i
258 return
260 :
262 rem ***         extremwerte         ***
```

```
264 if n=3 then ew=0:goto 286
266 :
268 for i=1 to 3
270 if x(i) >= 1e8 then 280
272 x=fnf(x(i)):gosub 440:y=x:x=x(i):gosub 440:x(i)=x
274 vl=fnf1(x-.5):vr=fnf1(x+.5):if vl*vr>0 then x(i)=1e8:goto 280
276 if vl>0 then print" Hochpunkt ("x"/"y")":goto 280
278 print" Tiefpunkt ("x"/"y")"
280 print:next i
282 goto 312
284 :
286 p=2*a(1)/a(0)/3:q=a(2)/a(0)/3:p=-p/2:q=p*p-q:x1=1e8:x2=1e8
288 x=q:gosub 474:q=x:if q<0 then gosub 298:goto 312
290 if q=0 then x=p:gosub 440:h=x:x1=x:gosub 302:goto 312
292 q=sqr(q):x=p-q:gosub 440:h=x:x1=x:gosub 302
294 x=p+q:gosub 440:h=x:x2=x:gosub 302:goto 312
296 rem **            up 1              **
298 print" Es gibt keine Extremwerte!":ew=1:return
300 rem **            up 2              **
302 x=fng2(x):gosub 440:vz=x:if vz=0 then gosub 298:goto 310
304 x=fng(h):gosub 440:y=x:x=h
306 if vz<0 then print" Hochpunkt ["x","y"]":goto 310
308 print" Tiefpunkt ["x","y"]"
310 return:rem >>> up 2
312 return
314 :
316 rem ***        wendepunkte         ***
318 if n=3 then 350
320 goto 336
322 :
324 rem **             up              **
326 x=fnf(x):gosub 440:y=x:x=h
328 vl=fnf2(x-.5):vr=fnf2(x+.5):bw=(vl*vr<0)
330 if bw=-1 then print" Wendepunkt ("x"/"y")■":wp=1
332 return:rem >>> up
334 :
336 p=.5*a(1)/a(0):q=a(2)/a(0)/6:wp=0
338 p=-p/2:q=p*p-q:x=q:gosub 440:q=x
340 if q<0 then 670
342 q=sqr(q):x=p-q:gosub 440:h=x:gosub 326:x1=x
344 x=p+q:gosub 440:h=x:gosub 326:x2=x
346 if wp=0 then print" Keine Wendepunkte vorhanden!"
348 goto 354
349 :
350 x=-2*a(1)/a(0)/6:gosub 440:x3=x:x=fng(x):gosub 440:y=x
352 print"■ Wendepunkt: ["x3","y"]"
354 return
356 :
358 rem ***    kruemmung/monotonie    ***
360 if n=3 then 396
362 :
364 if wp=0 then print" Linkskruemmung ueber ganz R!":goto 372
366 print"■ [-oo,"x1"]"tab(24)"Linkskruemmung"
368 print" ["x1","x2"]"tab(24)"Rechtskruemmung"
370 print" ["x2",+oo]"tab(24)"Linkskruemmung"
372 rem **      monotonie beim grad 4     **
374 flag=0
```

7.5 Kurvendiskussionen

```
376 if x(2)<x(1) then h=x(1):x(1)=x(2):x(2)=h:if flag=1 then 380
378 if x(3)<x(2) then h=x(2):x(2)=x(3):x(3)=h:flag=1:goto 376
380 print" f faellt in [-oo,"x(1)"]"
382 if x(2)>=1e8 then print" f steigt in ["x(1)",+oo]":goto 412
384 print" f steigt in ["x(1)","x(2)"]"
386 print" f faellt in ["x(2)","x(3)"]"
388 print" f steigt in ["x(3)",+oo]"
390 goto 412
392 :
394 rem **    kruemmung beim grad 3   **
396 print" f ist bis"x3"rechtsgekruemmt, dann"
398 print" linksgekruemmt."
400 :
402 rem **    monotonie beim grad 3   **
404 if ew=1 then print" f ist monoton steigend!":goto 412
406 print" f faellt monoton im Intervall"
408 print" I = ["x1","x2"]"
410 print" Ausserhalb von I steigt f monoton"
412 return
414 :
416 rem ***       integrationen       ***
418 input" a,b";a,b:print
420 x=b:gosub 426:fb=s:x=a:gosub 426:fa=s
422 x=fb-fa:gosub 440
424 print" Das Integral von a ="a"bis b ="b:print" hat den Wert
    ";x:return
426 s=0
428 for i=n to 0 step -1
430 s=s+a(n-i)*x↑(i+1)/(i+1)
432 next i
434 return
436 :
438 rem ***   runden der ausgabe    ***
440 x=x*rz:if x-int(x)>=.5 then x=int(x)+1
442 x=int(x)/rz
444 return
446 :
448 rem *** ausgabeformat aendern   ***
450 print" Zahl der Dezimalen <=5 ?";
452 gosub 494:m=val(aw$):if m>5 then452
454 print m:rz=int(10↑m+.1)
456 return
458 rem ***    eindeutige ausgabe    ***
460 for i=1 to n:for k=i+1 to n
462 if x(k)=x(i) then x(k)=1e8
464 if n(k)=n(i) then n(k)=1e8
466 next k:next i
468 return
470 :
472 rem ***      null absichern       ***
474 if abs(x)<1e-6 then x=0
476 return
478 :
480 rem *** unteren schirm loeschen ***
482 poke 214,13:poke 211,0:sys 58640
484 for i=1 to 9:print lz$:next i
486 poke 214,13:poke 211,0:sys 58640
```

```
488 return
490 :
492 rem ***         warteschleife       ***
494 get aw$:if aw$="" then 494
496 return
498 :
500 rem ***            menue            ***
502 print"▮▮"
504 print"    Bitte waehlen Sie aus:▮"
506 print" 1) Koeffizienten eingeben"
508 print" 2) Nullstellen"
510 print" 3) Ableitungen"
512 print" 4) Hoch- und Tiefpunkte"
514 print" 5) Wendepunkte"
516 print" 6) Monotonie und Kruemmung"
518 print" 7) Integrationen"
520 print" 8) Ausgabeformat aendern"
522 print" 9) Ende▮"
524 :
526 gosub 494:gosub 482:f=val(aw$):pw=55377+f*40:poke pw,0
528 if f<1 or f>9 then 502
530 :
532 on f gosub 90,106,224,264,318,360,418,450,538
534 :
536 poke pw,1:goto 526
538 print"▮":end
```

Erläuterungen:
Zur bequemen Berechnung einzelner Funktionswerte definieren wir f, f', f" (n = 4) und g, g', g" (n = 3).

Da zweimal eine Gleichung dritten Grades gelöst werden muß, wird der entsprechende Programmteil als Unterprogramm ausgelegt (Z.38—84).

Die häufigen Nullabfragen werden durch ein kleines UP (Z. 472) gegen Abbruch- und Rundungsfehler abgesichert. Weitere Maßnahmen finden in Z.130, 132, u.a.

Ob f' eine, zwei oder drei Nullstellen besitzt, erkennt der Rechner an den 10^8-Belegungen des Feldspeichers x(i), vgl. Z.48, 270, 274, 286. Analog werden die bis zu vier Nullstellen von f im Feld n(i) verwaltet.

Die einzelnen Punkte des Menues sind nicht alle unabhängig voneinander abrufbar, insbesondere muß *4* nach *2* und *6* nach *4* und *5* aufgerufen werden!

Speicher *pw* in Z.526, 536 informiert uns durch Schwarzfärbung der ansonsten weißen Ziffern, wo der Rechner gerade arbeitet.

7.5 Kurvendiskussionen

c) Testbeispiele

Wir bringen zwei Hardcopyverschnitte des Bildschrims.

```
n=? 3

a=? .33333333      Nullstellen:        Hochpunkt (-1.732 , 8.464 )
b=? 0                                  Tiefpunkt ( 1.732 ; 1.536 )
c=? -3             x =-3.625
d=? 5
                                       Wendepunkt: ( 0 , 5 )


                   f ist bis 0 rechtsgekruemmt, dann
                   linksgekruemmt
                   f faellt monoton im Intervall
                   I = [-1.732 , 1.732 ]
                   Ausserhalb von I steigt f monoton




n=? 4              Nullstellen:        Tiefpunkt ( 7.5 /-4.219 )

a=? 0.02           x = 5               Hochpunkt ( 3 / 2.16 )
b=? -0.28
c=? 0.9            x = 9               Tiefpunkt ( 0 / 0 )
d=? 0
e=? 0              x = 0
                                       Wendepunkt ( 1.321 / .986 )

                                       Wendepunkt ( 5.679 /-1.454 )




                   [-oo, 1.321 ]           Linkskruemmung
                   [ 1.321 , 5.679 ]       Rechtskruemmung
                   [ 5.679 ,+oo]           Linkskruemmung

                   f faellt in [-oo, 0 ]
                   f steigt in [ 0 , 3 ]
                   f faellt in [ 3 , 7.5 ]
                   f steigt in [ 7.5 ,+oo]


                   a,b? 0,5

                   Das Integral von a = 0 bis b = 5

                   hat den Wert   6.25
```

Zur weiteren Information noch zwei Hardcopies der zugehörigen Funktionsgraphen. Sie wurden mit dem Funktionenplotter aus Kap. 3.7, Bd. 1 erstellt. (Der interessierte Leser kann auch den Graphikblock des Messreihenprogramms in das vorliegende Programm einbinden, was jedoch einigen Aufwand an Speicherumbenennungen erfordert).

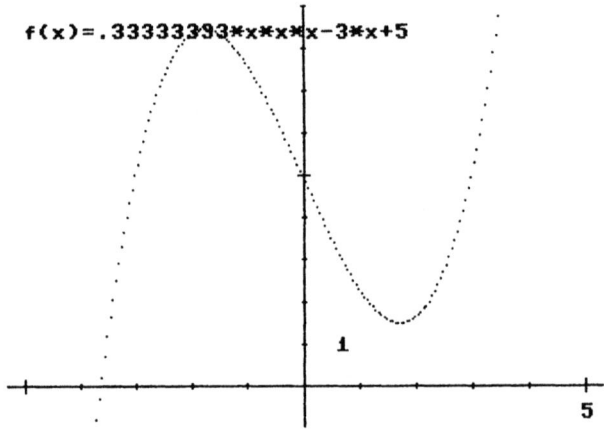

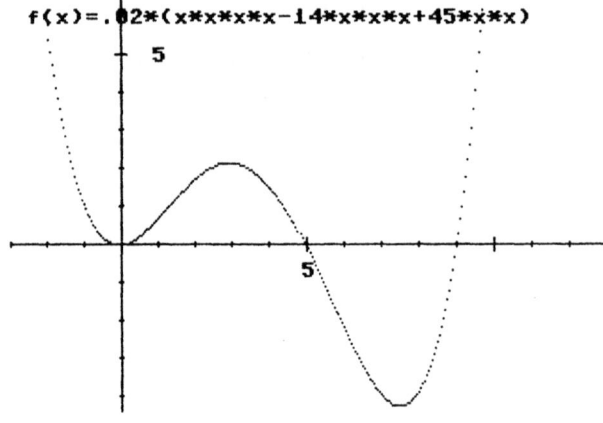

8 Integralrechnung und Differentialgleichungen

8.1 Integration ganzrationaler Funktionen

a) Mathematischer Hintergrund

Eine ganzrationale Funktion kann man in der Form

$$f(x) = a_n \cdot x^n + a_{n-1} \cdot x^{n-1} + a_{n-2} \cdot x^{n-2} + \ldots + a_1 x + a_0$$

darstellen, wobei $n \in N$ den *Grad* und die $a_i \in R$ mit $i = 0, 1, 2, \ldots, n$ die *Konstanten* der Funktion ausmachen. Das bestimmte Integral zu f innerhalb der Grenzen a und b lautet

$$\int_a^b f(x)\, dx = F(b) - F(a) = \left[a_n \cdot \frac{x^{n+1}}{n+1} + a_{n-1} \cdot \frac{x^n}{n} + a_{n-2} \cdot \frac{x^{n-1}}{n-1} + \ldots + a_1 \cdot \frac{x^2}{2} + a_0 \cdot x \right]_a^b$$

$$= \left(a_n \cdot \frac{b^{n+1}}{n+1} + a_{n-1} \cdot \frac{b^n}{n} + a_{n-2} \cdot \frac{b^{n-1}}{n-1} + \ldots + a_1 \cdot \frac{b^2}{2} + a_0 \cdot b \right)$$

$$- \left(a_n \cdot \frac{a^{n+1}}{n+1} + a_{n-1} \cdot \frac{a^n}{n} + a_{n-2} \cdot \frac{a^{n-1}}{n-1} + \ldots + a_1 \cdot \frac{a^2}{2} + a_0 \cdot a \right)$$

b) Allgemeiner Ablaufplan

Eingabe des Grades *n*; Initialisierung eines Feldspeichers *a* der Dimension n + 1	
Wiederhole *von* i = n	*Eingabe* von a_i
	bis hinunter auf i = 0
Eingabe der Grenzen a und b	
$x \leftarrow b$; *Aufruf* des *U.P*; $F_b \leftarrow S$ $x \leftarrow a$; *Aufruf* des *U.P.*; $F_a \leftarrow S$ *Ausgabe* von $F_b - F_a$	

Anfang des U.P.; $S \leftarrow 0$	
Wiederhole *von* i = n	$S \leftarrow S + a_i \cdot \dfrac{x^{i+1}}{i+1}$
	bis hinunter auf i = 0
Ende des U.P.	

c) BASIC-Version

```
10 REM ***     INTEGRATION GANZ-RAT.FKT.  ***
11 :
15 REM ***              EINGABE            ***
20 PRINT"🗌 GRAD DER FUNKTION ?";
25 GOSUB 97:N=VAL(AW$):PRINT N:PRINT
30 FOR I=N TO 0 STEP -1
35 H$="A"+MID$(STR$(I),2,1)+" "
40 PRINT TAB(16)H$;:INPUT A(I)
45 NEXT I
50 INPUT"🗌 GRENZEN       A,B ";A,B
51 :
55 REM ***           VERARBEITUNG          ***
60 X=B:GOSUB 80:FB=S:X=A:GOSUB 80:FA=S
61 :
65 REM ***              AUSGABE            ***
70 PRINT"🗌 INTEGRAL:"FB-FA:GOSUB 97:GOTO 20
71 :
75 REM ***        EINZELINTEGRATIONEN      ***
80 S=0
85 FOR I=N TO 0 STEP -1
90 S=S+A(I)*X^(I+1)/(I+1)
95 NEXT I
96 RETURN
97 REM ***           WARTESCHLEIFE         ***
98 GET AW$:IF AW$="" THEN 98
99 RETURN
```

Anmerkung: Z.35 bereitet die korrekte Anzeige der Konstantenspeicher a_i bei der Eingabe vor.

d) Testbeispiele

1) $\int_{0}^{1} x^2 \, dx = \frac{1}{3}$

2) $\int_{-2}^{2} (x^3 - 3x^2 + 2x + 1) \, dx = -12$

3) $\int_{-8,5}^{17,2} (8,07 \cdot x^8 - 325,9 \cdot x^5 + 13,2 \, x^4) \, dx \approx 11,9735 \cdot 10^{10}$

```
GRAD DER FUNKTION ? 2              GRAD DER FUNKTION ? 8
              A2 ? 1                              A8 ? 8.07
              A1 ? 0                              A7 ? 0
              A0 ? 0                              A6 ? 0
                                                  A5 ? 325.9
GRENZEN      A,B ? 0,1                            A4 ? 13.2
                                                  A3 ? 0
INTEGRAL: .333333333                              A2 ? 0
                                                  A1 ? 0
                                                  A0 ? 0
                                   GRENZEN      A,B ? -8.5,17.2
GRAD DER FUNKTION ? 3              INTEGRAL: 1.19734975E+11
              A3 ? 1
              A2 ? -3
              A1 ? 2
              A0 ? 1

GRENZEN      A,B ? -2,2

INTEGRAL :-12
```

8.2 Numerische Integration

8.2.1 Trapezverfahren

a) Mathematischer Hintergrund

Zur näherungsweisen Bestimmung der Fläche unter der Kurve von f zwischen a und b unterteilen wir das Intervall von a bis b in n gleiche Teile und verbinden die zugehörigen Kurvenpunkte durch Strecken miteinander. Auf diese Weise entstehen n Trapeze der gleichen Höhe

$$h = \frac{b-a}{n}$$

Die Fläche eines einzelnen Trapezes ergibt sich nach der elementaren Formel als Produkt aus dem arithmetischen Mittel der begrenzenden Funktionswerte und der Höhe h.

Die Summe der Trapezflächen wird sich mit wachsendem n immer weniger von der gesuchten Flächenmaßzahl unterscheiden; ihre Berechnung bietet keine Schwierigkeiten:

$$S = \frac{f(x_0) + f(x_1)}{2} \cdot h + \frac{f(x_1) + f(x_2)}{2} \cdot h + \ldots + \frac{f(x_{n-1}) + f(x_n)}{2} \cdot h$$

$$= \frac{h}{2}[f(x_0) + 2f(x_1) + 2f(x_2) + \ldots + 2f(x_{n-1}) + f(x_n)]$$

$$= h \cdot \left[\frac{f(a) + f(b)}{2} + f(x_1) + f(x_2) + \ldots + f(x_{n-1})\right]$$

Die letzte Umformung geschah schon im Hinblick auf einen günstigen Ablaufplan.

b) Allgemeiner Ablaufplan

Eingabe von a, b, n

$h \leftarrow \frac{b-a}{n}$, $x \leftarrow a$,

f(a) und f(b) im U.P. berechnen; $S \leftarrow \frac{f(a) + f(b)}{2}$

Wiederhole $\begin{bmatrix} x \leftarrow x + h \\ f(x) \text{ im UP berechnen} \\ S \leftarrow S + f(x) \end{bmatrix}$
von k = 1

  bis k = n − 1

Ausgabe von S · h

Erläuterung zum Ablauf:

Die Berechnung des Funktionsterms geschieht in einem Unterprogramm, um die Vorschrift f leichter wechseln zu können; außerdem benötigt man Funktionswerte an drei verschiedenen Stellen des Hauptprogramms. Man beachte, daß das U.P. innerhalb der zeitaufwenidgen Schleife nur einmal aufgerufen wird!

c) BASIC-Übersetzung

```
10 REM *** TRAPEZINTEGRATION ***
11 :
15 DEFFN F(X)=X*X
16 :
20 INPUT"⌂ A,B,N";A,B,N
25 H=(B-A)/N:X=A
30 S=(FNF(A)+FNF(B))/2
35 FOR K=1 TO N-1
40 X=X+H:S=S+FNF(X)
45 NEXT K
50 PRINT"▮ F =";S*H
```

d) Testbeispiele

1. $f(x) = x^2 \quad a = 0 \quad b = 1 \quad 0{,}33335$

   exakt: $\int_0^1 x^2 \, dx = \frac{1}{3}$

2. $f(x) = \frac{1}{x} \quad a = 1 \quad b = 2 \quad 0{,}693153435$

   exakt: $\int_1^2 \frac{1}{x} \, dx = \ln 2 \approx 0{,}6931471806$

3. $f(x) = 4\sqrt{1-x^2} \quad a = 0 \quad b = 1 \quad 3{,}140417032$ (nach 65)

   exakt: $4 \cdot \int_0^1 \sqrt{1-x^2} = \pi$

4. Es sei bekannt, daß die Erdanziehungskraft auf einen Körper der Masse m gemäß

   $$F(r) = \gamma \, m \, M \cdot \frac{1}{r^2}$$

   abnimmt, wobei $|\gamma| = 6{,}67 \cdot 10^{-11}$ und $M = 6 \cdot 10^{24}$ kg.

   Man berechne die Energie, die man benötigt, um einen Körper der Masse 1 t von der Erde zum Mond zu schaffen.

   Lösung:

   $$f(x) = 6{,}67 \cdot 10^{-11} \cdot 10^3 \cdot 6 \cdot 10^{24} \cdot \frac{1}{x^2}$$

   $a = 7{,}37 \cdot 10^6 \quad b = 3{,}456 \cdot 10^8 \quad n = 100$

   liefert rund $5{,}5 \cdot 10^{10}$ J

   exakt: $\int_a^b \gamma \, m \, M \cdot \frac{1}{x^2} \, dx = \gamma \, m \, M \left(\frac{1}{a} - \frac{1}{b} \right)$

   $= 6{,}67 \cdot 10^{-11} \cdot 10^3 \cdot 6 \cdot 10^{24} \left(\frac{1}{7{,}37 \cdot 10^6} - \frac{1}{3{,}456 \cdot 10^8} \right) \approx 5{,}3 \cdot 10^{10}$ J

8.2.2 Simpsonverfahren

a) Mathematischer Hintergrund

Beim Simpsonverfahren werden die Punkte $(x_1; f(x_1))$ und $(x_2; f(x_2))$ z. B. nicht durch eine Strecke verbunden wie beim Sehnentrapezverfahren, sondern durch jenen Parabelbogen, der durch die beiden o. a. Punkte und durch den dritten Punkt $(x_1 + h/2; f(x_1 + h/2))$ bestimmt ist; hierdurch werden im allgemeinen die Ungenauigkeiten bei gleichem n geringer, weil sich die Parabelstücke dem Kurvenverlauf besser anschmiegen können als die Strecken;

allerdings ist der Zeitaufwand fast doppelt so groß, weil innerhalb der Schleife durch die Hinzunahme des jeweils mittleren Punktes die Anzahl der zu berechnenden Funktionswerte etwa doppelt so groß geworden ist!

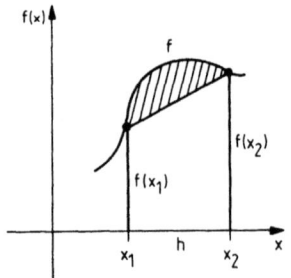
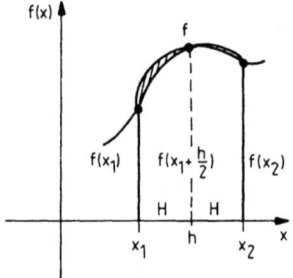

Wenn man die Zwischenwerte mit gebrochenen Indizes kennzeichnet, kann man das Simpsonverfahren wie folgt darstellen: ($a = x_0$, $b = x_n$)

$h/6 \cdot (f(a) + f(b) + 4f(x_{1/2}) + 2f(x_1) + 4f(x_{1\;1/2}) + 2f(x_2) + 4f(x_{2\;1/2}) + \ldots + 4f(x_{n-1/2}))$.

(Ausführliche Herleitung in der Analysisliteratur.)

b) Allgemeiner Ablaufplan

Anfang des Programms *Simpsonverfahren*

1. *Eingabe* von a, b und (geradem) n
2. H ← (b − a)/2n
   f(a) und f(b) im *U.P.* berechnen und s ← f(a) + f(b)
   x ← a + H; f(x) im *U.P.* berechnen und s ← s + 4 f(x)
3. *Wiederhole* ⎡x ← x + H; f(x) im *U.P.* berechnen⎤
   von I = 1   ⎢s ← s + 2 · f(x)   ⎥
                ⎢x ← x + H; f(x) im *U.P.* berechnen   ⎥
                ⎣s ← s + 4 · f(x)   ⎦
   bis I = N − 1
4. *Ausgabe* von sH/3

Ende des Programms *Simpsonverfahren*

8.2 Numerische Integration

c) BASIC-Übersetzung

```
10 REM *** SIMPSONINTEGRATION ***
11 :
15 DEFFN F(X)=X*X*X-3*X*X+2*X+1
16 :
20 INPUT"⌂ A,B,N";A,B,N
25 H=0.5*(B-A)/N:X=A
30 S=FNF(A)+FNF(B)
35 X=A+H:S=S+4*FN F(X)
36 :
40 FOR I=1 TO N-1
45 X=X+H:S=S+2*FN F(X)
50 X=X+H:S=S+4*FN F(X)
55 NEXT I
56 :
60 PRINT"▓ F =";S*H/3
```

d) Testbeispiele (n = 100)

1) $\int_{-2}^{2} (x^3 - 3x^2 + 2x + 1)\, dx$ gibt bei beliebigem n exakt -12. (Das Simpsonverfahren liefert bei jeder ganzrationalen Funktion dritten Grades den genauen Wert!)

2) $\int_{1}^{2} 1/x\, dx$ gibt 8 Dezimalen von ln 2: 0,693147185

3) $\int_{0}^{1} \frac{\sin x}{x}\, dx$ gibt 8 richtige Dezimalen: 0,94608307 [6]

4) $\int_{0}^{1} 1/\sqrt{2\pi} \cdot e^{-\frac{1}{2}x^2}\, dx$ gibt 0,341344747,

Wer ganz sicher gehen will, daß alle Dezimalen richtig sind, müßte die 4. Ableitung der Integrandenfunktion für das Intervall [0; 1] betragsmäßig nach oben abschätzen. Allgemein gilt nämlich für den Fehler ϵ bei der Simpsonintegration:

$$\epsilon \leqslant \frac{b-a}{2880} \cdot \left(\frac{b-a}{n}\right)^4 \cdot \left| f^{IV}_{\substack{max \\ \text{über a,b}}} \right|$$

---

[6] Wegen $\lim_{x \to 0} \frac{\sin x}{x} = 1$ wähle man als untere Grenze etwa 0,001 statt 0 und addiere später für die unberücksichtigte Fläche $0{,}001 \cdot 1 = 0{,}001$.
(Mit Hilfe der Reihe $1 - \frac{1}{3 \cdot 3!} + \frac{1}{5 \cdot 5!} - \frac{1}{7 \cdot 7!} + - \ldots$ erhält man den 10-stelligen Vergleichswert 0,9460830704)

8.3 Differentialgleichungen

a) Mathematischer Hintergrund

Wir beschränken uns auf explizite gewöhnliche Differentialgleichungen erster Ordnung
$$y' = f(x, y)$$
mit gegebenen Startwerten x_0, y_0. Es handelt sich hierbei um die Aufgabe, zu der über $[a, b] \times \mathbb{R}$ definierten reellwertigen Funktion f eine Funktion $y = g(x)$ zu finden mit
$$g'(x) = f(x, g(x))$$
für alle x aus $[a, b]$. Die „g" heißen „Lösungen der Differentialgleichung"; sie bilden eine Funktionenschar, aus der nach Vorgabe von $x_0, y_0 = g(x_0)$ eine bestimmte Funktion aussortiert wird. Mit Hilfe des folgenden Näherungsverfahrens bestimmen wir Wertepaare dieser Funktion:

Gegeben ist der Punkt P_0 mit den Koordinaten x_0 und y_0; gesucht ist P_1 mit x_1 und y_1. Wir setzen $x_1 = x_0 + h$ mit kleinem h und erhalten

$$\frac{y_1 - y_0}{h} \approx g'(x_0) = f(x_0, y_0) \quad \text{bzw.} \quad y_1 = y_0 + h \cdot f(x_0, y_0).$$

Im zweiten Schritt übernimmt $P_1(x_1, y_1)$ die Rolle von $P_0(x_0, y_0)$, und man erhält so einen dritten Punkt usw. *(Eulersches Polygonzugverfahren).*

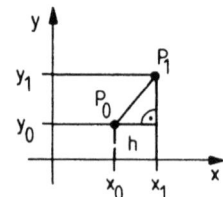

b) Allgemeiner Ablaufplan

Anfang des Programms
Eingabe der Startwerte x, y und der Schrittweite h
Wiederhole [Berechnung von f(x, y)
               x ← x + h; y ← y + f(x, y) · h
               Ausgabe von x, y]
                    bis von Hand abgestellt
Ende des Programms

8.3 Differentialgleichungen

c) BASIC-Übersetzung

```
10 REM ***    EULERSCHE POLYGONZUEGE    ***
11 :
15 INPUT"  STARTWERTE           X0,Y0";X,Y
20 INPUT"  RECHEN-,AUSG.SCHRITTW.";H,S
25 K=0:N=INT(S/H+.1):Z=INT(1/H+.1):PRINT
26 :
30 FOR I=1 TO N
35 F=Y
40 X=X+H:Y=Y+F*H
45 NEXT I
46 :
50 W=X:GOSUB 70:PRINT" X=";W;
55 W=Y:GOSUB 70:PRINT" Y=";W
60 GOTO 30
61 :
65 REM ***           RUNDEN            ***
70 W=W*Z:IF W-INT(W)>=.5THEN W=INT(W)+1
75 W=INT(W)/Z:RETURN
```

Bemerkungen:
Wie weiter unten aus den Testbeispielen ersichtlich, wird man H in der Regel mit 0,01 oder 0,001 belegen müssen, um halbwegs genaue Werte zu erhalten. Zweckmäßigerweise gibt man außer H noch eine Ausgabeschrittweite S vor. Im übrigen ist der Wiederholungsblock bewußt kurz formuliert worden, weil die Rechenzeit ins Gewicht fällt. (F entspricht $f(x, y) = y'$.)

d) Testbeispiele

I. Man wird zwecks Genauigkeitsüberprüfung mit $y' = y$ beginnen. Anfangswerte $x_0 = 0$, $y_0 = 1$; mit h = 0,1 (h = 0,01; h = 0,001) erhält man nach 10 (100; 1000) Schritten 2,6 (2,70; 2,717) für $e^1 = e \approx 2,718$ ($g(x) = e^x$). Grob gesehen gibt h somit den möglichen Genauigkeitsverlust längs *einer* Einheit auf der Abzisse wieder. (Vgl. auch den folgenden Bildschirmausdruck.)

```
STARTWERTE        X0,Y0? 0,1

RECHEN-,AUSG.SCHRITTW.? 0.01,1

X= 1    Y= 2.7
X= 2    Y= 7.32
X= 3    Y= 19.79
X= 4    Y= 53.52
X= 5    Y= 144.77
X= 6    Y= 391.58
X= 7    Y= 1059.16
X= 8    Y= 2864.83
X= 9    Y= 7748.83
X= 10   Y= 20959.16
```

II. $y' = e^x - y^2$; $x_0 = y_0 = 0$; hier gibt es für die Lösung keinen geschlossenen Funktionsterm wie oben, so daß man auf Näherungsverfahren angewiesen ist. Zu x = 1 gehört $y \approx 1,2$ (h = 0,1) bzw. $y \approx 1,23$ (h = 0,01; Rechenzeit 5 s).

III. Auch $y'(y + x) = y - x$ besitzt keine Lösung in geschlossener Form. Für die Anfangswerte (0,1); (0,2) und (1,1) sowie die Schrittweite $h = 0{,}1$ erfolgte eine graphische Auswertung.

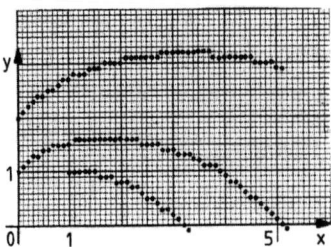

IV. Über einen Schalter S kann eine konstante Gleichspannung U_0 mit zwei hintereinander geschalteten Spulen des ohmschen Widerstands R und der Induktivität L verbunden werden. Für die momentane Stromstärke $I(t)$ gilt

$U_0 = R \cdot I(t) + L \cdot I'(t)$ bzw. $I'(t) = (U_0 - R \cdot I(t)) : L$.

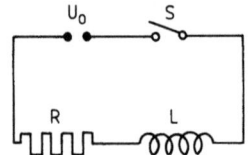

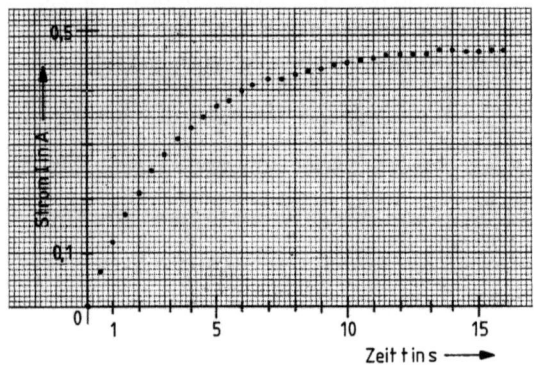

Wir wählen $U_0 = 4{,}5$ V; $R = 9{,}5\ \Omega$; $L = 34$ H sowie die Startwerte $t = 0$ und $I = 0$. Die zugehörige Kurve ($h = 0{,}5$) kann auch anhand der exakten Lösung

$$I(t) = U_0/R \cdot \left(1 - e^{-\frac{R}{L} \cdot t}\right)$$

verifiziert werden (Grenzstrom $\frac{U_0}{R} \approx 0{,}47$ A).

9 Lineare Algebra und Analytische Geometrie

9.1 Vektoroperationen

a) Mathematischer Hintergrund

Ein n-dimensionaler Vektor ist eine Zusammenstellung von n reellen Zahlen (sog. Komponenten) und wird meist in Form einer Spalte dargestellt:

$$\vec{a} = \begin{pmatrix} 1 \\ 2 \\ 3 \end{pmatrix}, \vec{b} = \begin{pmatrix} -1 \\ 4 \\ 5 \\ 2 \end{pmatrix}, \vec{c} = \begin{pmatrix} c_1 \\ c_2 \\ c_3 \\ \vdots \\ c_n \end{pmatrix}$$

Bei festem $n \in \mathbb{N}$, $n \geq 2$, sind folgende Operationen erklärt:

(1) **Vektoraddition:** $\vec{a} \oplus \vec{b} = \vec{c}$, d.h.

$$\begin{pmatrix} a_1 \\ a_2 \\ \vdots \\ a_n \end{pmatrix} \oplus \begin{pmatrix} b_1 \\ b_2 \\ \vdots \\ b_n \end{pmatrix} := \begin{pmatrix} a_1 + b_1 \\ a_2 + b_2 \\ \vdots \\ a_n + b_n \end{pmatrix} = \begin{pmatrix} c_1 \\ c_2 \\ \vdots \\ c_n \end{pmatrix}$$

(2) **Vektorsubtraktion:** Analog (1), nur werden die Komponenten einzeln subtrahiert

(3) **S-Multiplikation** eines Vektors mit einer Zahl $\alpha \in \mathbb{R}$: $\alpha \circ \vec{a} = \vec{b}$, d.h.

$$\alpha \circ \begin{pmatrix} a_1 \\ a_2 \\ \vdots \\ a_n \end{pmatrix} := \begin{pmatrix} \alpha \cdot a_1 \\ \alpha \cdot a_2 \\ \vdots \\ \alpha \cdot a_n \end{pmatrix} = \begin{pmatrix} b_1 \\ b_2 \\ \vdots \\ b_n \end{pmatrix}$$

(4) **Skalarprodukt** zweier Vektoren: $\vec{a} * \vec{b} = x \in \mathbb{R}$, d.h.

$$\begin{pmatrix} a_1 \\ a_2 \\ \vdots \\ a_n \end{pmatrix} * \begin{pmatrix} b_1 \\ b_2 \\ \vdots \\ b_n \end{pmatrix} := a_1 b_1 + a_2 b_2 + \ldots + a_n b_n$$

(5) **Länge eines Vektors:** $|\vec{a}| := \sqrt{\vec{a} * \vec{a}}$

(6) **Winkel zwischen zwei Vektoren:** $\sphericalangle (\vec{a}, \vec{b})$
Den Kosinus des gesuchten Winkels erhält man durch Umstellen der Gleichung.
$\vec{a} * \vec{b} = |\vec{a}| \cdot |\vec{b}| \cdot \cos \sphericalangle (\vec{a}, \vec{b})$.

Wir stellen im folgenden ein *Menü* vor, welches den Aufruf der sechs Operationen in beliebiger Reihenfolge gestattet.

b) BASIC-Programm

```
100 rem ***     vektoroperationen    ***
101 :
105 goto 540:   rem >>> menue
106 :
110 rem ***     vektoraddition        ***
115 gosub 380
120 for i=1 to n:c(i)=a(i)+b(i):next i
125 gosub 410
130 return
131 :
135 rem ***     vektorsubtraktion     ***
140 gosub 380
145 for i=1 to n:c(i)=a(i)-b(i):next i
150 gosub 410
155 return
156 :
160 rem ***     s-multiplikation      ***
165 print"▓ Skalar:▓"
170 for i=1to int(n/2):print"▓";:next
175 input s
180 az$="Vektor:▓":sp=13:gosub 440
185 for i=1 to n:c(i)=b(i)*s:next i
190 gosub 410
195 return
196 :
200 rem ***       skalarprodukt       ***
205 gosub 380:x=0
210 for i=1 to n:x=x+a(i)*b(i):next i
215 gosub 500
220 sp=30:eg$="Ergebnis:":gosub 480
225 return
226 :
230 rem *** laenge eines vektors      ***
235 sp=1:az$="Vektor:▓":gosub 440
240 x=0:for i=1 to n
245 x=x+b(i)*b(i):nexti
250 x=sqr(x):gosub 500
255 sp=20:eg$="Laenge:":gosub 480
260 return
261 :
265 rem *** winkel zwischen vektoren **
270 gosub 380:sp=0:la=0:lb=0
275 for i=1 to n
280 sp=sp+a(i)*b(i)
285 la=la+a(i)*a(i):lb=lb+b(i)*b(i)
290 next i
295 la=sqr(la):lb=sqr(lb):cs=sp/la/lb
300 if abs(abs(cs)-1)<1e-6 then 310
305 ac=-atn(cs/sqr(1-cs↑2))+▓/2:goto315
310 ac=0:if cs=-1 then ac=▓
315 x=ac*180/▓:gosub 500
320 sp=28:eg$="Winkelgrad:":gosub 480
```

9.1 Vektoroperationen

```
325 return
326 :
330 rem ***   dezimalenzahl aendern   ***
335 print"▓ Wieviel Dezimalen?"
340 gosub 520:z=val(aw$):if z>7then 335
345 z=int(10↑z+.1)
350 return
351 :
355 rem ***     dimension aendern     ***
360 print"▓ Dimension:":gosub 520
365 n=val(aw$):if n<2 or n>9 then 360
370 return
371 :
375 rem ***    hilfsunterprogramme    ***
376 :
380 rem ***       vektoreingabe       ***
385 print"▓  1.Vektor:▓"
390 for i=1 to n:input a(i):next i
395 az$=" 2.Vektor:▓":sp=13:gosub 440
400 return
401 :
405 rem ***       vektorausgabe       ***
410 print"▓"spc(27)"Ergebnis:▓"
415 for i=1 to n
420 x=c(i):gosub 500:print spc(26)x
425 next i
430 return
431 :
435 rem ***    einzelvektoreingabe    ***
440 i=1:print"▓ "spc(sp)az$:
445 printspc(sp);:input h$:b(i)=val(h$)
450 i=i+1:if i<=n and h$<>"k" then 445
455 if h$<>"k" then 470
460 print"▓":for i=1 to n
465 b(i)=c(i):printspc(sp+1)b(i):next i
470 return
471 :
475 rem ***      skalare ausgabe      ***
480 print "▓"spc(sp)eg$
485 for i=1 to int(n/2):print"▓";:next
490 print"▓"spc(sp-1)x
495 return
496 :
500 rem **          runden            ***
505 x=x*z:if x-int(x)>=.5then x=int(x)+1
510 x=int(x)/z
515 return
516 :
520 rem ***       warteschleife       ***
525 get aw$:if aw$="" then 525
530 return
531 :
535 rem ***       hauptprogramm       ***
536 :
540 n=3:z=1000
545 print"▓▓▓▓▓▓▓▓▓▓▓▓▓▓"
550 print"     Bitte waehlen Sie aus:▓"
```

```
555 print" 1) Vektoraddition"
560 print" 2) Vektorsubtraktion"
565 print" 3) S-Multiplikation"
570 print" 4) Skalarprodukt"
575 print" 5) Laenge eines Vektors"
580 print" 6) Winkel zwischen Vektoren"
585 print" 7) Dezimalenanzahl aendern"
590 print" 8) Dimension aendern"
595 print" 9) Ende▊"
596 :
600 if f=0 then gosub 520
605 f=val(aw$):if f<1 or f>9 then 545
610 poke 55859+f*40,0:poke1587+f*40,122
615 on f gosub 110,140,160,200,230,270,
    330,360,999:gosub 520
620 if aw$<>"9" then 545
625 print"▊":end
```

Erläuterungen:
Die Umsetzung von (1) bis (6) aus Abschnitt a) nimmt verhältnismäßig wenig Zeilen in Anspruch, das meiste dient einer halbwegs komfortablen Ein- und Ausgabe. (Zu den Revers-Symbolen s. Hdb. S. 166.)

Standardmäßig sind dreidimensionale Vektoren und eine gerundete Ausgabe mit drei Nachkommastellen voreingestellt. In der Hoffnung, daß sich der Leser infolge der vielen Kommentare gut zurechtfindet, beschränke ich mich hier auf wenige Anmerkungen.

Z.170 bzw. Z.485 bewirken eine zum jeweiligen Vektor vertikal zentrierte Ein- und Ausgabe eines Skalars. In diesem Zusammenhang sei auch an den *SPaCe*-Befehl erinnert, der im Gegensatz zum TAB die in der Variablen *sp* enthaltene Zahl von Positionen ohne Löschen überspringt (Z.440,480 u.a.).

Wenn das U.P. in Z.435 aufgerufen wird, kann man anstelle eines Vektors einfach *K* <RETURN> eintippen, worauf der im Feldspeicher *c* befindliche Vektor übernommen wird (*K* wie *K*ettenrechnung; man denke an drei oder mehr Summanden; auch läßt sich zu einem Summenvektor anschließend die Länge bestimmen oder eine S-Multiplikation durchführen).

Weil der C-64 den Kosinus nicht direkt umkehren kann, mußte auf die Arcus*TaN*gensfunktion zurückgegriffen werden. Wie man aus Z.305 ersieht, muß man einen *division-by-zero*-Ausstieg abfangen. (Das kleine, karrierte Symbol steht für π.) Wer nun einfach anstelle von

```
300 if abs(abs(cs)-1)<1e-6 then 310
```

```
300 if abs(cs)=1 then 310
```

programmiert, erhält öfter ungenaue Ergebnisse, s.u.. Ab Z.600 wird dafür gesorgt, daß man mit minimalem Tastenaufwand hin- und herschalten kann. Weil der Cursor bei GET-Eingaben unsichtbar bleibt, erinnert uns ein kleiner, schwarzer Haken an die augenblickliche Situation (Z.610, Hdb. S. 138, 139).

9.2 Vektorielle Geometrie

c) Testbeispiele

Wir zeigen einige *Bildschirmausdrucke*

```
Vektor:          Laenge:
? 1
? 0              1.4142136
? 1
    Bitte waehlen Sie aus:

1) Vektoraddition
2) Vektorsubtraktion
3) S-Multiplikation
4) Skalarprodukt
5)✓ Laenge eines Vektors
6) Winkel zwischen Vektoren
7) Dezimalenanzahl aendern
8) Dimension aendern
9) Ende


    1.Vektor:    2.Vektor:    Winkelgrad:

?  2          ?  6
? -3          ? -9             0
?  7          ? 21


    1.Vektor:    2.Vektor:    Winkelgrad:

?  2          ?  6
? -3          ? -9             2e-03
?  7          ? 21


    1.Vektor:    2.Vektor:    Winkelgrad:

?  5          ?  2
? -2          ? -4             90
?  3          ? -6
```

9.2 Vektorielle Geometrie

a) Mathematischer Hintergrund

Mit Hilfe von Vektoren lassen sich Geraden und Ebenen im Raume beschreiben. Nimmt man noch einzelne Punkte hinzu, ergibt sich eine Fülle von Fragestellungen, von denen wir beispielhaft folgende behandeln:

I Abstand eines Punktes von einer Geraden
II Abstand eines Punktes von einer Ebene
III Durchstoßpunkt von einer Geraden in einer Ebene nebst zugehörigem Schnittwinkel
IV Abstand zweier „windschiefer" Geraden

Zu I

Gegeben sei ein Punkt P durch seinen Ortsvektor $\vec{p}$ und eine Gerade g durch ihre Parameterdarstellung $\vec{r} = \vec{a} + t \cdot \vec{u}$. Man kann zeigen, daß der Abstand von P zu g durch den Term

$$|\vec{u}_0 \times (\vec{p} - \vec{a})| \tag{1}$$

dargestellt wird, wobei $\vec{u}_0$ den zu $\vec{u}$ gehörigen Einheitsvektor kennzeichnen soll.

Zu II

P sei durch $\vec{p}$ und die Ebene E durch ihre Normalenform $\vec{n}\,\vec{r} - \vec{n}\,\vec{a} = 0$ gegeben, wobei anstelle von $\vec{n}\,\vec{a}$ oft die Konstante c bekannt ist.
Dann kann der Abstand von P zu E durch den Ausdruck

$$|\vec{n}_0\,\vec{p} - \vec{n}_0\,\vec{a}| \tag{2}$$

beschrieben werden. (Ist c gegeben, muß c durch die Länge von $\vec{n}$ geteilt werden.)
Ist die Ebene in der Parameterform gegeben, also

$$E: \vec{r} = \vec{a} + s \cdot \vec{u} + t \cdot \vec{v} \tag{3}$$

so führt man sie in die Normalenform über, indem man $\vec{u} \times \vec{v}$ als Normalenvektor nimmt.

Zu III

$E: \vec{n}\,\vec{r} - c = 0$; $g: \vec{r} = \vec{b} + \lambda \vec{w}$

Wenn man die rechte Seite der Geradengleichung statt $\vec{r}$ in die Ebenengleichung setzt, erhält man nach wenigen Umformungen

$$\lambda = \frac{c - \vec{n}\,\vec{b}}{\vec{n}\,\vec{w}} \tag{4}$$

Mit diesem Wert liefert der Geradenterm den Ortsvektor zum Durchstoßpunkt. Den zugehörigen Schnittwinkel erhält man als

$$|90° - w| \tag{5}$$

wobei w den Winkel zwischen $\vec{n}$ und $\vec{w}$ bedeutet. Den Spezialfall g $\|$ E erkennt man daran, daß $\vec{n} \perp \vec{w}$, also $\vec{n}\,\vec{w} = 0$. Jetzt kann man noch den Abstand von g zu E ausrechnen, indem man die Spitze von $\vec{b}$ als Punkt im Sinne von II behandelt.

Zu IV

Befinden sich zwei Geraden im Raum, so laufen sie entweder aneinander vorbei, oder sie sind parallel oder sie treffen sich in einem Punkt! Im ersten Fall kann man das Rezept

$$|(\vec{u} \times \vec{v})_0\,(\vec{b} - \vec{a})| \tag{6}$$

zur Berechnung ihres Abstands verwenden.
($\vec{u}, \vec{v}$ und $\vec{a}, \vec{b}$ seien Richtungs- bzw. Stützvektoren aus den Parameterdarstellungen.
$(\vec{u} \times \vec{v})_0$ meint das auf Einheitslänge gebrachte Vektorprodukt).
Wird $\vec{u} \times \vec{v}$ zum Nullvektor, so ist $g_1 \| g_2$. Jetzt läßt sich der Abstand gemäß I berechnen, wenn man z. B. die Koordinaten von $\vec{b}$ als Punkt deutet, dessen Abstand zu g_1 berechnet werden soll.
Bleibt der Fall, daß sich g_1 mit g_2 in einem Punkt S trifft. Man erkennt dies daran, daß (6) Null wird.

9.2 Vektorielle Geometrie

Um die Koordinaten von S zu ermitteln, bestimmt man das μ aus dem Ansatz

$\vec{a} + \lambda \vec{u} = \vec{b} + \mu \vec{v} \Leftrightarrow \vec{a} - \vec{b} = \mu \vec{v} - \lambda \vec{u}$

$\Leftrightarrow \vec{c} = \mu \vec{v} - \lambda \vec{u}$

$\Leftrightarrow c_1 = v_1 \mu + (-u_1) \lambda$
$ c_2 = v_2 \mu + (-u_2) \lambda$
$ c_3 = v_3 \mu + (-u_3) \lambda$

Weil wir die Existenz der Lösung voraussetzen können, liefert die Cramersche Regel, angewandt auf die ersten beiden Gleichungen des Systems,

$$\mu = \frac{\det \begin{pmatrix} c_1 - u_1 \\ c_2 - u_2 \end{pmatrix}}{\det \begin{pmatrix} v_1 - u_1 \\ v_2 - u_2 \end{pmatrix}} \qquad (7)$$

Mit diesem μ erhält man gemäß $\vec{r} = \vec{b} + \mu \cdot \vec{v}$ zu den S gehörenden Ortvektor.
Den Schnittwinkel bekommt man mit Hilfe der Richtungsvektoren $\vec{u}$ und $\vec{v}$, wobei man sich auf Winkel $\leq 90°$ beschränken kann.

b) BASIC-Programm

```
100 rem ***    analytische geometrie    ***
105 :
110 goto 680:    rem >>> menue
115 :
120 rem ***      punkt und gerade        ***
125 input"█ Punkt             ";x,y,z
130 gosub 470:rem >>> gerade eingeben
135 gosub 550:rem >>> abstand berechnen
140 if w=0 then print"█ P liegt auf g!":goto 150
145 print"█ Abstand P von g:";w
150 return
155 :
160 rem ***      punkt und ebene         ***
165 input"█    Punkt          ";x,y,z
170 gosub 410:rem >>> ebene eingeben
175 gosub 580:rem >>> abstand berechnen
180 if w=0 then print"█ P liegt auf E!":goto 190
185 print"█ Abstand P, E:",w
190 return
195 :
200 rem ***      gerade und ebene        ***
205 print"█";:gosub 470:rem >>> gerade eingeben
210 b1=a1:b2=a2:b3=a3:w1=u1:w2=u2:w3=u3
215 gosub 410:rem >>> ebene eingeben
220 if abs(n1*w1+n2*w2+n3*w3) < 1e-9 then 255
225 ld=(c-n1*b1-n2*b2-n3*b3)/(n1*w1+n2*w2+n3*w3)
230 d1=b1+ld*w1:d2=b2+ld*w2:d3=b3+ld*w3
235 w=d1:gosub 610:d1=w:w=d2:gosub610:d2=w:w=d3:gosub610:d3=w
240 print"█ P ("d1"/"d2"/"d3")"
245 gosub500:w=abs(90-w):gosub 610
250 print" Winkel"w"Grad":goto 265
255 x=b1:y=b2:z=b3
```

```
260 gosub580:print"▨ g || E im Abstand"w
265 return
270 :
275 rem ***     gerade und gerade      ***
280 print"▨ 1.Gerade▨":gosub 470
285 b1=a1:b2=a2:b3=a3:v1=u1:v2=u2:v3=u3
290 print"▨ 2.Gerade▨":gosub 470
295 gosub 390:rem >>>  u x v
300 l=sqr(k1*k1+k2*k2+k3*k3)
305 if l<1e-9 then x=b1:y=b2:z=b3:gosub 550:print"▨ g1 || g2":goto 3
310 k1=k1/l:k2=k2/l:k3=k3/l
315 w=abs(k1*(b1-a1)+k2*(b2-a2)+k3*(b3-a3))
320 gosub 610:if w>0 then print"▨ Abstand g1,g2    :";w:goto 365
325 c1=a1-b1:c2=a2-b2
330 zd=c1*(-u2)-c2*(-u1):nd=v1*(-u2)-v2*(-u1)
335 ld=zd/nd:s1=ld*v1+b1:s2=ld*v2+b2:s3=ld*v3+b3
340 n1=u1:n2=u2:n3=u3:w1=v1:w2=v2:w3=v3:gosub 500
345 gosub 610:if w>90 then w=180-w
350 print"▨ g1 schneidet g2"
355 print" im Punkte S("s1"/"s2"/"s3")"
360 print" unter einem Winkel von"w"Grad"
365 return
370 :
375 rem ***     hilfsunterprogramme    ***
380 :
385 rem ***           kreuzprodukt     ***
390 k1=u2*v3-u3*v2:k2=-(u1*v3-u3*v1):k3=u1*v2-u2*v1
395 return
400 :
405 rem ***   eingabe einer ebene      ***
410 print"▨ E in Parameter- oder Normalenform ?"
415 gosub 630:print:if aw$="n" then 435
420 input" 1. Richtungsvektor";u1,u2,u3
425 input" 2. Richtungsvektor";v1,v2,v3
430 gosub 390:n1=k1:n2=k2:n3=k3:goto 450
435 input" Normalenvektor       ";n1,n2,n3
440 print" Konstante  oder Stuetzvektor?":gosub 630
445 if aw$="k"then input" c=";c:goto460
450 input" Stuetzvektor         ";a1,a2,a3
455 c=n1*a1+n2*a2+n3*a3
460 return
465 :
470 rem ***   eingabe einer geraden    ***
475 input"▨ Stuetzvektor        ";a1,a2,a3
480 input" Richtungsvektor";u1,u2,u3
485 return
490 :
495 rem *** winkel zwischen vektoren **
500 sp=w1*n1+w2*n2+w3*n3
505 lw=sqr(w1*w1+w2*w2+w3*w3)
510 ln=sqr(n1*n1+n2*n2+n3*n3)
515 cs=sp/lw/ln
520 if abs(abs(cs)-1)<1e-6 then 530
525 ac=-atn(cs/sqr(1-cs↑2))+▨/2:goto535
530 ac=0:if cs=-1 then ac=▨
535 w=ac*180/▨
540 return
545 :
```

9.2 Vektorielle Geometrie

```
550 rem ***    zum abstand p,gerade    ***
555 l=sqr(u1*u1+u2*u2+u3*u3):u1=u1/l:u2=u2/l:u3=u3/l
560 v1=x-a1:v2=y-a2:v3=z-a3:gosub 390
565 w=sqr(k1*k1+k2*k2+k3*k3):gosub 610
570 return
575 :
580 rem ***    zum abstand p,ebene    ***
585 l=sqr(n1*n1+n2*n2+n3*n3):c=c/l:n1=n1/l:n2=n2/l:n3=n3/l
590 s=n1*x+n2*y+n3*z:w=abs(s-c):gosub610
595 return
600 :
605 rem **             runden           ***
610 w=w*dz:if w-int(w)>=.5 then w=int(w)+1
615 w=int(w)/dz
620 return
625 :
630 rem ***         warteschleife       ***
635 get aw$:if aw$="" then 635
640 return
645 :
650 rem ***    dezimalenzahl aendern    ***
655 print"■ Wieviel Dezimalen?"
660 gosub 630:dz=val(aw$):ifdz>7then655
665 dz=int(10↑dz+.1)
670 return
675 :
680 rem ***        hauptprogramm        ***
685 :
690 dz=1000
695 print"■■■■■■■■■■■■■■"
700 print"     Bitte waehlen Sie aus:■"
705 print" 1)  Punkt   und Gerade       "
710 print" 2)  Punkt   und Ebene        "
715 print" 3)  Gerade  und Ebene        "
720 print" 4)  Gerade  und Gerade       "
725 print" 5)                           "
730 print" 6)                           "
735 print" 7)                           "
740 print" 8)  Dezimalenanzahl aendern"
745 print" 9)  Ende■"
750 :
755 if f=0 then gosub 630
760 f=val(aw$):if f<1 or f>9 then 695
765 poke 55859+f*40,0:poke1587+f*40,122
770 on f gosub 120,160,200,280,780,780,780,650,780:gosub 630
775 if aw$<>"9" then 695
780 print"■":end
```

Erläuterungen:

Einige öfter gebrachte Anweisungen wurden als Unterprogramme (ab Z.375) angelegt. Der Spiegel (Z.680ff) wurde aus 9.1 übernommen; 5) bis 7) kann der Leser nach seinen Vorstellungen ergänzen (z. B. mit dem Thema „Ebene und Ebene", dem Einbezug von „Kugeln" u.a.m.).

Ebenfalls wurde, leicht abgeändert, die Routine zur Bestimmung des Winkels zwischen zwei Vektoren übernommen.

Zum Schluß noch die den wichtigsten Algorithmen zugeordneten Zeilen:

(1) → Z.555–565 (6) → Z.295–315
(2) → Z.585–590 (7) → Z.325–335
(4) → Z.225–235

c) Testbeispiele

I P(3/1/0) hat von g: $\vec{r} = \begin{pmatrix} -1 \\ 0 \\ -1 \end{pmatrix} + \lambda \begin{pmatrix} -2 \\ 1 \\ -2 \end{pmatrix}$ den Abstand 3

II P(2/–4/1) hat von E: $\begin{pmatrix} -3 \\ 2 \\ -6 \end{pmatrix} \vec{r} + 27 = 0$ den Abstand 1

III g: $\vec{r} = \begin{pmatrix} 5 \\ -1 \\ 3 \end{pmatrix} + \lambda \begin{pmatrix} 7 \\ -2 \\ 1 \end{pmatrix}$; E: $\begin{pmatrix} 1 \\ 0 \\ -4 \end{pmatrix} \vec{r} - 5 = 0$

g durchstößt E im Punkt (33| –9|7) unter einem Winkel von 5,682 Grad

g: $\vec{r} = \begin{pmatrix} 0 \\ 3 \\ 1 \end{pmatrix} + \lambda \begin{pmatrix} 4 \\ 4 \\ 1 \end{pmatrix}$; E: $\vec{r} = \begin{pmatrix} 2 \\ 1 \\ 4 \end{pmatrix} + \lambda \begin{pmatrix} -1 \\ 3 \\ 0 \end{pmatrix} + \mu \begin{pmatrix} 6 \\ -2 \\ 1 \end{pmatrix}$

g verläuft parallel zu E im Abstand ≈ 2,698.

IV g_1: $\vec{r} = \begin{pmatrix} 1 \\ 2 \\ 3 \end{pmatrix} + \lambda \begin{pmatrix} 2 \\ -2 \\ 4 \end{pmatrix}$; g_2: $\vec{r} = \begin{pmatrix} 3 \\ 2 \\ 0 \end{pmatrix} + \mu \begin{pmatrix} 3 \\ 1 \\ -8 \end{pmatrix}$

g_1 schneidet g_2 in S($\frac{3}{2}$, $\frac{3}{2}$, 4) unter einem Winkel von rund 48,363 Grad.

g_1: $\vec{r} = \begin{pmatrix} 2 \\ 2 \\ 3 \end{pmatrix} + \lambda \begin{pmatrix} -2 \\ 0 \\ 1 \end{pmatrix}$; g_2: $\vec{r} = \begin{pmatrix} 1 \\ 4 \\ 6 \end{pmatrix} + \mu \begin{pmatrix} 2 \\ 0 \\ -1 \end{pmatrix}$

g_1 verläuft parallel zu g_2 im Abstand 3.

g_1: $\vec{r} = \begin{pmatrix} -1 \\ 3 \\ 4 \end{pmatrix} + \lambda \begin{pmatrix} 3 \\ -2 \\ 0 \end{pmatrix}$; g_2: $\vec{r} = \begin{pmatrix} 1 \\ 8 \\ -1 \end{pmatrix} + \mu \begin{pmatrix} -3 \\ 4 \\ 1 \end{pmatrix}$

g_1 läuft „windschief" an g_2 im Abstand 7 vorbei.

9.3 Lineare Gleichungssysteme

a) Mathematischer Hintergrund

Wir betrachten ein System von n Gleichungen mit n Variablen $x_1, x_2, \ldots, x_n$:

$a_{11} x_1 + a_{12} x_2 + \ldots + a_{1n} x_n = a_{1n+1}$

$a_{21} x_1 + a_{22} x_2 + \ldots + a_{2n} x_n = a_{2n+1}$

$\vdots$

$a_{n1} x_1 + a_{n2} x_2 + \ldots + a_{nn} x_n = a_{nn+1}$

9.3 Lineare Gleichungssysteme

Je nach Vorgabe der n mal $n + 1$ Konstanten a hat das System genau eine, unendlich viele oder gar keine Lösung. Welche dieser drei Fälle vorliegt, läßt sich anhand der *Trapezform* ausmachen:

$$b_{11}x_1 + b_{12}x_2 + \ldots + b_{1n}x_n = b_{1n+1}$$
$$b_{22}x_2 + \ldots + b_{2n}x_n = b_{2n+1}$$
$$\vdots$$
$$b_{nn}x_n = b_{nn+1}$$

Man bringt das gegebene System auf die äquivalente Trapezform (auch Staffelform oder Dreieckform genannt), indem man in der 2-ten, 3-ten, ..., i-ten Gleichung jeweils die Variablen x_1 bis x_{i-1} zum Verschwinden bringt: *Gaußsches Eliminationsverfahren*.
Dies geschieht in $n - 1$ Schritten. Zuerst wird die Variable x_1 in Gl. 2 bis n eliminiert, indem man jeweils das minus $\frac{a_{i1}}{a_{11}}$-fache der 1. Gl. zur i-ten Gl. addiert, $i = 2, 3, \ldots n$. Dann wird analog x_2 in den Gl. 3 bis n durch Addition geeigneter Vielfache der (neuen) 2. Gl. eliminiert usw., vgl. Z.970ff aus 9.3c. Voraussetzung ist dabei, daß a_{11} und dessen Nachfolger, also der jeweilige erste Koeffizient des Restsystems, $\neq 0$ sind. Andernfalls muß diese Voraussetzung durch Vertauschen zweier Gleichungen erzwungen werden. Ist dies nicht möglich, so ist das System nicht eindeutig lösbar.
Im Falle der eindeutigen Lösbarkeit ist $b_{nn} \neq 0$ und $x_n = b_{nn+1}/b_{nn}$. Mit Hilfe von x_n berechnet man x_{n-1} aus der vorletzten Gl. usf., bis schließlich aus der ersten Zeile x_1 mit Hilfe von x_2 bis x_n berechnet wird: Sog. *Rückeinsetzung*, vgl. 9.3c, Z.1030.
Um den Einfluß von Abbruch- und Rundungsfehlern zu reduzieren, bieten sich folgende flankierende Maßnahmen an:

1) *Relativierung der Null*
   Wenn z.B. das b_{nn} der Trapezform in der Größenordnung 10^{-8} liegt, wird das in der Regel Null bedeuten. Folglich wird man in Abfragen Null besser durch ein Intervall wie $[-10^{-8}, 10^{-8}]$ ersetzen (vgl. Z.520)

2) *Normierung der Konstanten*
   Wenn die Beträge der Konstanten stark schwanken, hilft oft die Division der einzelnen Gleichungen durch die jeweils betragsgrößte Konstante (s. Z.570).

3) *Pivotisierung*
   Wir erwähnten schon, daß bei der Elimination die Vertauschung zweier Gleichungen erforderlich wird, wenn die 1. Konstante des betrachteten Systems Null ist. Bei der sog. *Spaltenpivotisierung* sucht man nicht einfach die nächste Konstante der 1. Spalte, die ungleich Null ist, sondern jene mit maximalem Betrag (s. Z.670).
   Bei der *Totalpivotisierung* zieht man auch die restlichen Spalten heran, um den betragsgrößten Koeffizienten zu suchen: Eine Methode, die ohne Rechner großen Aufwand mit sich bringt, weil neben den Zeilen auch die Spalten vertauscht werden und über die Reihenfolge der Variablen Buch geführt werden muß (s. Z.740).

4) Nachiteration

Gelegentlich kann man die mit Hilfe des Gaußverfahrens gewonnene Lösung um einige Dezimalen präzisieren, indem man sie als Startvektor dem schon in 6.3 erläuterten Verfahren übergibt. (Zum entsprechend verallgemeinerten Verfahren s. Z.1570.) Der folgende Ablaufplan zeigt u.a., wie diese Maßnahmen unabhängig voneinander kombiniert werden können.

b) allgemeiner Ablaufplan

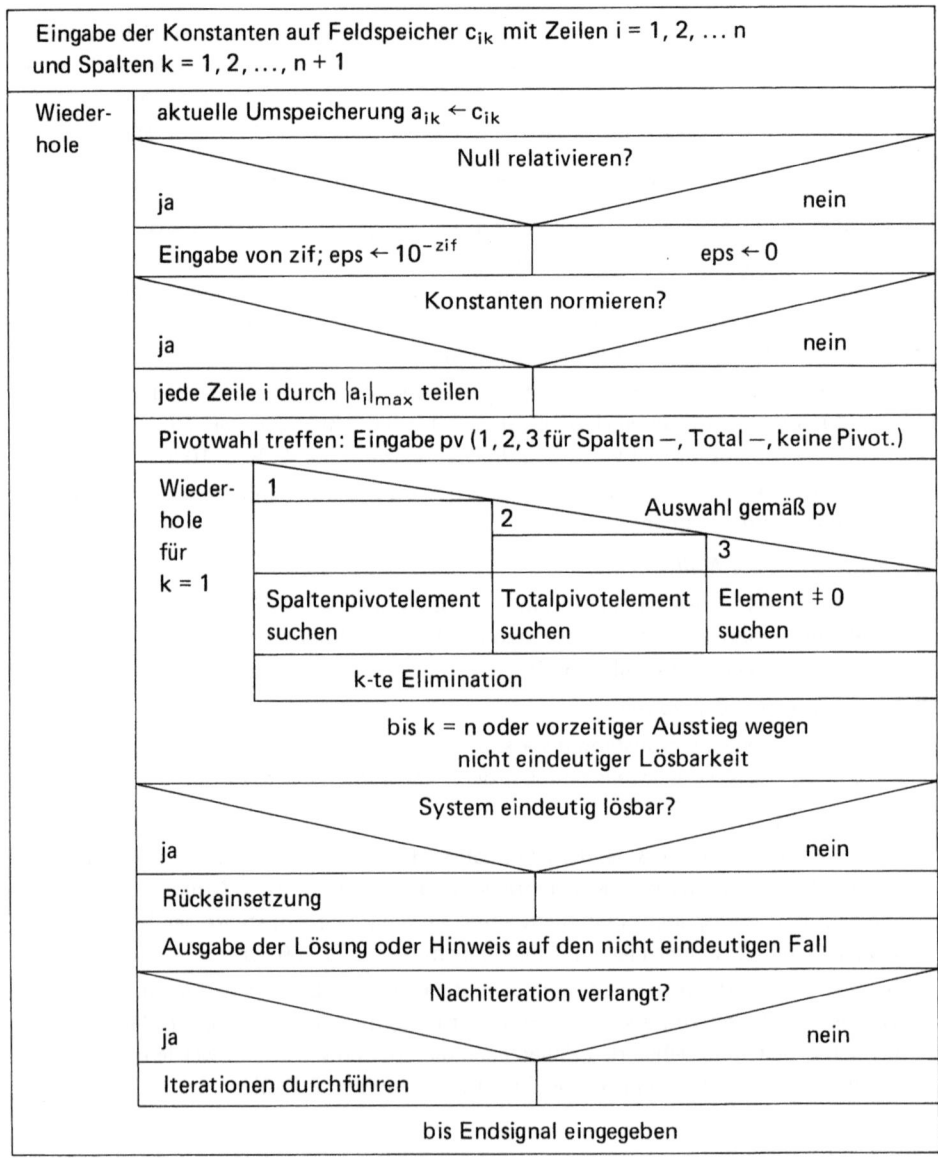

9.3 Lineare Gleichungssysteme

c) BASIC-Übersetzung

```
100 rem ********************************
105 rem *                                *
110 rem *    lineares gleichungssystem   *
115 rem *                                *
120 rem ********************************
125 :
130 :         goto 1690:rem  >>> menue
135 :
140 rem ********************************
145 rem *                                *
150 rem *        einzelbausteine         *
155 rem *                                *
160 rem ********************************
165 :
170 rem --------------------------------
175 rem *    eingabe der konstanten     *
180 rem --------------------------------
185 :
200 rem * up ---   eingabeweiche    ---
205 if flag=0 then 220
210 print "▊Z▉"az$;:input#1,zr$
215 zr=val(zr$):gosub 280:print"▊N▉";:
220 printaz$;:input#1,h$:c(i,k)=val(h$)
225 if flag=1 then c(i,k)=zr/c(i,k):gosub 280:print" ";
230 return
235 :
240 rem * up ---   nahtlose indizes ---
245 az$="a"+mid$(str$(i),2,1)
250 az$=az$+mid$(str$(k),2,1)+"="
255 return
260 :
265 rem * up ---  schirmkoordinaten ---
270 poke 214,zl:poke 211,sp:sys 58640:return
275 :
280 rem * up ---   eingabeposition  ---
285 if n<4 then zl=i+i+12:sp=int((k-1)*(27/n)+1.51):gosub 270
290 gosub 240
295 return
300 :
305 rem * up ---    dialogzeile     ---
310 zl=1:sp=0:gosub 270:print"▊"az$;
315 gosub 1390:print aw$
320 for ii=1 to 333:next ii
325 zl=1:sp=0:gosub 270:print"▉"lz$
330 return
335 :
340 rem ----       eingabe          ----
345 dz=1000:pv=3:za=12:gosub 1130
350 az$="     Anzahl der Gleichungen? "
355 gosub 310:n=val(aw$)
360 az$="     Auch Brueche eingeben? "
365 gosub 310:if aw$="j" then flag=1
370 if n>3 then print"▊▉▉ "
375 open 1,0
380 for i=1 to n:for k=1 to n+1
```

```
385 gosub 280:gosub 200
390 next k:if n>3 then print
395 next i
400 :
405 az$="      Korrektur noetig? "
410 gosub 310:if aw$<>"j" then 445
415 input"▓▒     Zeile,Spalte     ";i,k
420 print"▓▒"lz$:gosub 280:if n>3 then print"▓"tab(25);
425 gosub 200
430 az$="      alles o.k.       ? "
435 gosub 310
440 if aw$="n" then 415
445 print"▓";lz$:if n>3 then print"▒"
450 close 1:flag=0
455 return
460 :
465 rem -------------------------------
470 rem *       umspeicherungen      *
475 rem -------------------------------
480 :
485 for i=1 to n
490 for k=1 to n+1:a(i,k)=c(i,k):next k
495 v(i)=i
500 next i
505 return
510 :
515 rem -------------------------------
520 rem *    relativieren der null   *
525 rem -------------------------------
530 :
535 az$="▒ Null:= [-10 hoch -n,+10 hoch -n]; n="
540 gosub 310
545 eps=val(aw$):if eps=0 then 555
550 eps=10↑(-eps):gosub 1440:rem >> '+'
555 return
560 :
565 rem -------------------------------
570 rem *     konstanten normieren   *
575 rem -------------------------------
580 :
585 gosub 470:gosub 1440:rem >> '+'
590 for i=1 to n
595 max=abs(a(i,1))
600 for k=2 to n+1
605 h=abs(a(i,k)):if h>max then max=h
610 next k
615 for k=1 to n+1
620 a(i,k)=a(i,k)/max
625 next k
630 next i
635 flag=1:rem >>> a(i,k) sind normiert
640 return
645 :
650 rem -------------------------------
655 rem *     spaltenpivotisierung   *
660 rem -------------------------------
665 :
```

9.3 Lineare Gleichungssysteme

```
670 pk=abs(a(k,k)):pz=k
675 for z=k+1 to n
680 h=abs(a(z,k)):if h>pkthen pk=h:pz=z
685 next z
690 if not(abs(pk)>eps) then s$="n":goto 725
695 :
700 rem ----     zeilentausch      ----
705 z=pz
710 for i=k to n+1
715 h=a(k,i):a(k,i)=a(z,i):a(z,i)=h
720 next i
725 return
730 :
735 rem --------------------------------
740 rem *      totalpivotisierung     *
745 rem --------------------------------
750 :
755 pk=abs(a(k,k)):pz=k:ps=k
760 for i=k to n:for j=k to n
765 h=abs(a(i,j)):if h>pk then pk=h:pz=i:ps=j
770 next j:next i
775 if not (abs(pk) > eps) then s$="n":goto 845
780 :
785 rem ----     zeilentausch      ----
790 z=pz
795 for i=k to n+1
800 h=a(k,i):a(k,i)=a(z,i):a(z,i)=h
805 next i
810 :
815 rem ----     spaltentausch     ----
820 j=ps
825 h=v(k):v(k)=v(j):v(j)=h
830 for i=1 to n
835 h=a(i,k):a(i,k)=a(i,j):a(i,j)=h
840 next i
845 return
850 :
855 rem --------------------------------
860 rem *    keine modifikationen     *
865 rem --------------------------------
870 :
875 if abs(a(k,k)) > eps then 940
880 z=k
885 :
890 rem ----  zeilentauschversuch  ----
895 z=z+1
900 if abs(a(z,k)) > eps then 925
905 if z<n then 895
910 s$="n":goto 940
915 :
920 rem ----     zeilentausch      ----
925 for i=k to n+1
930 h=a(k,i):a(k,i)=a(z,i):a(z,i)=h
935 next i
940 return
945 :
```

```
950 rem --------------------------------
955 rem * elimination einer variablen *
960 rem --------------------------------
965 :
970 for i=k+1 to n
975 fk=-a(i,k)/a(k,k)
980 for j=k+1 to n+1
985 a(i,j)=a(i,j)+fk*a(k,j)
990 next j
995 next i
1000 return
1005 :
1010 rem --------------------------------
1015 rem *         rueckeinsetzung      *
1020 rem --------------------------------
1025 :
1030 x(n)=a(n,n+1)/a(n,n)
1035 for i=n-1 to 1 step -1
1040 x(i)=a(i,n+1)
1045 for j=n to i+1 step -1
1050 x(i)=x(i)-a(i,j)*x(j)
1055 next j
1060 x(i)=x(i)/a(i,i)
1065 next i
1070 return
1075 :
1080 rem --------------------------------
1085 rem *         pivotschalter        *
1090 rem --------------------------------
1095 :
1100 pv=1:goto 1110
1105 pv=2
1110 gosub 1440:rem >> '+'
1115 return
1120 :
1125 rem --------------------------------
1130 rem * teilbildschirm loeschen      *
1135 rem --------------------------------
1140 :
1145 for zl=za to 23
1150 sp=0:gosub 270:print lz$
1155 next zl
1160 return
1165 :
1170 rem --------------------------------
1175 rem *            runden            *
1180 rem --------------------------------
1185 :
1190 x=x*dz:if x-int(x)>=.5 then x=int(x)+1
1195 x=int(x)/dz
1200 return
1205 :
1210 rem --------------------------------
1215 rem * ausgabedezimalen festlegen   *
1220 rem --------------------------------
1225 :
1230 az$="    Wieviel Dezimalen ?    "
1235 gosub 310:if aw$>"7" then 1230
```

9.3 Lineare Gleichungssysteme

```
1240 dz=val(aw$):dz=int(10↑dz+.1)
1245 return
1250 :
1255 rem -------------------------------
1260 rem *         ausgabe            *
1265 rem -------------------------------
1270 :
1275 za=15:if n<4 then za=21
1280 gosub 1130:sp=0:zl=za
1285 gosub 270:print" Ergebnis:     "
1290 if s$="n" then 1315
1295 for i=1 to n
1300 y(v(i))=x(i)
1305 next i
1310 gosub 1340:goto 1325
1315 print" Gleichungssystem nicht eindeutig"
1320 print" loesbar oder extrem  instabil!"
1325 return
1330 :
1335 rem -------------------------------
1340 rem *       ausgabehilfe         *
1345 rem -------------------------------
1350 :
1355 for i=1 to n
1360 s$=" x"+right$(str$(i),1)+" = "
1365 x=y(i):gosub 1190:print tab(14)s$;str$(x)+"              "
1370 next i
1375 return
1380 :
1385 rem -------------------------------
1390 rem *       warteschleife        *
1395 rem -------------------------------
1400 :
1405 get aw$:if aw$="" then 1405
1410 return
1415 :
1420 rem -------------------------------
1425 rem *       signalhilfen         *
1430 rem -------------------------------
1435 :
1440 poke 55376+vt*40,0:poke 1104+vt*40,43:return
1445 for vt=3 to 6
1450 poke 55376+vt*40,15:poke 1104+vt*40,32
1455 next vt
1460 return
1465 poke 55379+vt*40,0:poke 1107+vt*40,122:return
1470 poke 55379+vt*40,15:poke 1107+vt*40,32:return
1475 :
1480 rem -------------------------------
1485 rem *      gaussverfahren        *
1490 rem -------------------------------
1495 :
1500 if flag=0 then gosub 470:rem >>> a(i,k) <-- c(i,k)
1505 k=1:s$=""
1510 on pv gosub 670,740,860: rem >>> pivot Drifikation
1515 if s$="n" then 1540
1520 gosub 970:rem >>> elimination
1525 if k<n-1 then k=k+1:goto 1510
```

```
1530 if not (abs(a(n,n)) > eps) then s$="n"
1535 if s$<>"n" then gosub 1030:rem >>> rueckeinsetzung
1540 gosub 1260:rem >>> ausgabe
1545 flag=0:eps=0:pv=3
1550 gosub 1445:rem >>> '+' loeschen
1555 return
1560 :
1565 rem ------------------------------
1570 rem *           iteration           *
1575 rem ------------------------------
1580 :
1585 az$="      nur nachiterieren      ?"
1586 gosub 310:if aw$="j" then 1590
1587 for j=1 to n:y(j)=0:next j
1589 z=0
1590 z=z+1
1595 for j=1 to n
1600 h=0
1605 for k=1 to n
1610 if k<>j then h=h+c(j,k)*y(k)
1615 next k
1620 y(j)=1/c(j,j)*(c(j,n+1)-h)
1625 next j
1630 sp=0:zl=15:if n<4 then zl=21
1635 gosub 270:print"█ Iteration"z"██"
1640 gosub 1340
1645 if peek(203)=64 then 1590
1650 return
1655 :
1660 rem ********************************
1665 rem *                              *
1670 rem *           menue              *
1675 rem *                              *
1680 rem ********************************
1685 :
1690 lz$="                              "
1695 print"█"
1700 print"██"
1705 print"    Bitte waehlen Sie aus:█"
1710 print" 1) Konstanten eingeben      "
1715 print" 2) Ergebnis nach Gauss      "
1720 print spc(1)"3) Null relativieren"
1725 print spc(1)"4) Konstanten normieren "
1730 print spc(1)"5) Spaltenpivotisierung"
1735 print spc(1)"6) Totalpivotisierung"
1740 print" 7) Ergebnis iterieren       "
1745 print" 8) Ausgabeformat aendern    "
1750 print" 9) Ende█"
1755 :
1760 gosub 1390:vt=val(aw$)
1765 if vt<1 or vt>9 then 1760
1770 :
1775 gosub 1465:rem >>> haken zeichnen
1780 on vt gosub 340,1500,520,570,1100,1105,1570,1230,1800
1785 gosub 1470:rem >>> haken loeschen
1790 :
1795 goto 1700
1800 print"█":end
```

9.3 Lineare Gleichungssysteme

Erläuterungen:
Um ein wenig Komfort zu haben, muß man den Umfang in Kauf nehmen. Dies zeigt z.B. die Programmierung der Eingabe (Eröffnung eines eigenen Eingabekanals zur Unterdrückung des störenden Input-Fragezeichens; unterschiedliche Behandlung von $n \leq 3$ und $n > 4$; Möglichkeit zur Eingabe von Brüchen; Korrekturen).
Zur besseren Orientierung zeigt ein Haken, welcher Baustein des Menüs gerade bearbeitet wird. Außerdem werden die Optionen 3 bis 6 durch ein Pluszeichen markiert (Z.1420).
Iterationen sind auch ohne vorangegangenes Gaußverfahren möglich.

d) Testbeispiele

I   Die Systeme aus 6.3 (sie weisen keine Besonderheiten auf).

II Beispiel eines Bildschirmausdrucks mit Menüanzeige:

```
Bitte waehlen Sie aus:

1) Konstanten eingeben
2) Ergebnis nach Gauss
3) Null relativieren
4) Konstanten normieren
5) Spaltenpivotisierung
6) Totalpivotisierung
7) Ergebnis iterieren
8) Ausgabeformat aendern
9) Ende


a11=7     a12=-1    a13=5     a14=1

a21=1     a22=3     a23=-1    a24=7

a31=15    a32=1     a33=9     a34=9


Ergebnis:      x1 = -2.091
               x2 =  4.364
               x3 =  4

Gleichungssystem nicht eindeutig
loesbar oder extrem instabil!
```

Bei diesem System ist eine Variable frei wählbar. Dies zeigt der Rechner aber erst mit Zusatzmaßnahme 3,5 oder 6 (Koeffizientendeterminante Null!).

III a11=1e-10   a12=1   a13=1

    a21=1   a22=1   a23=2

```
Ergebnis:   x1 = 0      Ergebnis:   x1 = 1
            x2 = 1                  x2 = 1
```

Das 1. Ergebnis ist falsch (ohne Pivotmaßnahmen enorme Rundungsfehler bei Rückeinsetzung).

IV Wir nehmen das *Hilbert*-System und geben die Koeffizienten mit 3 Nachkommastellen ein:

$$1 \cdot x_1 + \frac{1}{2} x_2 + \frac{1}{3} x_3 + \frac{1}{4} x_4 = 1$$

$$\frac{1}{2} \cdot x_1 + \frac{1}{3} x_2 + \frac{1}{4} x_3 + \frac{1}{5} x_4 = 1$$

$$\frac{1}{3} x_1 + \frac{1}{4} x_2 + \frac{1}{5} x_3 + \frac{1}{6} x_4 = 1$$

$$\frac{1}{4} x_1 + \frac{1}{5} x_2 + \frac{1}{6} x_3 + \frac{1}{7} x_4 = 1$$

```
Ergebnis:   x1 =   6.591
            x2 = -57.163
            x3 = 100.778
            x4 = -42.272
```

Ein völlig falsches Ergebnis! Hier helfen keine der Maßnahmen 2 bis 7, weil das System extrem *schlecht konditioniert* ist, d.h. auf geringfügige Änderungen der Koeffizienten (z.B. 0,333 statt $\frac{1}{3}$) hin mit völlig anderen Lösungen aufwartet, die aber *bezüglich der geänderten Koeffizienten richtig* sind!

Die mit Bezug auf die ursprünglichen Koeffizienten richtige Lösung erhalten wir bei Benutzung der Eingabe für Bruchzahlen:

```
Ergebnis:   x1 =   -4
            x2 =   60
            x3 = -180
            x4 =  140
```

10 Spiele

10.1 Türme von Hanoi*

a) Gegenstand des Spiels

Auf einem Brett sind drei senkrechte Stäbe angebracht. Auf dem linken Stab befindet sich eine Anzahl nach oben kleiner werdender Lochscheiben.

Ziel des Ein-Personen-Spiels ist es, die Scheiben auf den mittleren Stab umzustapeln, wobei jedoch zwei Regeln zu beachten sind:
- Es darf immer nur eine einzelne Scheibe transportiert werden.
- Nie darf eine größere Scheibe auf eine kleinere gelegt werden.

Ohne den rechten Stab, der zur Zwischenlagerung benutzt werden darf, wäre die Aufgabe offenbar unlösbar!

Probieren Sie es einmal selbst mit einem Stapel von vier oder fünf unterschiedlich großer Münzen. Wenn Sie die Züge zählen, können Sie überprüfen, wieviele unnötig waren:

Vier Scheiben lassen sich in 15, fünf in 31 Zügen umstapeln; allgemein benötigt man $2^n - 1$ Züge für die Verlegung eines Turms von n Scheiben.

Der Computer soll uns nun die minimale Zugfolge demonstrieren, nachdem wir ihm einen entsprechenden Algorithmus eingegeben haben. Hierzu bietet sich das folgende *rekursive* Vorgehen an:

---

*) Dieser Abschnitt entstand in Zusammenarbeit mit *Marko Knepper* aus Erkrath.

Das Problem, z. B. fünf Scheiben umzustapeln, ist gelöst, wenn man weiß, wie man einen Turm mit vier Scheiben umbaut.

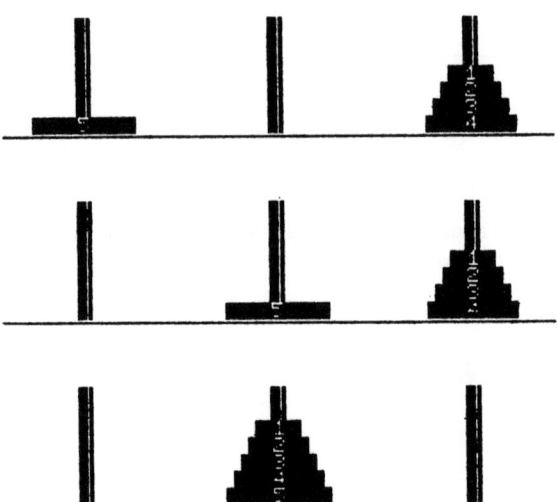

Diese vier Scheiben wiederum kann man umstapeln, wenn man drei Schreiben umstapeln kann usw., bis nur noch eine Scheibe umzusetzen ist.

b) Allgemeiner Ablaufplan

Unterprogramm *„stapele"* (n, a, b, c)
(stapelt *n* Scheiben von Stab *a* auf Stab *b* mittels Stab *c*)
Anfang
Wenn n ≠ 0 *dann*   *stapele* n − 1 Scheiben von *a* nach *c* mittels *b*
              Ausgabe: Setze Scheibe a nach b
              stapele n − 1 Scheiben von *c* nach *b* mittels *a*
Ende

Anmerkungen: Das zugehörige Hauptprogramm ist extrem kurz und besteht nur aus der Eingabe von *n* und einem Aufruf des U.P. „stapele", wobei *n* und die Erstbelegung 1, 2, 3 für a, b, c als Parameter übergeben werden. Das weitere Geschehen erklärt sich aus dem Umstand, daß sich das U.P. aus sich heraus mehrfach selbst aufruft *(Rekursiver Aufruf, rekursives Unterprogramm).*

Man beachte, daß „n, a, b, c" Namen von Speichern sind, die zu Beginn eines jeden Aufrufs von „stapele" die aktuellen Werte erhalten!

HP-Aufruf:	3	1	2	3
	↓	↓	↓	↓
	n	a	b	c
Erster rekursiver Aufruf:	2	1	3	2
usw.	↓	↓	↓	↓
	n	a	b	c

10.1 Türme von Hanoi

c) BASIC-Übersetzung

```
10 REM *** TUERME VON HANOI ***
11 :
15 INPUT"██ SCHEIBENANZAHL";NO:PRINT
20 ST(0)=0:ZL(0)=1:ZW(0)=2:I=-1
25 GOSUB 35
30 END
31 :
35 REM ***   UNTERPROGRAMM STAPELE   ***
40 IF NO=I+1 THEN 99
45 I=I+1
50 ZW(I+1)=ZL(I)
55 ST(I+1)=ST(I)
60 ZL(I+1)=ZW(I)
65 GOSUB 35
70 PRINT" VON";ST(I)+1;"NACH";ZL(I)+1
75 ZW(I+1)=ST(I)
80 ST(I+1)=ZW(I)
85 ZL(I+1)=ZL(I)
90 GOSUB 35
95 I=I-1
99 RETURN


0 REM *** TUERME VON HANOI ***
1 :
2 DIM ST$(6)
3 T$="█     █ █        "
4 ST$(0)="█    █ 1 █      "
5 ST$(1)="█    █ 2 █      "
6 ST$(2)="█    █ 3 █      "
7 ST$(3)="█ █    4  █     "
8 ST$(4)="█ █    5  █     "
9 ST$(5)="██     6  █     "
10 ST$(6)="██     7     █"
15 DIM ST(7),ZL(7),ZW(7)
16 DIM T(2)
17 PRINT"█"
18 :
19 REM ** HAUPTPROGRAMM **
20 I=-1
30 INPUT"██ SCHEIBENANZAHL         ████";N0
31 PRINT"█████████████"
32 FOR J=0 TO 7
33 IF J+N0-8=0 THEN PRINT"   ";ST$(J+N0-8);"  ";T$;"  ";T$: GOTO 35
34 PRINT"   ";T$;"     ";T$;"     ";T$
35 NEXT J
36 PRINT" ─────────────────────────────────────"
40 ST(0)=0:ZL(0)=1:ZW(0)=2
41 T(0)=16-N0:T(1)=16:T(2)=16
42 GOSUB 50
43 INPUT"███ NOCHMAL            ████";EI$
44 IF EI$="J" THEN GOTO 20
45 END
48 :
```

```
49 REM ** TURM UMBAUEN **
50 IF N0=I+1 THEN 110
55 I=I+1
60 ZW(I+1)=ZL(I)
61 ST(I+1)=ST(I)
62 ZL(I+1)=ZW(I)
63 GOSUB 50
65 GET EI$
66 IF EI$="" THEN 65
70 GOSUB 200
80 ZW(I+1)=ST(I)
82 ST(I+1)=ZW(I)
84 ZL(I+1)=ZL(I)
90 GOSUB 50
100 I=I-1
110 RETURN
198 :
199 REM * STEIN UMSETZEN *
200 T(ST(I))=T(ST(I))+1
205 POKE 214,T(ST(I)):POKE211,ST(I)*13+2:SYS 58640
210 PRINT T$;
215 POKE 214,T(ZL(I)):POKE211,ZL(I)*13+2:SYS 58640
220 T(ZL(I))=T(ZL(I))-1
225 PRINT ST$(N0-I-1);
230 RETURN
```

Erläuterungen:

Leider stellt die Sprache BASIC für den rekursiven Aufruf des U.P. keine *lokalen* Variablen, also gleichnamige, aber unterschiedliche Speicher für die einzelnen Aufrufsebenen, zur Verfügung. Wir simulieren drei lokale Variablen namens *Sta*rT, *Z*ieL, *ZW*ischen durch eindimensionale Felder, wobei jedes Element dieser Feldspeicher eine lokale Variable einer bestimmten Rekursionstiefe darstellt. Die Variable i zählt diese Stufen.

Die zweite BASIC-Version stellt den Vorgang graphisch dar, wobei die Zahl der Scheiben auf sieben begrenzt ist.

10.1 Türme von Hanoi

d) Testbeispiel

Wir zeigen eine verkleinerte vollständige Serie der Bildschirmausdrucke für den Fall n = 3:

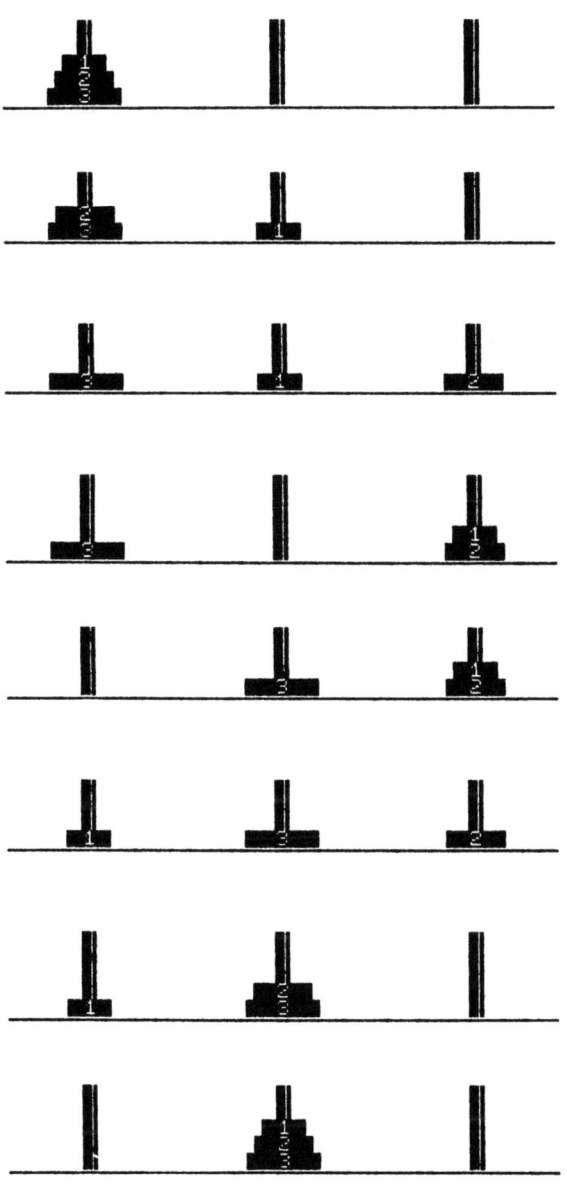

10.2 Wirtschaftsspiel*

a) Gegenstand des Spiels

Der Computer wird heute vielfach zur Überprüfung von Theorien und Modellen in Natur- und Wirtschaftswissenschaften eingesetzt: Langfristige Wettervorhersagen, Verhalten von Plasmen (heißen, ionisierten Gasen), Flugkörpern unter Grenzbedingungen, Investitionsplanung, Kaufverhalten und Marktentwicklung, Trends in der Finanzwirtschaft (z.B. bei Wertpapierkursen).

Allen Beispielen liegen komplexe Systeme zugrunde, bei denen die vielfältigen, zum Teil subtilen Wechselwirkungen nur teilweise bekannt sind.

Hier soll stark vereinfacht das Wirtschaftssystem eines Agrarstaates betrachtet werden, wobei *R Baumann* für manche Anregung aus [8] zu danken ist.

Der Spieler muß dabei zu Beginn jeder Runde („jedes Jahr") Eingaben zu volkswirtschaftlichen Größen machen und bestimmt damit den Verlauf der Konjunktur:

Die Wirtschaftskraft („Anbaufläche"), die Gesamtproduktion („Ernte"), den Wohlstand („Vorräte") und damit die Bevölkerungsentwicklung.

Die Größen (Geburten- und Sterberate, Fläche pro Kopf, Ernährungslage, Sattdichte, Produktivität ...) stehen in vielfältigem Verhältnis zueinander (siehe Skizze). Der Zufall spielt eine Rolle, selbst vor Schicksalsschlägen bleibt der Spieler nicht verschont.

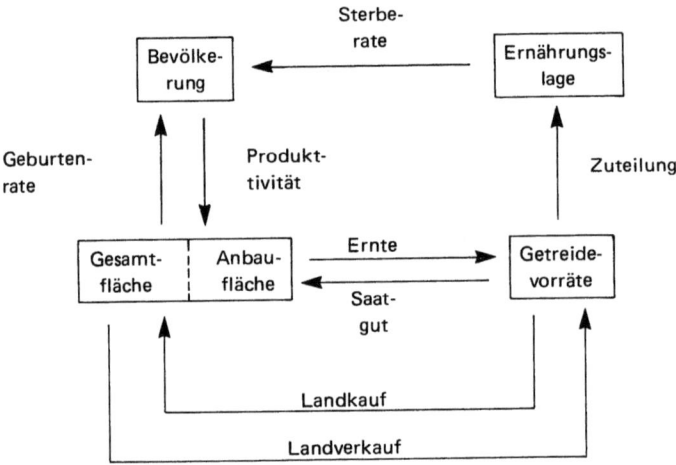

Es sei hier nicht zuviel verraten, denn der Leser sollte sich selbst beobachten, wenn er versucht, das System in den Griff zu bekommen. Nur soviel:

Der gemäßigte Mittelweg ist, wie so oft, wohl der richtige.

---

*) Ein Beitrag von *Stefan Lemke* aus Erkrath

10.2 Wirtschaftsspiel

b) BASIC-Übersetzung

```
1 REM ***        WIRTSCHAFTSSPIEL      ***
2 :
6 GOTO 3270
7 REM ***        UNTERPROGRAMME        ***
8 REM ***        TEXT                  ***
9 DIM EF$(37),FE$(10)
10 EF$(1)="DAS FOLGENDE JAHR IST IHR LETZTES   REGIERUNGSJAHR !"
11 EF$(2)="SOEBEN IST IHR LETZTER UNTERTAN     GESTORBEN."
12 EF$(3)="SIE HABEN IHR VOLK INS VERDERBEN    GESTUERZT."
13 EF$(4)="DAS SPIEL NIMMT FUER SIE EIN        UNRUEHMLICHES ENDE !"
14 EF$(5)="SIE HABEN SOEBEN IHR LETZTES        LAND VERKAUFT."
15 EF$(6)="IHRE UNTERTANEN FUEHLEN SICH DER    GEHORSAMSPFLICHT ENTBUNDEN."
16 EF$(7)="SOMIT ENDET DIESES SPIEL."
17 EF$(8)="DA SIE IN IHRER SPIELLUST NICHT ZU  BREMSEN SIND, WERDEN SIE"
18 EF$(9)="ZWANGSPENSIONIERT !"
19 EF$(10)="MIT UHREN RESTLICHEN PAAR GEFOLGS-"
20 EF$(11)="LEUTEN KOENNEN SIE DEM ANGRIFF EI-"
21 EF$(12)="NER BENACHBARTEN STADT NICHT STAND-"
22 EF$(13)="HALTEN. LEIDER KOENNEN SIE NICHT    MEHR FLIEHEN."
23 EF$(14)="SIE HABEN          MENSCHEN VERHUNGERN"
24 EF$(15)="LASSEN. DER AUFGEBRACHTE POEBEL"
25 EF$(16)="PLUENDERT IHRE SPEICHER UND WIRFT"
26 EF$(17)="SIE IN DEN DORFBRUNNEN. DESHALB"
27 EF$(18)="KONNTE MAN SIE NICHT IN IHRER"
28 EF$(19)="FAMILIENGRUFT BEISETZEN."
29 EF$(20)="EINE VERHEERENDE KRANKHEIT DURCHZOG  IHR LAND. DESHALB MUSSTEN"
30 EF$(21)="SIE "
31 EF$(22)=" TOTE BEKLAGEN."
32 EF$(23)="SIE BEMERKEN SOEBEN,DASS DIE RATTEN"
33 EF$(24)=" PROZENT IHRER VORRAETE GEFRESSEN"
34 EF$(25)="HABEN. SIE SIND SICHER FROH, DASS   DERART PEINLICHE VORFAELLE"
35 EF$(26)="NICHT IN DER OFFIZIELLEN STATISTIK  VERMERKT WERDEN."
36 EF$(27)="EINE SCHLECHTE NACHRICHT FUER SIE:"
37 EF$(28)="GERADE EXPLODIERTE EINER IHRER "
38 EF$(29)="GETREIDESPEICHER DURCH EINE WEIZEN-"
39 EF$(30)="STAUBEXPLOSION. SIE VERLIEREN 1 /"
40 EF$(31)="IHRER VORRAETE."
41 EF$(32)="SIE SIND IN DIESEM MOMENT VON EINEM"
42 EF$(33)="ATTENTAETER ERDOLCHT WORDEN. DER"
43 EF$(34)="KOENIG IST TOT, ES LEBE DER KOENIG!"
44 EF$(35)="SIE MOEGEN DOCH UEBERRASCHUNGEN ?!"
45 EF$(36)="DIE LETZTE UEBERRASCHUNG DIESES"
46 EF$(37)="SPIELES IST, DASS ICH KEINE LUST     MEHR HABE !"
47 REM * FEHLER *
50 FE$(1)="SOVIEL LAND BESITZEN SIE NICHT !"
51 FE$(2)="IHRE VORRAETE SIND ZU GERING FUER    SO VIEL LAND !"
52 FE$(3)="SIE HABEN NICHTS MEHR ZUM VERTEILEN, AUCH NICHTS ZUR SAAT !"
53 FE$(4)="ANTI-GETREIDE GIBT ES NICHT !"
54 FE$(5)="SOVIEL GETREIDE HABEN SIE NICHT      ZUM VERTEILEN !"
55 FE$(6)="ZU WENIG SAATGUT FUER DIESE FLAECHE!"
56 FE$(7)="NEGATIVE ANBAUFLAECHE ?!"
57 FE$(8)="SOVIEL KOENNEN IHRE LEUTE NICHT      BEBAUEN !"
58 FE$(9)="MEHR ALS DIE HAELFTE KOENNEN SIE     NICHT BEBAUEN !"
59 FE$(10)="ZUR SAAT IST KEIN GETREIDE MEHR DA!"
180 RETURN
101 :
190 REM ***        WARTESCHLEIFE        ***
220 PRINT CR$;RD$;">          EINGABE <CR>"
230 GET A$:IF A$<>CR$ THEN 230
235 PRINT CS$
240 RETURN
260 REM ***        ZUFALL               ***
280 LET ZA=EXP(ZA*PI)-INT(EXP(ZA*PI))
290 LET RA=INT(ZA*(MA-MI+1))+MI
300 RETURN
330 REM ***        INITIALISIERUNGEN    ***
335 REM **         STARTWERTE
340 LET GF=10000:REM GESAMTFLAECHE
350 LET BE=1000 :REM BEVOELKERUNG
360 LET VR=20000:REM VORRAETE
```

```
362 REM **       KONSTANTEN
365 LET RF=0.002:REM REPRODUKTIONSFAKT.
366 LET PT=6      :REM PRODUKTIVITAET
368 LET SD=0.5    :REM SAATDICHTE
370 REM **       STEUERUNG
375 LET VB=0      :REM VORRATSBEWEGUNG
380 LET ER=0      :REM ERNTE
390 LET BP=30     :REM BODENPREIS
400 LET GB=0      :REM GEBORENE
410 LET GS=0      :REM GESTORBENE
420 LET FP=GF/BE:REM FLAECHE PRO KOPF
430 LET HE=0      :REM ERTRAG  PRO HEKTAR
440 LET NK=0      :REM NAHRUNG PRO KOPF
445 REM **       EINGABE
450 LET ZT=0      :REM NAHRUNGS-ZUTEILUNG
460 LET AF=0      :REM ANBAUFLAECHE
470 LET LK=0      :REM LANDKAUF
480 :
490 LET EN=0:JR=0:PI=4*ATN(1)
495 LET RD$="█":GR$="█":BL$="█":BR$="█":VI$="█"
500 LET CR$=CHR$(13):CS$=CHR$(147)
510 RETURN
530 :
535 REM ***   EINGANGSINFORMATIONEN   ***
540 PRINT CS$:POKE 53280,14:POKE 53281,1
580 PRINT CR$;BL$;"   W I R T S C H A F T S S P I E L";CR$;CR$;GR$
610 PRINT"SIE BEKOMMEN  DIE REGIERUNG EINER ANTI- KEN STADT UEBERTRAGEN.";CR$
630 PRINT"SIE  HABEN ";BE;" UNTERTANEN, IHR REICH"
635 PRINT"IST ";GF;" HEKTAR GROSS   UND  IN IHREN"
640 PRINT"VORRATSKAMMERN  BEFINDEN  SICH ";VR
650 PRINT"DOPPELZENTNER GETREIDE.";CR$
670 PRINT"ALS HERRSCHER DIESES STAATES KOENNEN SIE";
680 PRINT"JEDES JAHR BESTIMMEN, WIEVIEL WEIZEN DEM";
690 PRINT"VERZEHR ZUGEFUEHRT WERDEN SOLL, WIEVIEL"
700 PRINT"LAND DURCH DIE BEVOELKERUNG BEBAUT WER-"
710 PRINT"DEN SOLL UND OB SIE LAND HINZU- ODER"
720 PRINT"VERKAUFEN MOECHTEN.";CR$;CR$
750 GOSUB 190
770 PRINT CR$;BL$;"   W I R T S C H A F T S S P I E L";CR$;CR$;GR$
800 PRINT"DAS GETREIDE IST ZUGLEICH ERNAEHRUNGS-"
810 PRINT"GRUNDLAGE UND UNIVERSELLES TAUSCH-"
820 PRINT"MITTEL.";CR$
850 PRINT"DIE GROESSEN STEHEN IN GEGENSEITIGER AB-";
860 PRINT"HAENGIGKEIT ZUEINANDER:"
870 PRINT"SO BEEINFLUSST DIE ERNAEHRUNGSLAGE DER"
880 PRINT"BEVOELKERUNG DIE STERBERATE, DIE SIED-"
890 PRINT"LUNGSDICHTE DIE GEBURTENRATE UND SO WEI-";
900 PRINT"TER; AUSSERDEM SPIELT DER ZUFALL HIN-"
910 PRINT"SICHTLICH ERTRAG UND BODENPREIS EINE"
920 PRINT"ROLLE.";CR$;CR$;RD$
930 INPUT"> BITTE GEBEN SIE EINE FLIESSKOMMAZAHL  ZWISCHEN 0 UND 1 EIN ";ZA
940 IF (ZA<=0) OR (ZA>=1) THEN PRINT CS$:GOTO 770
950 PRINT
960 INPUT"> LIEBEN SIE UEBERRASCHUNGEN (J/N) ";UE$
970 IF UE$="J" THEN DR=64:GOTO 990
975 IF UE$="N" THEN DR=20:GOTO 990
980 PRINT CS$:GOTO  770
990 RETURN
1020 REM ***    HAUPTINFORMATION    ***
1030 POKE 53280,8
1070 PRINT CS$;CR$;BL$;"             ";JR;". REGIERUNGSJAHR";CR$
1090 PRINT GR$;"BEVOELKERUNG NUNMEHR ......";BE
1100 PRINT"IN DEN VORRATSKAMMERN .....";VR;"DZ"
1110 PRINT"GROESSE IHRES REICHES .....";GF;"HA"
1120 PRINT"EIN HEKTAR LAND KOSTET ....";BP;"DZ";CR$
1130 RETURN
1160 REM ***    EINZELINFORMATIONEN    ***
1170 GOSUB 1020
1190 PRINT BR$;"ES WURDEN GEBOREN .........";GB
1200 PRINT"ES STARBEN ................";GS
1210 PRINT
```

10.2 Wirtschaftsspiel

```
1220 PRINT"LETZTE VORRATSBEWEGUNG ....";VB;"DZ"
1230 PRINT" ZUR ERNAEHRUNG VERTEILT ..";ZT;"DZ"
1240 PRINT" FUER SAATGUT VERBRAUCHT ..";INT(AF*SD);"DZ"
1250 IF LK>0 THEN PRINT" FUER LANDKAUF ............"; LK*AP;"DZ"
1260 IF LK<0 THEN PRINT" DURCH LANDVERKAUF ........";-LK*AP;"DZ"
1270 PRINT" LETZTJAEHRIGE ERNTE ......";ER;"DZ"
1280 PRINT"LETZTER HEKTARERTRAG ......";HE;"DZ/HA"
1290 PRINT"FLAECHE PRO EINWOHNER .....";INT(FK*100)/100;"HA"
1300 PRINT"NAHRUNG PRO EINWOHNER .....";INT(NK*100)/100;"DZ";CR$;CR$
1340 IF EN=1 THEN PRINT"              --- E N D E ---":RETURN
1350 GOTO 190
1355 REM * EINGABE-FEHLER *
1357 POKE 53280,4
1359 PRINT CR$;VI$;">>> ";FE$(E)
1361 LET LK=0:ZT=0:AF=0
1363 GOSUB 190
1455 REM ***           EINGABE          ***
1460 GOSUB 1020
1464 LET AN$="":PRINT RD$;
1466 INPUT">   WUENSCHEN SIE ZUSATZDATEN           (J/<CR>) ";AN$
1468 IF AN$="J" THEN GOSUB 1160:GOTO 1455
1469 LET LK=0:ZT=0:AF=0
1470 IF VR<>0 THEN 1560
1490 PRINT CR$;">>> SIE HABEN WEDER GETREIDE ZUM VERTEI-";
1500 PRINT"   LEN,NOCH ZUM LANDKAUF,NOCH ZUR SAAT!"
1530 INPUT">   WIEVIEL LAND WOLLEN SIE            VERKAUFEN ";LK
1540 LET LK=-ABS(LK)
1550 IF LK+GF<0 THEN E=1:GOTO 1355
1555 IF LK=0 THEN RETURN
1557 GOTO 1690
1560 PRINT">   WOLLEN SIE LAND KAUFEN OD.VERKAUFEN"
1570 INPUT"    (LANDVERKAUF=NEG.ZAHL) ";LK
1580 IF LK+GF< 0 THEN E=1:GOTO 1355
1590 IF LK*BP>VR THEN E=2:GOTO 1355
1640 IF VR=LK*BP THEN PRINT CR$;">>> ";FE$(3);CR$:RETURN
1690 PRINT">   WIEVIEL GETREIDE WOLLEN SIE AN DIE"
1700 INPUT"    BEVOELKERUNG VERTEILEN ";ZT
1710 IF ZT<0          THEN E=4:GOTO 1355
1750 IF ZT+LK*BP>VR THEN E=5:GOTO 1355
1800 IF VR=LK*BP+ZT THEN PRINT CR$;">>> ";FE$(10);CR$:RETURN
1840 IF GF+LK=0 THEN 1990
1845 INPUT">   WIEVIEL LAND WOLLEN SIE BEBAUEN      LASSEN ";AF
1850 IF AF>GF+LK THEN E=1:GOTO 1355
1860 IF AF*SD>VR-LK*BP-ZT THEN E=6:GOTO 1355
1900 IF AF<0        THEN E=7:GOTO 1355
1940 IF AF>PT*BE    THEN E=8:GOTO 1355
1980 IF AF>(GF+LK)/2 THEN E=9:GOTO 1355
1990 RETURN
2000 REM * TEXTAUSGABE FUER EF$() *
2005 POKE 53280,10
2010 PRINT">> ";EF$(E)
2020 IF F>0 THEN FOR I=E+1 TO E+F:PRINT"       ";EF$(I):NEXT I
2030 GOTO 190
2040 REM ***           EFFEKTE          ***
2050 LET EN=0
2060 IF JR=DR      THEN E=1:F=0:GOSUB 2000
2100 IF BE=0       THEN E=2:F=2:EN=1:GOTO 2000
2160 IF GF=0       THEN E=5:F=2:EN=1:GOTO 2000
2200 IF UE$="N"    THEN 2970
2240 IF JR>64      THEN E=8:F=1:EN=1:GOTO 2000
2300 IF BE<100 THEN MI=0:MA=15:GOSUB 260:IF RA=15 THEN E=10:F=3:EN=1:GOTO 2000
2360 IF GS-GB<=100 THEN 2480
2370 LET EF$(14)=LEFT$(EF$(14),9)+STR$(GS)+RIGHT$(EF$(14),20)
2380 LET E=14:F=5:EN=1:GOTO 2000
2480 LET MI=0:MA=20:GOSUB 260
2490 IF RA<>20 THEN 2570
2500 LET MI=10:MA=100:GOSUB 260
2510 LET U=INT(BE/RA)+1:GS=GS+U:BE=BE-U
2520 LET E=20:F=1:EF$(21)=LEFT$(EF$(21),3)+STR$(U)+EF$(22):GOSUB 2000
2570 IF VR=0 THEN 2830
```

```
2590 LET MI=0:MA=25:GOSUB 260
2610 IF RA<>25 THEN 2710
2630 LET MI=10:MA=30:GOSUB 260
2640 LET VR=VR-INT(VR*RA/100)
2645 LET EF$(24)=RIGHT$(STR$(RA),2)+RIGHT$(EF$(24),33):E=23:F=3:GOSUB 2000
2710 LET MI=0:MA=25:GOSUB 260
2720 IF RA<>25 THEN 2830
2740 LET MI=4:MA=9:GOSUB 260:VR=VR-INT(VR/RA)
2750 LET E=27:F=4:EF$(30)=LEFT$(EF$(30),33)+STR$(RA):GOSUB 2000
2830 LET MI=0:MA=200:GOSUB 260
2840 IF RA=200 THEN E=32:F=2:EN=1:GOTO 2000
2900 LET MI=0:MA=200:GOSUB 260
2910 IF RA=200 THEN E=35:F=2:EN=1:GOTO 2000
2970 RETURN
2990 REM ***       KALKULATIONEN       ***
3040 LET JR=JR+1
3050 REM * EINSATZ DER VORRAETE *
3060 LET VB=(LK*BP)+ZT+(AF*SD)
3070 LET VR=VR-VB:GF=GF+LK
3100 REM * ERNTE *
3110 LET MI=0:MA=3:GOSUB 260
3120 LET HE=0: IF AF<>0 THEN HE=4+RA
3130 LET ER=AF*HE:VR=VR+ER:VB=ER-VB
3140 REM * GEBURTEN- UND STERBERATE *
3150 LET FK=GF/BE:NK=ZT/BE
3160 LET GR=RF*FK: IF FK>15 THEN GR=0.03
3165 LET SR=0.13-(NK*0.006)
3170 REM * BEVOELKERUNGSENTWICKLUNG *
3190 LET GB=INT(BE*GR)
3230 LET GS=INT(BE*SR): IF GS<0 THEN GS=0
3240 LET BE=BE+GB-GS
3250 REM * NEUER BODENPREIS *
3255 LET MI=28:MA=33:GOSUB 260
3260 LET AP=BP:BP=RA
3265 RETURN
3266 :
3270 REM ***       HAUPTPROGRAMM       ***
3280 GOSUB 8
3290 GOSUB 330
3300 GOSUB 530
3360 GOSUB 1455  :REM EINGABE
3370 GOSUB 2990  :REM BERECHNUNG
3380 GOSUB 2040  :REM EFFEKTE
3390 IF (JR<>DR) AND (EN=0) THEN 3360
3400 LET EN=1
3410 GOSUB 1160
3420 END
```

Erläuterungen:

Die Informationen bei jeder Runde wurden aus Gründen der Übersichtlichkeit auf ein Minimum reduziert, es ist aber möglich, eine genaue Statistik einzuholen (Abfrage: „Zusatzinformationen").

Die Rechenroutine befindet sich in den Zeilen 2990—3265. Aus ihr kann man die Verknüpfungen ersehen, die verwendeten Variablen werden bei der Initialisierung (Zeilen 330—480) erklärt.

Das Programm ist in Module aufgeteilt, das Hauptprogramm befindet sich am Ende, Zeile 3270—3420.

c) Beispiel eines Spielablaufs

Bild 1 zeigt die Anfangssituation.

In Bild 2 ist zwar die Bevölkerung stark gestiegen, aber es wurde viel Land verkauft, und die Vorratskammern sind leer. Bild 3 zeigt ein früh abgebrochenes Spiel, bei dem auf Stabilität geachtet wurde, es sind immerhin 800 ha Land hinzugekommen.

```
            0 . REGIERUNGSJAHR

BEVOELKERUNG NUNMEHR ......  1000
IN DEN VORRATSKAMMERN  .....  20000 DZ
GROESSE IHRES REICHES  .....  10000 HA
EIN HEKTAR LAND KOSTET  ....     30 DZ


            7 . REGIERUNGSJAHR

BEVOELKERUNG NUNMEHR ......   1145
IN DEN VORRATSKAMMERN  .....    128 DZ
GROESSE IHRES REICHES  .....   5467 HA
EIN HEKTAR LAND KOSTET  ....     33 DZ


            7 . REGIERUNGSJAHR

BEVOELKERUNG NUNMEHR ......   1032
IN DEN VORRATSKAMMERN  .....  39775 DZ
GROESSE IHRES REICHES  .....  10800 HA
EIN HEKTAR LAND KOSTET  ....     33 DZ

ES WURDEN GEBOREN .........     21
ES STARBEN ................      0

LETZTE VORRATSBEWEGUNG ....   2300 DZ
 ZUR ERNAEHRUNG VERTEILT  ..  22000 DZ
 FUER SAATGUT VERBRAUCHT  ..   2700 DZ
 LETZTJAEHRIGE ERNTE  ......  27000 DZ
LETZTER HEKTARERTRAG  ......      5 DZ/HA
FLAECHE PRO EINWOHNER  .....  10.68 HA
NAHRUNG PRO EINWOHNER  .....  21.76 DZ


            ---  E N D E  ---
```

10.3 Mastermind*

a) Gegenstand des Spiels

Normalerweise versteckt ein Spieler farbige Stifte in 4 Löcher, deren Farbkombination ein zweiter herausfinden soll. Dies geschieht in folgender Weise: der 2. Spieler setzt selbst Stifte in eine Parallelreihe, die der 1. Spieler bewertet, indem er für jeden nach Position und Farbe richtigen Stift einen kleinen schwarzen Stecker und für Stifte, die nur der Farbe nach vorkommen, je einen weißen Stecker setzt.

Es sind bis zu 8 Farben möglich und auch Lücken sind zugelassen. Ferner wird vereinbart, ob Stifte von gleicher Farbe vorkommen dürfen. Bei allen o.g. Möglichkeiten gibt es 9^4 = 6561 Kombinationen (Anzahl aller 4-tupel aus einer Menge von 9 Elementen, wobei die Lücke als 9. Element gilt).

---

*) Ein Beitrag von *Marko Knepper* aus Erkrath

Der Computer vertritt im folgenden einen der Spieler. Der andere Spieler kann entweder die Stiftkombination des Computers erraten oder umgekehrt den Computer seine Kombination herausfinden lassen. Bei der im zweiten Fall verwandten Strategie erzeugt der Rechner mit einer Art „Kombinationszähler" nacheinander alle den vereinbarten Spielregeln entsprechenden Kombinationen und findet die richtige, indem er der Reihe nach eine herausgreift und — vorübergehend — als Lösung betrachtet. Bereits früher vom Spieler bewertete und vom Rechner abgespeicherte Rateversuche werden nun nacheinander mit dieser internen Versuchslösung verglichen und vom Rechner ausgewertet. Stimmen diese internen Bewertungen alle mit den früher tatsächlich erfolgten Bewertungen des Spielers überein, wird die interne Versuchslösung auch „offiziell" angezeigt. Diese sichtbar gewordene Kombination ist sozusagen durch ein Bewertungsfilter gelaufen, in dem viele andere Kombinationen zurückbleiben. Werden keine falschen Eingaben gemacht, wird schließlich nur noch eine einzige Lösungskombination durch den Filter durchgelassen. Bei 4 Löchern und 6 Farben (ohne Wiederholung) ist dies in der Regel nach dem 4. Rateversuch des Computers der Fall! (Versuchen Sie es einmal selbst!)

b) BASIC-Programm

```
10 rem *** master mind ***
11 :
20 dim fa(20,3),az(20,8),sw(20),we(20)
30 dim f1(3),a1(8),f2(3),a2(8)
35 poke 53280,0: poke 53281,0
40 ft$="▮r▮g▮b▮e▮o▮p▮z▮w▮l"
49 :
50 rem ** spielregeln **
60 print chr$(14);"▮▮          *** Master Mind ***"
61 print"▮ Zunaechst  werden  die  Spielregeln"
62 print"     festgelegt.▮"
63 input"▮ Anzahl der Loecher (max 4)        ";lh
64 input"▮ Anzahl der Farben  (max 9)        ";fr
100 fb=fr-1: lo=lh-1
110 if fb<lo then print"▮ Also Farben auch mehrfach!":goto 140
120 input"▮ Farben auch mehrfach              ";me$
140 input"▮ Spieler (s) oder Computer (c) raet ";ra$
160 if ra$="s" then 590




170 rem ** computer raet **
172 print"▮▮          *** Computer raet ***▮▮"
179 :
180 rem * anfangskombination *
190 if me$<>"n" then a1(0)=lh:goto 197
192 for z=0 to lo
193 f1(z)=z:a1(z)=1
194 next z
195 :
196 rem * ausgabe des versuchs *
197 print"           ▮▮"
198 print"      ▮";
```

10.3 Mastermind

```
199 for z=0 to lo
200 print mid$(ft$,f1(z)*2+1,2);" ";
201 next z
202 print"▨      sw ";
203 su=2
205 for z=1 to 10:get ei$:next z
209 :
210 rem * durchtesten der kombinationen *
220 if ve=20 then print:print"▨ Ich gebe auf.":goto 1000
230 for z=0 to lo:fa(ve,z)=f1(z):next z
240 for z=0 to fb:az(ve,z)=a1(z):next z
250 ve=ve+1
258 :
259 rem kombination erhoehen
260 z=lo
265 if su>0 then gosub 3000
270 a1(f1(z))=a1(f1(z))-1
280 if not (f1(z)=fb ) then 310
289 if z>0 then 300
290 if su=0 then print" Das kann nicht stimmen!▨":goto 1000
295 print:print"▨ Dies muss die Loesung sein!":goto 3200
300 f1(z)=0
301 z=z-1
303 goto 270
310 f1(z)=f1(z)+1
320 if me$="n" and a1(f1(z))=1 then 280
330 a1(f1(z))=a1(f1(z))+1
335 if z=lo then 380
340 for z=z+1 to lo
350 if me$="n" and a1(f1(z))=1 then f1(z)=f1(z)+1:goto 350
360 a1(f1(z))=a1(f1(z))+1
370 next z
380 z=0
382 if ve=1 then 492
384 :
385 rem bewerten
390 s=0
400 for y=0 to lo
410 if f1(y)=fa(z,y) then s=s+1
420 next y
430 w=-s
440 for y=0 to fb
450 if a1(y)<az(z,y) then w=w+a1(y):goto 460
455 w=w+az(z,y)
460 next y
469 :
470 rem vergleichen
480 if not(s=sw(z) and w=we(z)) then 260
485 z=z+1
490 if z<ve-1 then 390
491 if z=ve then 197
492 if su=0 then 390
494 print"?▨";
495 gosub 3000
496 goto 492
```

```
590 rem ** spieler raet **
595 print"▊█         *** Spieler raet ***█"
599 :
600 rem * computer versteckt *
610 for z=0 to lo
620 f2(z)=int(rnd(0)*fr)
630 if me$="n" and a2(f2(z))=1 then 620
640 a2(f2(z))=a2(f2(z))+1
650 next z
670 for z=0 to fb:a1(z)=0:next z
680 ve=ve+1
690 print"          ";
694 :
695 rem * bewerten *
700 s=0
710 for z=0 to lo
712 gosub 2000
720 y=0
730 ifei$=mid$(ft$,y*2+2,1)then735
731 y=y+1
732 if y<=fb then 730
733 goto 712
735 f1(z)=y
736 a1(y)=a1(y)+1
737 print "█";mid$(ft$,y*2+1,2);" █";
750 if f1(z)=f2(z) then s=s+1
760 next z
770 w=-s
780 for z=0 to fb
790 if a1(z)<a2(z) then w=w+a1(z):goto800
795 w=w+a2(z)
800 next z
810 print"▊     sw ";s;"   we";w
820 if not(s=lh) then 670
830 print"█ Sie benoetigten ";ve;" Versuche!"
998 :
999 rem ** ende **
1000 input"█ Noch ein Spiel ";ei$
1005 if ei$="j" then clr:goto20
1010 end
1998 :
1999 rem ** zeicheneingabe **
2000 print"▊?▊";
2003 get ei$
2005 if ei$="" then 2003
2020 return
2998 :
2999 rem ** bewertungseingaben **
3000 get ei$
3002 if ei$=""then return
3005 if ei$<"0" or ei$>"9" then 3000
3010 print ei$;
3012 if su=1 then 3100
3015 sw(ve-1)=val(ei$)
3016 if sw(ve-1)=lh then goto 3200
3020 print"  we ";
3035 su=1
```

10.3 Mastermind

```
3040 return
3100 we(ve-1)=val(ei$)
3125 print
3126 print"▮ Bitte Geduld▮"
3130 su=0
3135 return
3200 print"▮▮"
3205 print" Nach ";ve;" Versuchen erraten!"
3210 goto 1000
```

Erläuterungen:

Aus Gründen der Platzersparnis werden in diesem Programm die Farbumschaltungen auf dem Bildschirm durch Zeichen innerhalb einer PRINT-Anweisung vorgenommen. Im Listing als inverse Zeichen, vgl. Handbuch S. 166, dargestellt.

In FT$ ist der Farbschlüssel gespeichert: Für den Benutzer gilt der Farbcode:

Rot = r, Grün = g, Blau = b, Gelb = e, Orange = o, Purpur = p, Zyan = z, Weiß = w

und quasi als 9. Farbe die Lücke = l. Werden weniger als neun Farben vereinbart, so werden jeweils die ersten Farben bei Rot beginnend verwendet.

Um Zeit zu sparen, denkt der Computer weiter, während er auf die Bewertung wartet. Erst wenn er damit fertig ist, gibt er ein ‚?' aus, obwohl er auch vorher Eingaben entgegennimmt.

In AZ, A1, und A2 ist jeweils eine der in FA, F1 und F2 befindlichen Kombinationen entsprechende „Farbenbilanz" gespeichert, die den zeitaufwendigen Bewertungsvorgang erheblich beschleunigt.

c) Protokoll von Spielverläufen

I   Der Benutzer dachte an die Kombination   *grün, gelb, blau, purpur*

```
            *** Master Mind ***

       Zunaechst  werden  die  Spielregeln
       festgelegt.


       Anzahl der Loecher (max 4)      ? 4

       Anzahl der Farben (max 9)       ? 6

       Farben auch mehrfach            ? n

       Spieler (s) oder Computer (c) raet ? c



               *** Computer raet ***

             ▮r g b e▮      sw 1    we 2
             ▮r b g o▮      sw 0    we 2
             ▮g r p e▮      sw 1    we 2
             ▮g e b p▮      sw 4

        Nach  4  Versuchen erraten!
```

II 3 Löcher, 6 Farben; Kombination ohne Wdh. *purpur, grün, gelb*

```
        *** Computer raet ***

        ▮ ▮ ▮       sw 1    we 0
        ▮ ▮ ▮       sw 0    we 1
        ▮ ▮ ▮       sw 1    we 2
        ▮ ▮ ▮       sw

Dies muss die Loesung sein!
```

III 4 Löcher, 2 Farben; Kombination   *grün, rot, grün, rot*

```
        *** Computer raet ***

        ▮ ▮ ▮ ▮     sw 2    we 0
        ▮ ▮ ▮ ▮     sw 2    we 2
        ▮ ▮ ▮ ▮     sw 0    we 4
        ▮ ▮ ▮ ▮     sw

Dies muss die Loesung sein!
```

Anhang

Literaturverweise

[1] *K.U. Bromm,* Es muß nicht immer PASCAL sein — Aufwand und Ertrag beim Einsatz unterschiedlicher Rechner im mathematisch-naturwissenschaftlichen Unterricht. In MNU, 3/83
[2] *H. Schubert,* Mathematische Mußestunden. de Gruyter, Berlin 1941
[3] *W. Lietzmann,* Lustiges und Merkwürdiges von Zahlen und Formen. Vanderhoeck & Ruprecht, Göttingen 1961
[4] *K.U. Bromm,* Problemorientiertes Programmieren mit dem Commodore 64, Vieweg, Wiesbaden 85
[5] *A. Engel,* Algorithmen für Taschenrechner. In MU, 6/79
[6] *H. und I. Werner/P. Jansen,* Probleme der praktischen Mathematik, Schwann, Düsseldorf 1975
[7] Praxis der Naturwissenschaften/Physik, Heft 4/82
[8] *R. Baumann,* Informatik mit PASCAL, Klett, Stuttgart 81

Anmerkungen

2.2

Außerdem darf die Masse bzw. der Querschnitt des Körpers und dessen Geschwindigkeit nicht zu klein sein, sonst tritt das *Stokesche* Gesetz an die Stelle des o.a., welches die Geschwindigkeit nur noch in der ersten Potenz berücksichtigt: $R = 6\pi\eta v$ (Kugeln; Nebeltröpfchen, Millkanversuch!) Auch bei hohen Geschwindigkeiten in dichter Luft besteht eine lineare Abhängigkeit zu v (Gewehrkugeln), während bei den noch höheren Satellitengeschwindigkeiten im stark luftverdünnten Raum wieder die quadratische Abhängigkeit von v gilt, siehe Kap. VI in: *A. Bohrmann,* Bahnen künstlicher Satelliten, BI Mannheim, Bd. 40/40a. Entscheidend für die quadratische oder lineare Abhängigkeit von v ist u.a. das Vorhandensein bzw. Nichtvorhandensein von Wirbeln!

2.2.1

1. $v_{st} = \sqrt{\dfrac{|g| \cdot 2 \cdot m}{c_w \cdot \rho \cdot A}} = :\sqrt{\dfrac{|g|}{K}}, \quad K = \dfrac{c_w \cdot \rho \cdot A}{2 \cdot m}$

Genau genommen nähert sich v nur asymptotisch v_{st}, wie man der folgenden Gleichung entnehmen kann, die mir *Hubert Voß* aus Unna mitteilte:

$$v(t) = -\sqrt{\dfrac{|g|}{K}} + \dfrac{2 \cdot \sqrt{\dfrac{|g|}{K}}}{1 + e^{2 \cdot \sqrt{|g|/K} \cdot t}}$$

(Die Abweichungen in den Testbeispielen liegen bei 2 %)

2. Der Grund dafür: Bei konstantem a gilt III exakt (man vergleiche die übliche Form $v = v_0 + at$) und auch I exakt:

$$y(t + \Delta t) = y(t) + \left(\left(v(t) + a(t)\frac{\Delta t}{2}\right)\right) \cdot \Delta t = y(t) + v(t) \cdot \Delta t + \frac{1}{2}a(t) \cdot (\Delta t)^2$$

$$\left(s = s_0 + v_0 \cdot t + \frac{1}{2} a \cdot t^2\right) \text{ (für jeden Schritt aufs neue anzuwenden!)}$$

2.3.1

1. Wenn in $\gamma = 6{,}67 \cdot 10^{-11}$ m^3 kg^{-1} s^{-2} statt „m^3" das Maß „$(10^3$ km$)^3$" eingefügt werden soll, wird das Maß um den Faktor 10^{18} vergrößert, weshalb zum Ausgleich die Maßzahl um denselben Faktor verkleinert werden muß!

2. Die Keplerkonstante eines Zentralkörpers der Masse M erhält man gemäß $\dfrac{4\pi^2}{\gamma \cdot M}$ für die Erde zu $\dfrac{4\pi^2}{6{,}67 \cdot 10^{-11} \cdot 6 \cdot 10^{24}} = 9{,}9 \cdot 10^{-14}$

Die notwendige Geschwindigkeit von $v_{st} = 10{,}57$ km/s für das jetzige Perigäum-Pe$_0$ erhält man auch mit Hilfe des gewünschten zukünftigen Apogäums Ap$_1$ nach dem Rezept

$$v_{st}^2 = v_0^2 \cdot \frac{Ap_1}{Pe_0}$$

zu Ap$_1$ = 384 · 10^3 km, Pe$_0$ = 7 · 10^3 km, v_0 = 7,54 km/s.

2.3.2

Der Mond bewegt sich auf einer Elipse um die Erde, deren große Achse einen Durchmesser von 407000 km hat; infolge des Massenverhältnisses Erde: Mond = 81,3 : 1 teilt der Schwerpunkt diese Strecke in zwei Abschnitte von 402055 km und 4945 km. Aus der siderischen Umlaufzeit von 27 d 7h 43 min = 2360580 s und dem mittleren Abstand von 384400 km berechnet sich die mittlere Bahngeschwindigkeit des Mondes zu 1022 m/s. Mit dem zweiten Keplerschen Gesetz ergibt sich dann weiter 0.5 · 1022 · 384400 = 0,5 · v · 402055 bzw. v = 977 m/s für die Geschwindigkeit im Apogäum und aus der Relation $V_{Mond} : V_{Erde}$ = 81,3 : 1 eine Geschwindigkeit von rund 12 m/s für den Erdmittelpunkt auf seiner fast kreisförmigen Bahn um den Schwerpunkt. (Daten aus der Tafel von Sieber, Klett 1973; man beachte jedoch, daß der Einfluß der Sonne bei den o. a. Überlegungen nicht berücksichtigt werden konnte und daher Unstimmigkeiten gegenüber der tatsächlichen Bahn verbleiben.)

4.4

1. Im Jahre 1967 bewies *Selfridge,* daß erstere eine Primzahl und letztere durch 1933 teilbar.
2. Es handelt sich um die Zahl 4294967297, die die Teiler 641 und 6700417 besitzt; ursprünglich hatte *Fermat* vermutet, mit

$$2^{(2^n)} + 1$$

einen Term gefunden zu haben, der nur Primzahlen erzeugt! (*Leonard Euler,* 1707 bis 1783, *Pierre Fermat,* 1601 bis 1955).

Anhang 169

5.3 Bevor eine Kugel in einem Fach landet, hat sie n Links-Rechts-Entscheidungen hinter sich.
Ins k-te Fach (von links) gelangen solche Kugeln, die k mal nach links (und $n-k$ mal nach rechts) abgelenkt wurden. Dies ist auf $\binom{n}{k}$ verschiedenen Wegen bei insgesamt 2^n Wegen möglich. (Vgl. auch die Koeffizienten von $(a+b)^n$.)

6.2 Hinreichend ist z.B. der folgende Satz:
Wenn f stetig auf dem abgeschlossenen Intervall I; $f(I) \subseteq I$; und wenn es eine positive Konstante $L < 1$ gibt, so daß $|f(x_1) - f(x_2)| \leq L \cdot |x_1 - x_2|$ für alle x_1, x_2 aus I, dann besitzt die Gleichung $x = f(x)$ in I genau eine Lösung ξ, die von der zugehörigen Iterationsfolge $x_{n+1} = f(x_n)$ für jeden Startwert x_0 aus I erreicht wird.

7.1.1
Falls n gerade, gilt $a_n^2 = a_{n-1} a_{n+1} - 1$ (vollständige Induktion). Die Differenz „1" ist Flächenmaßzahl des anstelle der „Diagonalen" im Innern des Rechtecks ausgesparten, extrem flachen Parallelogramms!

Sachwortverzeichnis

ASCII-Code 5, 10, 57
Abbruch- und Rundungsfehler 7, 91, 101, 103, 105, 111, 149 f.
Abfrage 3f
ABS 23, 36
Abstandsberechnungen 135 ff.
Achsenkreuz 56
Algorithmus 1 ff.
Amplitude 38, 40, 43
AND 13, 84, 100
ASC 10, 24, 28, 33
ATN 16, 23
Ausgabe 6
Austrittsbedingung 3 f.

Balkengraphik 7
beschleunigte Bewegung 19
bestimmtes Integral 121
Bildschirmsteuerung 5
Binomialkoeffizienten 77
Blank 7
Bogenmaß 16, 23, 90
Boolsche Variable 97

Cauchy-Kriterium 100
CHR$ 5, 40, 48, 57
CLOSE 144
COS 16, 23
Coulomb-Gesetz 45
Cramersche Regel 137
CSET1, CSET2 24
Cursor 5

DATA 8, 10, 13, 16
DEF FN 13, 16, 23, 26, 100, 107
Differenzenrechnung 128
DIM 55, 69, 162
Divergenz 97, 103
Durchstoßpunkt (Gerade/Ebene) 135 f.

Eingabe 6
Einzelschrittverfahren 96
Endlosschleife 3, 87, 91
Euler, L. 75, 104, 128
EXP 58
Extrapolation 65
Extremwertaufgaben 107 ff.

Fakultät 104
Feldlinien 44

Feldspeicher
— eindimensionaler 55, 61, 80, 161
— zweidimensionaler 68, 142 ff., 162
Fermat, P. 75
Feingraphik 8 ff., 23, 27, 32, 37, 40, 43, 48, 56, 76
Feingraphikausdrucke 25, 29, 35, 38, 41, 42, 44, 51, 64, 120
Fibbonacci-Folge 99
Flußdiagramm 2, 46, 71, 73, 88, 106
FOR 6, 13, 16, 27, 80, 104

ganzrationale Funktionen 112
Gaußsches Eliminationsverfahren 141 ff.
geometrische Reihe 103
ggT 72
Gesamtschrittverfahren 96
GET 5 f., 16
Goldbach, Chr. 75
Goldener Schnitt 99
GOSUB 13, 16, 20, 23, 74
GOTO 13, 16, 23, 74
Gradmaß 16, 23, 90
Graphikbefehle 9
Graphik im Textmodus 81, 153

Heron 86
HIRES 24
hochauflösende Graphik s. Feingraphik
Hochpunkt 112

IF 5f, 16, 20, 69
INPUT 6, 13, 16, 20, 26, 31
INT 6, 7, 13, 20, 23, 36, 74
Interpolation 61
Iteration 91 ff., 148
ja/nein-Schleife 6

Kassettenpuffer 14
Klangeffekte 14
Konkatenation 7, 69, 143, 147
Konstantennormierung 141
Konvergenzprüfung 92, 97, 100, 103
Korrelationskoeffizient 53
Kummer, E. 75
Krümmung 116

LEFT$ 59
LEN 20, 24, 28, 36
LINE 24

Sachwortverzeichnis

Lineare Konvergenz 92
linksbündig 7
LOG 58 f.
logische Verknüpfung 97
lokale Variable 154

Menütechnik 60, 118, 133, 139, 148
Methode der fortgesetzten Halbierung 8
Methode der kleinen Schritte 19, 22, 26, 31, 37
MID$ 24, 28, 33, 96
Monotonie 116 f.
multiple-choice-test 76

Nassi-Shneiderman-Diagramm
 s. Struktogramm
NEXT s. FOR
Newtonverfahren 86, 109
NOT 84, 148
Nullstellen von Funktionen 109 ff., 113

ON GOSUB 118, 134, 148
ON GOTO 58, 84
OPEN 143
OR 16, 36, 84

Pausenschleife 6
PEEK 5, 10, 37
Pellsche Gleichung 99
perfekte Zahlen 75
Phasenverschiebung 40
PLOT 24, 34, 38, 41
Pivotisierung 141
POKE 5, 10, 11, 13, 16, 33
Polygonzugverfahren 128
Polynomdivision 115
Prinzip der ungestörten Überlagerung 22
pixel 8
PRINT 5, 6, 13, 16, 20, 13
Programmablaufplan s. Flußdiagramm
prompt (ing) 6
pseudoperfekte Zahlen 75
Pseudozufallszahlen 81

Rasterpunkte 5
READ 8, 10, 13, 16
rechtsbündig 7
Re-Initialisierung 11
Rekursionstiefe 154
rekursiv definierte Folgen 99
rekursiver Unterprogrammaufruf 152
Relativierung der Null 141
RETURN 5 ff., 20
Reverssymbole 5
RIGHT$ 7
RND 78, 80, 84
Rückeinsetzung 141

runden 6, 7, 23, 26, 55
Rundungs- und Abbruchfehler 7, 91, 101, 103, 105, 111, 149 f.
RUSTOP/RESTORE 11, 28

Schleife 3
Schrittweite 50, 107, 129
schwache Divergenz 103
schwache Konvergenz 101
Schwebung 42
SGN 55
Simpsonverfahren 125
Simulation Kap. 2, Kap. 5, Kap. 10.2
SIN 16, 23, 40
Skalarprodukt 131
Skalierung 28, 56
SPC 134, 148
Speicherinitialisierung 23, 48
sprites 12, 16
Startwert 87, 92, 110
STEP 7, 24, 28, 38
Stokesches Gesetz 36
STR$ 7, 20, 36
Struktogramm 1, 80, 84, 121, 142
Superposition 40
SYS 5, 9, 23, 27, 33, 37

TAB 16, 20, 27, 36, 74
tabellierte Ausgabe 36
Tastaturpuffer 6
Text in Graphik plazieren 10
TI 81, 83
Tiefpunkt 112
THEN s. IF
Trapezform 141
Trochoide 35

VAL 58, 133, 143, 148
Verbale Notation 1, 19, 22, 26, 31, 68, 110 f., 126
Verzweigung 3
Vieta, F. 92
vollkommene Zahlen 75

Warteschleife 5
Wendepunkt 112
wenn-dann-sonst 3
Wiederholung 3
windschiefe Geraden 140

Zeichensatz verändern 10
Zeilensummenkriterium 95
Zitatmodus 5
Zufallszahlen 77 ff.
Zuweisung 1

MIX
Papier aus verantwortungsvollen Quellen
Paper from responsible sources
FSC® C105338

If you have any concerns about our products,
you can contact us on
ProductSafety@springernature.com

In case Publisher is established outside the EU,
the EU authorized representative is:
**Springer Nature Customer Service Center GmbH
Europaplatz 3, 69115 Heidelberg, Germany**

Printed by Libri Plureos GmbH
in Hamburg, Germany